KB232300

김·일·은·군·중·권·력

길 잃은 군중권력

2026년 1월 2일 1판 1쇄 인쇄 / 2026년 1월 9일 1판 1쇄 발행

지은이 송희복 / 펴낸이 민성혜
펴낸곳 글과마음 / 출판등록 2018년 1월 29일 제2018-000039호
주소 (06367) 서울특별시 강남구 광평로 280, 1106호(수서동)
전화 02) 567-9731 / 팩스 02) 567-9733
전자우편 writingnmind@naver.com

ISBN 979-11-981860-4-1 (03300)

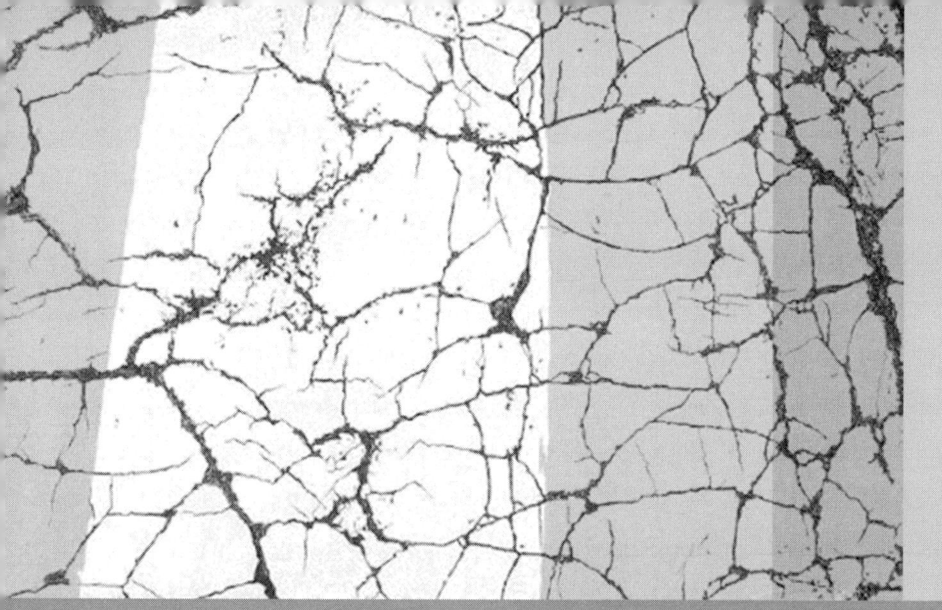

길 잃은 군중권력

시사평론집

송희복 지음

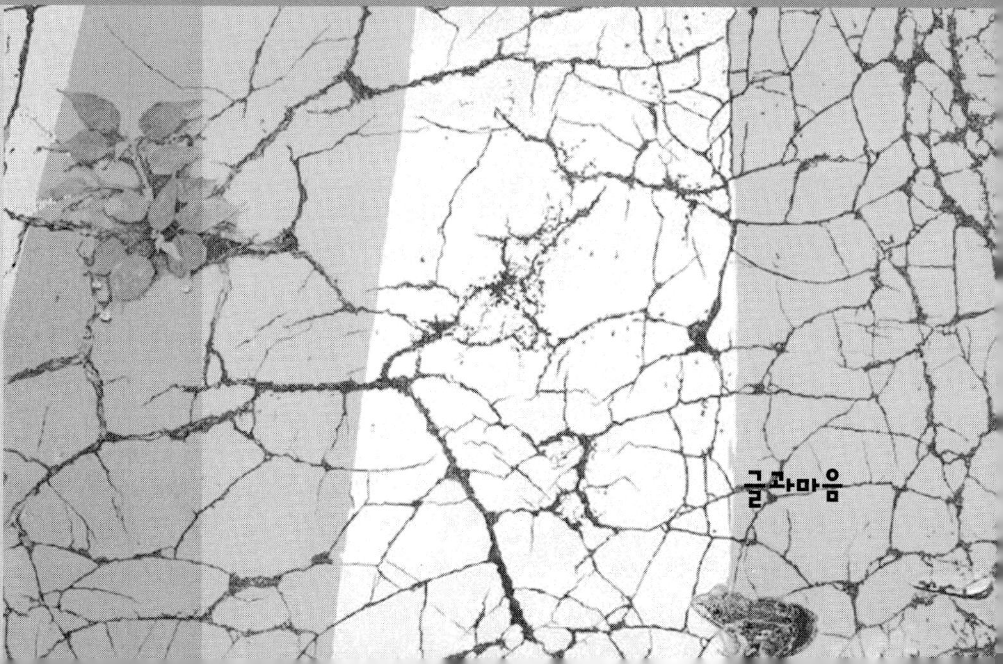

글과마음

문명비평가 크리스틴 로젠은 자신의 저서이자 최근의 한국어판 제목인 『경험의 멸종』에서 기술이 경험을 대체하는 시대에, 인간은 계속 인간일 수 있을까, 라는 문제를 진지하게 제기하고 있다. 주지하듯이, 기술은 양날의 칼이다. 결코 중립적이지가 않다. 이것은 해방의 도구인 동시에, 억압의 도구다. 코로나 대유행 기간 중에도 수많은 사람들이, 더욱이 나이가 많은 사람들까지도 디지털 소비를 늘리면서 새로운 기술에 중독되어갔다.

온라인에서 많은 시간을 보낼 때의 기회비용을 고민해야 한다고 지적하고 있는 로젠의 말이 유효한 지적인 동시에 깊은 성찰을 던진 말이긴 하나, 우리에게 얼마만큼 큰 공감대를 형성할 수 있느냐에 대해선 좀 의문스럽기도 하다. 하지만 분명한 것은 종래의 인간 경험이 급속한 변화에 직면해 있다는 것은 엄연한 사실인 것 같다.

경험의 '업로딩'이 요구되는 시대에 특별한 경험을 마케팅하지 않으면 사회적으로 성공을 기약하기가 어렵다. 글쓰기도 마찬가지다. 옛날식의 글쓰기는 새로운 젊은 세대에 울림을 주지 못한다. 종이책도 이제 서서히 사양화되어가고 있다. 하지만 여기에서 우려되는 것은 각종의 새로운 경험들이 다른 사람에 의해 조작되고 통제될 수 있도록 내버려지는 것은 아닐까, 하는 점이다. 유튜브가 우리 생활에 넓게 자리를 잡아가면서 신문 보는 사람도, 책 읽는 사람도 많이 줄어들었다. 과거에 문자 문화가 가진 진실성, 진지함이 사라지면서, 세상에는 믿을 수 없는 것들이 판을 치기 시작하고 있다. 무엇보다 관점도, 생각도, 인식의 틀도 가파르게 나누어지는 경향이 없지 않다.

들리는 말에 의하면, 최근에 부부, 부자, 친구, 연인 사이에도 보수와 진보로 갈려 목소리를 높이는 일이 잦다고 한다. 보수적인 사람과 진보적인 사람 간의 뇌 기능 및 그 연결망의 차이가 연구 대상이 되고 있다. 한 가지 예를 통해 보면, 보수적인 사람이 뇌의 우측 편도체를, 진보적인 사람이 뇌의 좌측 섬엽을 많이 사용한다고 한다. 뇌의 구조도 좌파와 우파로 나누어진다고 하니, 웃기고도 슬픈 현실이다. 그리고 인간의 뇌 구조는 보통의 경험이 아닌 과장된 경험을 수용하도록 이미 프로그래밍이 돼 있는 것은 아닐까, 한다. 예컨대 우리는 부족주의, 익명의 괴롭힘, 음모론, 전혀 검증되지 아니한 가짜뉴스 등에 중독되어가면서 강하고도 새로운 자극을 무의식적으로 찾는지도 모른다. 글쓰기와 책 읽기에서 얻어온 전통적인 소통 방식의 경험들이 멸종되어가고 있는 이 민낯의 시대에 말이다.

최근의 보수 담론이 지식, 언론, 문학, 예술, 영화 등의 모든 군생 집단 밖으로 소외되고 있는 것이 저간의 실정인 듯싶다. 내 글들이 젊은 시절부터 중도적 가치를 지향해 왔지만 사실상 중용의 미덕이 엿보인다는 평판을 얻지 못했다. 특히 내 시사적인 글쓰기가 보수 쪽으로 기울어져 있다는 사실도 쉽사리 부인될 수 없다. 이런 사실로 인해, 그것이 고적(孤寂)의 구석으로 내몰려져 있을 수밖에 없고, 그토록 낯설게 숨이 막히게 하고 기가 막히게 하는 '난세의 글쓰기'로부터 자유로울 수도 없다.

모든 글쓰기는 휴식을 취하는 상태가 아니라, 행동하는 상태에서 포착된 몸짓과 같다. 특히 시사적인 글쓰기에서의 동적인 이미지는 한결 더 뚜렷한 인상으로 각인된다. 이것은 동작의 멈춤이 끝나면 소멸되거나 수정을 기다려야 한다. 리영희의 글쓰기가 오래 남아서 다음 세대에 영향을 주고, 또 고전의 반열에 올랐지만, 대부분의 것들은 순간적으로 타올랐다가 소멸된 불꽃과 같다. 기억과 망각의, 또는 찬반의 틈새에서 끊임없이 분절을 일으키면서 논리의 주름살을 펴고 접는 흔적을 끝내 버릴 수가 없어, 나는 또 한 권의 책을 묶어낸다.

지금이 왜 난세인가?

난리 치는 세상이라고 해서 난세가 아니다. 먼저 난세의 의미를 짚어보자. 종교적 갈등이 촉발되거나, 내외전(內外戰)이 격화되거나, 보수와 진보 사이에 극도의 반감이 표출되거나 하는 시대를 가리켜, 우리는 난세라고 한다. 미국과 우리나라가 함께 앓고 있는 난세는 세 번째 유형에 포함된다. 지금 미국과 우리나라에서 설쳐대는 동일 집단을 보면 난세의 실상을 있는 그대로 잘 보여주고 있다. 미국의 '마가(MAGA)'와 한국의 '개딸'이 보수-진보의 갈등, 좌우 대립에 관한 한, 적절한 상징 언어가 된다.

미국은 난세가 시작된 시점이 분명하다. 대부분의 사람들은 트럼프와 힐러리가 대선을 앞두고 경쟁한 2016년의 과도한 분열상이 미국적 난세의 단초로 보는 데 대체로 동의하고 있다. 우리나라는 좀 애매하다. 길게는 2008년 광우병 파동을 난세의 시점으로 삼는다. 짧게는 2020년의 '권순일 재판거래'가 그 시작점이다. 먼 훗날에 역사의 쟁점이 될지도 모를 이것은 많은 사람들이 얽히고설켜 있고, 아직도 진실 규명에 한 걸음도 나아가지 못하고 있다. 대체로 보아서 우리의 난세는 5, 6년간으로 볼 수 있다.

올해는 정말 난세였다. 한국사의 세 번째 을사년의 비극이 찾아온 한

해였다. 역사는 돌고 돈다는 인상을 지울 수 없다. 짝패 여인들이 지배한 시대를 세칭 '여인천하(gynecocracy)'라고 하는데, 첫째는 문정대비−정난정의 일이요, 둘째는 민비−진령군의 일이며, 세 번째는 박근혜−최순실의 일이다. 을사사화(1545)는 첫 번째 여인천하를 배경으로 한 비극적인 정치 사건이다. 을사늑약(1905)은 주지하듯이 제국주의의 일본이 조선의 침탈을 위해 외교권을 박탈한 사건이다. 그리고 올해의 을사탄핵(2025). 이 을사탄핵이 민중 승리를 경축하는 해이지, 왜 비극이냐고 반문하는 사람들도 있을 것이다. 비극적인 것을 비극적이라고 해야만 국민통합의 첫 단추를 채울 수가 있다. 시대적 분위기 따위가 몹시 스산하고 쓸쓸한 데가 있을 때 '을씨년스럽다'라는 표현을 사용하곤 한다. 이 낱말의 어원이 '을사년'에서 비롯되었다고들 하는데 사실 여부는 아직 논란거리다. 하지만 올해의 사회 분위기가 확실히 을씨년스러운 것은 맞다. 외교적으로도 어수선하기 짝이 없고, 소상공인들의 경제 체감도 말이 아니다.

나는 이 난세에 시사적인 글쓰기를 5, 6년에 걸쳐 써 왔는데, 내게는 이 책의 간행과 함께 이것을 더 이상 쓰지 않았으면 하는 간절한 바람 역시 가지고 있다. 나는 넓게 보아서 인문학을 하는 사람이다. 내 본업도 아닌 시사적이고도 사회적인 성격의 글을, 왜 써야 했나? 대한민국을 베네수엘라로 가는 전용 비행기에 태울 수는 없다는 생각에서다. 지금의 난세가 언제까지 지속될지는 아무도 알 수 없다. 시계 제로의 상황이다. 그래도, 우리 모두가 이 풍진 세상을 멀리 떨쳐내고, 바람직한 세상을 맞이했으면 좋겠다.

내가 시사적인 글쓰기를 책으로 묶어내려고 하니, 책의 면수가 예상 밖으로 비만해졌다. 내용 중에서 길이가 비교적 짧은 소위 '정치칼럼' 유의 글들을 솎아냈다. 감량한 느낌이 들었다. 책도 다이어트를 하는 시대가 온 것 같다. 이 책에서, 나는 사회적으로 갑자기 주목을 받는 조어, 신조어나, 내게 하나의 '말 됨됨이'로서 인식되는 것들, 이를테면 유사 합성어는 사전에 등재되어 있지 않다고 해도 띄어쓰기를 하지 않고 붙여서 사용했음을 굳이 밝혀둔다. 예를 들면, 가짜뉴스, 뉴스공장, 개딸, 줄탄핵, 불법계엄, 분노사회, 토착왜구, 선출권력, 군중권력, 개개인주의, 끼리문화, 벌떼정신, 인지편향, 토착비리, 적폐몰이 등과 같은 표현들이 적례(適例)에 해당된다고 하겠다.

마지막으로 남기고 싶은 말이 있다. 이 책이 나오기까지, 내 눈길이 한쪽으로 심히 기울어지지 않게 틈틈이 지적한, 또 내 생각이 강퍅히 굳어지지 않게 적절히 조언한 아내에게 고마움을 전한다.

을사년의 시월 상달에,
지은이 적다.

제2부_정치와 현실

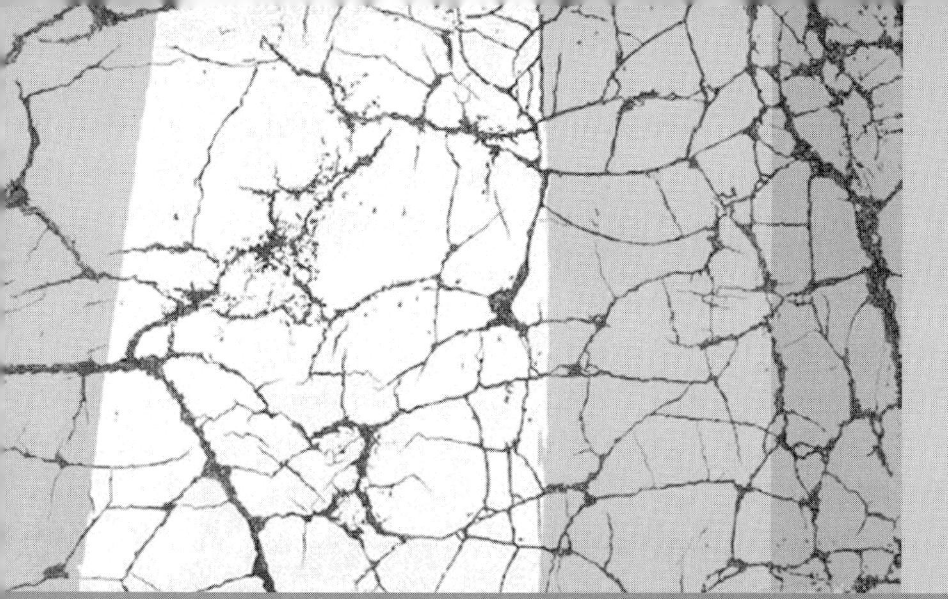

원론과 성찰

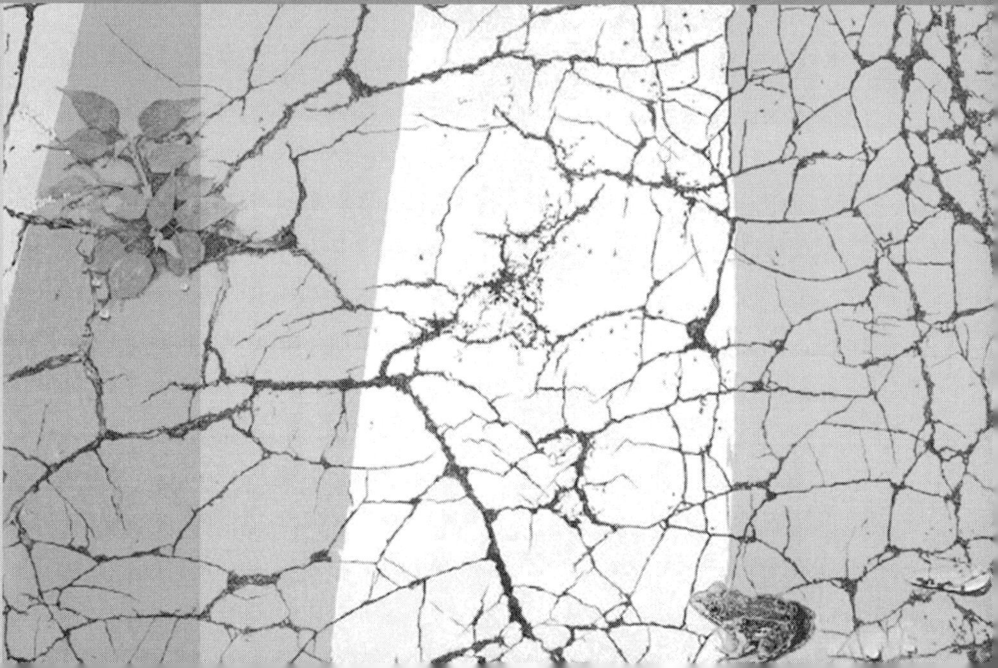

안티고네의 죄와 벌
─갈등의 정치학

1

　비극은 문학의 꽃이다. 저 그리스 비극과 셰익스피어 비극이 이 가운데 가장 다채롭고 영롱한 꽃이다. 개인의 취향에 따라서는 서정시와 현대소설을 능가하기도 한다. 왜 그럴까? 사람들은 태어날 때부터 유한한 존재고, 슬픔으로부터 자유로울 수 없는 존재이기 때문이다. 많은 사람들이 마음속에 불가피한 인생의 슬픔을 안고 살아간다. 또 그러면 왜 비극 읽기인가? 오이디푸스의 어머니이자 아내인 이오카스테가 왜 목매달아 죽었는지, 오이디푸스가 눈을 스스로 멀게 한 후에 자기 추방의 외로운 길을 어떻게 걷게 되었는지를 이해하는 것이 우리의 인생사이기도 해서다. 타인의 고통, 존재론적 고독을 겸허히 수용하는 것이야말로 인간의 고통, 세계의 고뇌에 대한 내성을 확실히 키워나갈 수 있을 것이다.

　소포클레스의 「오이디푸스 왕」은 비극 중의 비극이다. 아버지를 살해하고 어머니와 결혼해 2남 2녀의 자녀를 둔 오이디푸스 왕은 세속의 권력을 가졌지만 신에게는 저주를 받았다. 이를 두고 운명의 장난이라고 한다. 그의 운명은 이미 미리 정해져 있던 걸까? 운명론이 로마 시대에 이르러서야 비로소 등장했다는 점에서, 누군가는 이 작품을 운명극으로 보는 견해에 의문을 표시하기도 했다. 아닌 게 아니라, 고대의 '운명(fatum)'이나 중세의 마법은 인간이 감히 맞설 수 없는 초자연적인 힘이다.

비극의 인간상은 불가항력의 존재다. 무력한 인간 조건의 비극이라면 지금이 고전고대에서보다 더 나아지지 않는다. 현대인도 비극적인 존재인 것은 마찬가지다. 독문학자인 문광훈은 인간이 운명에 예속되고 목숨도 잃을 수 있지만 자유정신을 잃지 않는다는 헤겔의 어록을 근거로 해서 오이디푸스가 진실 추구의 역정 속에서 자유의 인간임을 입증할 수 있었다[1]고 밝힌 바 있었다. 이와 전혀 다른 맥락이라고 할 수 없겠지만, 나 역시 비극 「오이디푸스 왕」이 '나'가 누구인지를 알아가는 과정이라고, 또한 긴장된 삶의 언어로써, 축약된 세계의 무대에서 제 자신의 존재를 밝혀가는 과정이라고 보고 싶다.

오이디푸스 가(家)의 비극은 자녀까지 대물림된다. 오이디푸스의 쌍둥이 아들들이 왕위 계승과 관련해 권력투쟁을 일삼다가 한날한시에 죽었다. 이 와중에서 아버지의 처남인 크레온이 왕위를 차지한다. 테바이의 왕이 된 그는 죽은 두 조카에게 상이한 정치적 판단을 내린다. 한 사람에겐 애도를 허용하고, 다른 한 사람에게는 애도를 금지한다. 명예로운 죽음으로 대접하느냐, 개죽음으로 푸대접을 하느냐. 왕의 전적인 정치 판단이다. 조국을 배신해 외세를 끌고 온 폴리네이케스의 주검은 새들이나 개들에게 뜯어 먹혀야 한다. 여기까지가 「오이디푸스 왕」에 버금가는 비극의 명작인 「안티고네」의 텍스트 이전의 정보다.

---

1 문광훈 지음, 『비극과 심미적 형성』, 에피파니, 2018, 114~115쪽, 참고.

2

　비극 「안티고네」의 여주인공 안티고네는 오이디푸스 부부의 첫째 딸이다. 부모도 두 오빠도 죽고 막내 이스메네만 남았다. 신화에서 극으로 재현된 안티고네 이야기는 대체로 두 가지 버전으로 전해오고 있다. 소포클레스의 「안티고네」와 에우리피데스의 「안티고네」가 바로 그것이다. 전자 속의 안티고네는 왕의 엄명을 무시하고 작은 오빠 폴리네이케스를 애도한다. 그녀는 오빠의 시신을 무덤에 안치하고, 시신 위에 흙을 덮고, 또 그 위에 제주를 뿌린다. 이래서 석굴에 갇힌 후에 자살한다. 크레온의 아들로서, 그녀의 약혼자인 하이몬도 따라 죽는다. 왕비인, 하이몬의 어머니가 아들이 자살했다는 소식을 듣고 자살한다. 연쇄 자살의 비극이다. 이런 점에서 볼 때, 처자를 동시에 잃은 크레온도 안티고네 못지않은 비극적 인물이다.

　이에 비하면, 에우리피데스의 「안티고네」는 덜 비극적이다. 크레온은 아들인 하이몬에게 안티고네를 죽이라고 명한다. 하지만 그는 약혼녀를 빼돌려 도망가게 한다. 달아난 안티고네는 아들을 낳는다. 손자를 얻은 크레온은 이제야 안티고네를 용서한다. 달리 전승된 것에는 두 사람이 동반자살을 한다는 얘기도 있다.[2] 안티고네의 이야기가 서로 다른 것을 보면, 작가들의 창작물이라기보다는 테바이 지역 전설(전승물)로 보는 것이 진실에 가까울 것이다.[3]

　우리가 알고 있는 안티고네의 이미지나 이야기 등은, 우리의 마음속에 소포클레스의 「안티고네」가 9할 이상을 차지하고 있다. 더 비극적인 것이 덜 비극적인 것보다 철학적으로나 심미적으로 압도하기 때문이다. 비극이 생성되기 이전인 지역 전설로 구전될 때만 해도 존재감이 그다

---

2 최혜영, 『그리스 비극 깊이 읽기』, 푸른역사, 2018, 56~57쪽, 참고.
3 천병희 지음, 『그리스 비극의 이해』, 문예출판사, 2002, 94쪽, 참고.

지 없었던 안티고네가 히로인, 즉 비극적 영웅(주역)으로 거듭 태어난 것은 비극 시인 소포클레스의 역할이 컸다고 본다.

그의 의도는 어디에 있었을까?

그리스에서 오래 공부해 귀국한 한 역사학자는 테바이가 안티고네와 같은 여성들의 미덕이 남성적 덕목의 빈자리를 채워가야 할 만큼 기형의 사회요, 저주받은 공동체라는 것을 소포클레스가 드러내기 위해서가 아니었을까, 하고 추론해 보기도 했다.[4] 여성주의 시각에서 본 역사관이 아닐 수 없다.

오이디푸스 왕가의 대물림 비극이 운명적이라기보다 정치적 갈등의 소산이라는 게 현실적인 설득력을 얻는다. 안티고네 이야기를 '갈등의 정치학'이라고 비유한 이는 예일 대학교 종신교수로서 정치철학의 세계적인 권위자인 스티븐 스미스다. 안티고네와 관련해 자세히 후술하겠지만, 갈등은 인간의 자연 상태이며, 인간 본성의 기본 구조다. 크레온과 안티고네의 갈등은 이 둘의 대화를 통해 잘 드러나 있다.

> 너는 그러지 말라는 포고령이 내려졌음을 알고 있었느냐?
> 알고 있었어요. 공지 사항인데 어찌 모를 리 있겠어요?
> 그런데도 너는 감히 포고령을 어겼단 말이더냐?
> 내게 그런 포고령을 내린 것은 제우스가 아니었으며,
> 하계의 신들과 함께 사는 정의의 여신께서도
> 사람들 사이에 그런 법을 세우시지 않았으니까요.
> 나 또한 한낱 인간에 불과한 당신의 포고령이
> 신들의 변함없는 불문율들을 무시할 수 있을 만큼
> 강력하다고는 생각지 않았어요.

---

4 최혜영, 앞의 책, 61쪽, 참고.

　　그 불문율들은 어제오늘에 생긴 게 아니라

　　영원히 살아 있고, 어디서 왔는지 아무도 모르니까요.

　　나는 한 인간의 의지가 두려워 그 불문율들을

　　어김으로써 신들 앞에서 벌받고 싶지 않았어요.[5]

　크레온과 안티고네는 외가 쪽의 숙질간이며, 동시에 장래에 시아버지와 며느리가 될 관계다. 안티고네가 왕에게 대들다시피 하는 말에 '포고령'과 '불문율'이 각각 세 차례나 등장한다. 이 대화에서는 포고령과 불문율이 서로 대립하면서 충돌을 일으키고 있다는 사실을 알게 한다. 법과 법이 충돌하는 경우다. 포고령인 왕명은 실정법이며, 불문율인 천륜은 자연법이다. 법 없이도 살 수 있는 사람이니 하늘의 뜻이니 하는 것처럼 모호하지만 절대 선의 높은 경지 같은 것이 자연법이라고 생각하면 된다. 문자로 쓰여 있지도 않고 수정하거나 변경할 수도 없는 절대의 불문율[6]이 곧 자연법인 것이다. 이 두 법의 대립은 지금에도 날을 세운다. 지금의 정국으로 보아서는 향후 실정법과 자연법의 대립은 격화될 것으로 보인다.

　이를테면 이해 충돌의 여지가 있는 모든 실정법은 자연법에 반한다(어긋난다). 지금 제기되어 있는 모든 법은 법 위의 존재인 개인을 위한 소위 '위인설법'이다. 특정인을 위해 만든 법이라고. 입법자들은 도무지 부끄러움이 없다. 헌법재판소가 헌재재판관 임명에 관여하고, 그것도 모자라 정치권이 정치적으로 민감한 현안과 관련이 있는, 자신들이 유리한 법을 만들자는 것은 어디서 배운 버릇인지 알 길 없다. 대통령권한대행이 대통령 권한을 대행한 것을 가처분하던 더불어민주당이 이재명을 위

---

5 아이스클로스 외 지음, 천병희 옮김, 『그리스 비극 걸작선』, 도서출판 숲, 2010, 259~260쪽. (이하 '천병희 역본 : 쪽수'로 줄임.)
6 문광훈 지음, 앞의 책, 91쪽, 참고.

한 입법을 강행하겠다고 한다. 이 모든 것은 자연법에 반한다. 어쩌면 지금 우리의 문제가 이천수백 년 전의 문학인 「안티고네」에도 그대로 반영되어 있다. 크레온의 입장은 강고하기만 하다. 이제는 자신이 권력을 가졌기 때문이다.

> 불복종보다 더 큰 악은 없다. 불복종은
> 도시를 파괴하고, 집들을 쑥대밭으로 만든다.
> 불복종은 또 동맹군의 전열을 무너뜨려
> 도망치게 한다. 하지만 번영을 누리는 사람들에게는
> 대개 복종이 안전을 보장해주지.
> 따라서 우리는 법질서를 옹호해야 하고.[7]

크레온은 안티고네의 불복종을 죄악시한다. 자신을 복종하는 것이 미덕이다. 자신이 바로 법과 질서의 중심에 서 있기 때문이다. 비극을 추동하는 힘은 '파토스($\pi\acute{\alpha}\theta o\varsigma$)'다. 이것은 감정, 열정, 욕정, 정념 등을 말하는 것인데, 영어의 '페이소스'로 전이되면서 말맛(뉘앙스)이 조금 달라진다. 그저 단순한 감정이 아니라, 깊은 감정, 슬픈 감정 등의 어감이 부가된다. 감정의 비극적인 특성이 얼마큼 영향을 준 것으로 보인다.

지금 우리의 정치적인 감정은 거의 파토스에 가깝다. 태극기 부대와 세칭 '개딸'들을 보면 격정적이라고 할 수 있다. 거대한 T자형으로 맞붙은 양극의 대형 시위대는 거대한 감정의 집합 형태이다. 나는 비극이 슬픔의 개념에 방점을 찍기보다, 갈등의 개념에 방점을 찍어야 한다고 본다. 인간의 파토스가 특정 목적을 위해 실현된다면, 인간들은 조화를 잃고 서로 대립하게 마련이다.[8] 이들은 대립의 파토스가 야기하는 불가피

---

7 천병희 역본 : 269쪽.
8 G. W. F. 헤겔, 최동호 옮김, 『헤겔시학』, 열음사, 1993, 246쪽, 참고.

한 갈등을 내버려두지 않는다. 감정은 제각각 정당한 힘이다. 비극적인 것의 본질이 이런 바탕 위에서 탄생한다.

정치는 현실을 경유하는, 가장 원색적인 삶의 한 방식이다. 물론 정치에는 정도(正道)도 엿보이고, 타락상도 드러난다. 윤석열은 반국가적인 행동을 척결해야 한다고 했고, 도리어 이재명은 이것을 두고 헌정 질서를 어지럽힌 내란이라고 규정했다. 마침내 승자는 이재명이 되었다. 한쪽의 윤리적 정당성을 구성한 힘과, 다른 한쪽의 윤리적 정당성을 구성한 힘이 서로 맞붙어 충돌하면 한쪽의 '에토스(도덕성)'는 몰락한다. 그러나 이재명의 승리는 안개처럼 모호한, 가늠하기 어려운 오늘날의 정치 현실, 현실 정치를 감안하자면, 실로 너저분한 '사법 리스크'를 남겨둔 채 승리한 찜찜함의 승리다. 앞으로의 일이 중요하다. 어떻게 전개될지 잘 알 수 없다. 하도 변수가 많으니까.

비극「안티고네」속에 크레온과 하이몬, 즉 아버지와 아들, 왕과 왕자가 대화를 나눈다. 매우 정치적인 속성이 반영된 대화다.

이 나라를 내가 아닌 남의 뜻에 따라 다스려야 한다고?
한 사람만의 국가는 국가가 아니지요.
국가를 통치하는 자가 곧 국가의 임자가 아니란 말이냐?
사막에서라면 멋있게 독재하실 수 있겠지요.[9]

크레온이 장래에 자신의 며느리가 될 안티고네를 두둔하는 아들마저 뭉개려고 하는 순간에, 그는 자기파멸의 구렁텅이 속으로 빠져들기 시작한다. 이것은 마치 윤석열이 계엄을 선포한 순간부터 대통령으로서의 권위와 입지가 벼랑 끝에 서게 된 것과 같다. 비극의 원인을 그리스어로

---

9 천병희 역본 : 271쪽.

'하마르티아(ἁμαρτία)'라고 하는데, 크레온과 윤석열의 하마르티아는 '어리석음'이라고 할 수 있다. 이들의 행동이 곧바로 이어서 따라올 비극적인 결과에 대해 전혀 예상조차 하지 못했고, 또 이미 벌어진 일을 대처하는 데 있어서도 전혀 뒷감당조차 할 수 없었기 때문이다.

앞에서 언급한 스티븐 스미스는 비극 「안티고네」의 갈등 양상을 '오이코스(οἶκοά)'와 '폴리스(πάλις)'의 대립이라고 보았다.[10] 오이코스는 본디 '삶의 터전'을 가리키는데 지금은 '생태환경'의 의미로 곧잘 쓰이고 있다. 여기에서는 문맥상 '가정'을 가리키는 말이다. 폴리스는 원래 '도시'이지만 여기에서는 '국가'로 보는 것이 맞는다. 그는 이 작품의 핵심 갈등을 가정과 국가의 대립으로 본 것이다. 오이코스가 여성성의 우애를 지향한다면, 국가는 남성성의 위엄을 갖춘다. 이것의 대립을 자연과 제도의 갈등으로 간주해도 괜찮으며, 범박하게는 개인과 사회의 갈등으로 보아도 무난해 보인다.

그는 비극 「안티고네」를 두고 페미니즘, 선악 이분법, 국가에 의한 개인의 희생 등의 관점에서 보는 것을 경계했다. 오이코스와 폴리스의 대립은 서로 경쟁하는 두 도덕률 사이의 갈등이며, 이게 바로 비극의 본질이라는 거다. 여기에서 말하는 도덕률을 두고, 파토스나 에티카(윤리학)라는 표현으로 대신해도 괜찮아 보인다. 이를테면 '갈등의 정치학'이 가장 설득력을 얻는 비유적 표현이다. 이것은 그리스 비극의 뚜렷한 특징이라고 보인다. 하기야 이 개념은 셰익스피어 극에서도 뚜렷이 보여준다. 심지어는 그리스와 셰익스피어의 희극에서조차 나타난다. 고전의 연극일수록 무대는 정치의 아수라장이거나, 사람살이의 치명적인 막장이 된다. 안티고네와 크레온의 두 세계에 대비적인 시선을 던진 스티븐

---

10 스티븐 스미스, 오숙은 옮김, 『정치철학』, 문학동네, 2020, 34쪽, 참고.
11 같은 책, 37~38쪽, 참고.

스미스의 견해는 다음처럼 꽤 분석적이고, 또 논리적이다.

> 안티고네의 세계는 공적 이성의 영역이 아니라 자연, 숭배, 신비의 사적 세계다. 공적 인물인 크레온이 이해하지 못하는 것이 바로 이 세계다. 크레온은 폴리스 시민들의 유대를 칭송하기 위해서 혈연과 가족의 유대를 부정하려 한다. 그러나 안티고네의 관점도 똑같이 배타적이다. 그녀는 가족에 대한 의무를 지배하려는 공적인 법의 힘을 부정하려 한다. 그녀의 입장은 정치 이전의, 심지어는 정치 이하의 것이다.[12]

최근의 우리나라 정치 현실은 드라마틱했다. 사람들은 사필귀정이니, 빛의 혁명이니, 국민의 승리니 하는 정치적 수사를 동원하고 있다. 이런 유의 표현은 사실상 일면의 고찰에 지나지 않는다. 이른바 정치적 올바름의 상대적 원리, 양극화의 그늘진 어두움, 민주주의 가치의 역설 등을 이해하지 않고선 사회의 전면적인 면을 파악할 수 없다.

무엇보다도 윤석열이 충암고등학교 동문과 사적인 인맥을 형성했다든가 아내의 비리를 덮기 위해 친위 쿠데타를 일으켰다든가 하는 풍문들이 만약 사실이라면, 그의 행위는 스티븐 스미스의 말마따나 정치 이전의 것, 정치 이하의 것에 지나지 않는다. 사적 영역이 공적 영역을 넘보았기 때문이다. 정치는 나라의 대사를, 외교는 나라 사이의 '무소사(無小事)' 관계를 말한다. 사소하고도 사사로운 일들이 정치의 무대 위에서 영향력을 가진다는 게 어찌 바람직스러운 일인가?

나는 비극「안티고네」의 갈등 양상 중에서 삶과 죽음의 갈등 양상도 놓쳐서는 안 된다고 생각한다. 이 문제는 사후나 영혼과 관련해 다소 세속적인 문제를 넘어서는 것이다. 살아도 죽음 같은 삶이 있는가 하면, 죽

---

12 같은 책, 44쪽.

어도 가치 있고 명예로운 죽음도 있을 것이다. 문학에서의 삶과 죽음은 상징적으로 처리되고 치장된다. 안티고네의 여동생인 이스메네는 왕명이나 권력에 거슬려 비참하게 죽는 것보다 죽음 같은 삶을 살기를 원한다. 반면에 안티고네는 죽은 오빠를 애도하면서 끝내 명예로운 죽음에 헌신하려 한다.

크레온은 폴리네이케스에 대한 애도를 금지함으로써 자신의 권력 기반을 다지려고 했다. 왕권의 정통성에 관한 문제였다. 애도는 정치적이다. 정쟁의 대상이나, 권력의 가늠자가 되기도 한다. 세월호에서 재미를 본 정치 세력이 이태원과 채상병을 이용하려고 했듯이 말이다.

3

갈등이 지배하는 사회는 앞을 내다볼 수 없을 만큼 혼란스럽다. 개인과 사회의 틈새가 크면 클수록 비극의 치명적 결과 역시 커질 수밖에 없다. 비극적 인간 조건에 처해진 존재는 무력하다. 삶과 죽음의 경계에 처해져 있다. 안티고네가 법의 질서에 의해 몰락한다. 그녀가 석굴로 추방당하기에 앞서 혼잣말로 절규하고 있다. 이 절규에서 우리는 비극의 쓰임과 비전을 찾아야 한다. 이것은 다름이 아니라 '고통을 통해 예감하는 고양된 삶의 가능성'[13]일 테다.

오오, 도시여! 오오, 도시의 부유한
남자들이여! 오오, 디르케의 샘들이여!
전차가 많은 테바이의 성역이여!

___

13 문광훈 지음, 앞의 책, 102쪽.

그대들은 내 증인이 되어주세요.

사랑하는 이들의 애도도 받지 못한 채 나는

어떤 포고령에 의해 돌무더기로 막은

감옥이라는 전대미문의 무덤으로 내려가는지!

아아, 가여운 내 신세. 나는 이승에서도

저승에서도, 살아있는 이들 곁에서도

죽은 이들 곁에서도 함께 살지 못하는구나.

석굴로의 추방이라는 형벌. 안티고네는 무슨 죄가 그렇게 무겁기에 이런 가혹한 응보를 받아야 하나? 이 물음에서 지혜로운 답을 구하는 과정이 비극의 쓰임이요 비전이지 않나, 싶다. 연극의 무대는 세계의 축도이다. 이 아수라장 무대 위에서, 인간들은 늘 아귀다툼을 벌인다. 그럼에도 불구하고, 안티고네는 신이 불멸의 존재이며, 인간이야말로 필멸의 존재라는 관념을 받아들이고 있다.

비극 「안티고네」에서도 「오이디푸스 왕」에서도 등장했던 눈먼 현자 테이레시아스가 등장한다. 그는 지혜로운 예언자이다. 사람으로서는 가장 신에 가까운 능력의 소유자다. 그는 크레온에게 조언한다. 죽은 자를 다시 죽이지 마시오.[14] 이게 무슨 소린가? 더 이상 정치보복을 하지 말라는 얘기다. 이것을 인륜(에티카)의 몰락으로 본 걸까? 광해군이 잠재적인 맞수인 어린 동생 영창대군을 죽이는 것처럼. DJ가 대통령에 당선되었을 때 먼 옛날에 그를 납치했던 동갑의 정적인 이후락이 외국으로 나가 몸을 피할까 하자, 그는 정치보복 따위는 안 할 테니 그냥 국내에 머물라고 했다, 한다.

지금의 현실 정치는 어떤가?

---

14 천병희 역본 : 285쪽, 참고.

내란 특검과 김건희 특검과 채상병 특검에 동원될 검사 수만 해도 120명이 될 것이라고 한다. 또 투입될 막대한 예산은 얼마인가? 검찰청 단위의 매머드급 특검이라고 할 수 있다. 특히 내란은 법원에서 재판 중인데도 불구하고 말이다. 재판 중인 사안을 다시 조사한다는 게 무엇을 의미한다고 보나? 현자 테이레시아스 말고 무대 위의 코러스도 조언자가 된다. 코러스는 해설하고 노래하는 정도로 역할이 다하지는 않는다. 이들은 관찰자이고, 훈수꾼이고, 대리자다. 코러스는 비극에서 행동(연기)하지 않는다. 대신에, 이들은 무대에서 고뇌하는 중심인물들에게 간혹 신탁과 지혜의 말들을 툭툭 던진다.[15]

극의 막바지에, 크레온은 탄식한다. 내가 손대는 일마다 잘못되고, 감당할 수 없는 운명이 나를 덮쳤다고. 이에 대해 코러스는 신을 공경하지 않는 오만한 자가 벌을 받을 것이며, 어리석은 인간에게는 지혜가 필요하다고 노래한다.[16] 그렇다. 세계는 한바탕 무대요, 인생은 한 편의 노래다. 어쨌든 디오니소스적 충동의 광기는 아폴론적 이성과 조화로써 달래야 한다. 내 젊었을 때, 저녁의 소주와 아침의 이슬이 서로 조화를 이루었듯이. 지금의 정치 현실을 보자면, 정치인들에게, 국민에게도 이런저런 조화가 필요하다고 생각된다.

---

15 진중권 지음, 『미학 오디세이』, 제1권, 현실과과학, 2001, 98쪽, 참고.
16 천병희 역본 : 301쪽, 참고.

세상이 불에 타고 있다
—분노의 정치학

　법 조항 개정으로는 안심할 수가 없어. 아예 법을 없애버려야 되지 않겠어? 그럼, 어떡하면 좋겠어? 이런 쑥덕공론이 밀실에서 쥐도 새도 모르게 이루어진다. 다들 알다시피, 대장동과 백현동의 개발 비리를 표상한다. 이재명의 배임죄 혐의는 초대형 사건의 비밀을 푸는 척도요, 가늠자요, 열쇠다. 한동안 대통령 선거로 인해 좀 잠잠하다 싶나 했더니, 이것이 권력의 틀 속에서 땅속의 지렁이처럼 음습하게 다시 꿈틀거리고 있다. 이와 같이 진영의 합의는 금세 자연발생적으로 이루어진다. 이게 우리의 정치 현실이다.

　배임죄 폐지 발상은 사람들이 왜 내란, 내란 하는가, 하는 물음에 대한 대답으로 읽힌다. 파생 권력의 허점과 문제점을 파고들어 사실을 하나하나 적시해서는 상충될 여지와 틈새가 생겨나게 마련이다. 아예 전체를 뒤집어야 사안의 전체상을 바꿀 수 있다. 이 과정에서 왜곡과 조작은 진실로 포장되거나 위장되거나 한다. 가짜뉴스가 대안 사실이 결코 될 수 없다. 그런데도, 대안 사실은 가짜뉴스의 날개를 달게 된다. 진중권은 자신의 저서에서 이런 기록을 남겼다.

유시민은 동양대 표창장이 위조라는 사실을 이미 알고 있었지만, 그것이 가짜라고 해도 큰 문제가 아니라고 봤다. 대안적 사실을 제작해 현실에 등록하면, 그게 곧 새로운 사실이 된다는 거였다.[1]

기존의 배임죄를 폐기한다고 해서, 현실이 개혁되는 것은 아니다. 또한 방탄 입법을 대체 입법으로 포장한다고 해서 그것이 대안 사실인 것은 결코 아니다. 진중권이 여기에서 말한 제작은 '조작'과 동의어가 될 수밖에 없다. 검찰 개혁이란 것도 노무현의 자살 이후 17년 동안 진영이 간직해온 '원한 감정'의 제도화와 다르지 않다. 이 감정을 가리켜 프랑스어로 '르상티망'이라고 말해진다. 먹물에 의해, 간혹 들려오는 용어다. 영어로 '리젠트먼트(resentment)'에 해당하는 말이다.

사실은 노무현의 죽음은 공적이라기보다 사적이다. 비리가 있었다고 하더라도 노무현의 개인적 비리에 해당한다. 물론 이것을 받아들이는 사람들의 감정도 사적일 수밖에 없다. 그의 죽음은 4·3과 5·18에 비하면 아무것도 아니다. 죽음의 상징적 의미가 없는 건 아니지만, 피해의 규모 자체가 잗다랗다. 요컨대 검찰 개혁과 배임죄 폐지는 사적 감정이 공적 시스템을 전복한 유례없는 일이라고 생각된다. 문제는 여기에서 끝나지 않는다는 점이다. 대법관 증원도 4심제 도입도 마찬가지다. 동기나 기준, 도덕성이 공적 마인드에 근거하지 않는다.

정쟁에 이용되는 분노와 증오

이성의 정치는 정치의 이성을 불러오고, 감정의 정치는 정치의 감정

---

1 진중권, 『진보는 어떻게 몰락하는가』, 천년의 상상, 2020, 18쪽.

을 낳는다. 이성의 정치가 지배하는 시대가 치세의 정치라면, 감정의 정
치가 지배하는 시대는 난세의 정치이다. 로마 최대의 난세였던 시대, 즉
갈리굴라와 클라디우스와 네로가 잇달아 지배한 시대를 살아온 세네카
는 말했다. 이를테면, '분노보다 복수를 더 열렬히 갈구하는 감정은 없
다.'[2]라고. 분노의 감정과 복수심은 가장 이웃하는 감정이다. 감정의 세
계에는 옳고 그름의 경계 따위가 전혀 없다. 일방적 분노보다 쌍방의 분
노가 훨씬 많다. 쌍방의 분노 과정에서 당하는 쪽이 복수심, 원한 감정
이 생기거나 축적되게 마련이다.

주지하듯이, 지혜와 통찰력이 부족한 사람이 분노한다. 분노하는 사
람은 자신이 분노하고 있는 것도 잘 모른다. 분노만큼 광기에 빠르게 이
르는 길은 없다. 윤석열이 분노로 인해 이미 망했고, 더불어민주당도 향
후 분노로 인해 망할지도 모른다. 일반론적으로는 야당이 주로 분노하
는데, 지금은 여당이 훨씬 더 분노하고 있다. 야당은 도리어 분노하면서
도 주눅이 든 형세다. 요컨대 요즘 국회에서는 늘 분노의 장이 서고 있
어서, 지금 우리 국회는 마치 분노의 상설시장과 같다. 분노가 분노를
불러일으키면, 분노들이 서로 뒤엉키면서 이전투구의 난장판이 되고야
만다.

어느덧 10년이 지난 시점이거니와 『분노사회』(2014)의 저자인 정지우
는 우리 사회의 모든 관념들이 거의 다 어긋나 있고, 파편화되어 있기
때문에 한국 사회를 장악하고 있는 관념들은 하나같이 분노를 양산하고
있다고 파악한 바가 있었다.[3] 날카로운 현실 분석이 아닐 수 없었다. 우
리나라 정치의 양극화의 뿌리는 해방 직후의 좌우 대결에서, 또 한국전
쟁의 외상에서 비롯된 르상티망, 그러니까 뿌리 깊은 원한 감정에서 비

---

2 세네카 지음, 제임스 롬 엮음, 안규남 옮김, 『어떻게 분노를 다스릴 것인가?』, 아날로그, 2023,
  31쪽.
3 정지우 지음, 『분노사회』, 이경, 2017, 60쪽, 참고.

롯되었다고 봐야 할 것이다. 이것이 민주화 과정에서 자행된 국가 폭력의 사태가 불난 집에 부채질을 한 채 더욱 심화되었던 것으로 보인다. 십여 년 전의 정지우 역시 한국 정치의 정체성이 이러한 냉전적 대립 관념에서 비롯된 것으로 보인다.

자유주의 대 사회주의라는 냉전 대결 구도 속에서 형성되었던 동북아 국가들의 정체성은 탈냉전 이후 21세기에 이르러 오래된 민족주의로 회귀하며 증오를 형성한다. 이들은 국내의 표류하는 개인들, 즉 자기 정체성 수립에 실패한 무수한 현대인들을 긁어모아 증오의 집단 정체성을 덮어씌운다. 그러한 집단 정체성에 참여하면서, 동북아 3국의 개인들은 애초에 가장 협소했던 '자기'라는 관념을 그보다 더 협소한 '집단 획일화'의 관념에 헌납한다. 대중들은 집단 정체성에 자신을 봉헌하면서 존재감을 얻고, 정치인들은 그러한 현상을 더욱 조장해서 자기 권력의 기반으로 삼는다.[4]

초판 2014년에 나온 책에서 인용한 이것을 보면, 도리어 그 이후의 일들을 더 잘 비춰주고 있다는 느낌이 들 정도이다. 우리 사회는 자본주의 성장 과정에서 개인적인 좌절과 불만이 사회화된 것이 문제라면 문제다. 정치인들도 자기 정체성 수립에 실패한 개개인 총합의 군상이 필요했다. 집단 정체성에 동참하는 결속력이 바로 정치적인 힘을 얻는 동력이 된다. 이 과정에서 정치인들은 반미니, 반일이니 하는 집단 정체성의 형성을 통해 재미를 좀 보기도 한다. 양키 고 홈, 토착왜구 하는 구호나 표현을 통해 분노를 자극한다. 분노가 격노로 확대되는 과정에서 적대감이나 증오심이 발생한다.

법정신의학자 라인하르트 할러가 증오를 가리켜 '모든 것을 파괴하는

---

4 같은 책, 132~133쪽.

어두운 열정'이라고 설명했거니와, 과거에 폭력의 피해를 당한 청소년이 다시 공격을 당할 수 있다는 두려움으로 인해 극심한 증오를 발현하는 것[5]처럼, 지금 우리 정치의 어두운 그늘에도 피해의식과 고정관념이 음습하게 자리하고 있다.

산마루에 선 붓다, 불의 설법

우리 사회의 분열상이 심각하게 받아들이기 시작된 시점은 노무현의 등장이라고 하겠다. 대선 운동 때의 발언, '반미 좀 하면, 어때'라고 하는 노무현의 발언은 그와 정몽준과의 분열을 넘어서 사회적 분열의 조짐이 되고 말았다. 그가 재임하던 시대는 '꼴통'과 '좌빨'이 지배하는 시대였다. 광장의 분열상은 2008년 광우병 파동에서 시작되었고, 2009년 노무현의 자살이 우리 사회를 걷잡을 수 없게 만들었다. 이때부터 지금까지 우리 사회가 어떤 모습을 보여주었나? 광우병 광장은 '넷우익'이니 '일베'니 하는 인터넷 극우를 탄생시켰고, 박근혜—최순실 국정 농단을 계기로 사회경제적 불만 세력을 결집해 인터넷 안팎 경계를 넘나들게 하였다. 마침내 우리 사회는 부족주의 사회로 회귀하게 된 것이다. 부족주의 사회에서는 부족장이 영웅이 된다. 그가 도덕적인 흠결이 있건 없건 상관하지 않는다. 최근에 읽은 한 칼럼을 보면, 우리 사회가 분노사회를 넘어 격노사회로 가는지도 모른다.

지난 1월 서부지법 사태에서 보듯 폭동으로 번지기도 한다. 정치인의 '위험한 말'이 집단 행동을 자극하고 폭력을 부추겼다는 평가도 있다. 대중은 음모론에

---

5 김희경, 「증오를 동력 삼는 정치」, 한국일보, 2025. 9. 15. 참고.

열광한다. 이를 합리적 추론이라 그럴싸하게 포장하는 유튜버에게 끌린다. 이들에 대한 합리적 비판조차 '나에 대한 공격'으로 여겨 격노한다.[6]

분노가 격노로 갈지 모른다는 우려는 우리의 마음을 불편하게 한다. 내남없이, 이 불편한 현실, 불길한 앞날이 걱정스러울 거다. 구미에서도 젊은이들이 우경화하고 있다. 광범위하게 좌경화하고 있는 세력에 대응하는, 대항하는 '앵그리 영맨'의 국제적 연대마저 점쳐진다. 전 지구적으로, 감정의 양극화가 정치적 극단주의를 불러낸 것이다.

나는 이 대목에서 붓다의 이른바 '불의 설법(The fire sermon)'을 생각하지 않을 수 없다. 그는 보드 가야에서 불을 숭배하는 종교인 배화교에서 개종한 천 명 남짓한 출가자를 데리고 가야산을 넘어가다가 잠시 쉬었다. 산마루의 그는 마치 시를 읊조리듯이 말했다. 비구(출가자)들이여. 세상이 불에 타고 있다. 이 불은 탐욕의 불이요, 분노의 불이며, 어리석음의 불이다. 그가 말한 탐욕과 분노와 어리석음은 따로 떨어져 개별적으로 존재하는 것이 아니다. 하나로 얽혀 있다. 삼위일체가 된, 지독한 악감정의 뿌리다. 그래서 삼독(三毒)이라고 칭해진다. 불교적 의미의 산상수훈(山上垂訓)이라고 비유되는 이 설법은 팔리어 경전『상윳따 니까야』 제35경에 기록되어 있다. 한 영어 역본에는 다음과 같이 옮겨졌다.

Everything, O monks, is burning……
The eye is burning, forms are burning,
eye-consciousness is burning……

모든 것이 불에 탄다는 것은 세상이 불에 탄다는 것을 의미한다. 지금

---

6 구정우, 「극단주의와 양극화」, 세계일보, 2025. 9. 15.

의 세상에 비추어보면 분노의 불길이 가장 적확해 보인다. 영어 역본을 다시 보면, 눈이 불에 타고 있고, 형상(形象)이 불에 타고 있으며, 표상(表象)이 불에 타고 있다. 여기에서의 모든 것은 눈과 형상과 시각적 인식 작용이다. 의식과 관념이 모든 것을 구성한다. 의식이 가치관이나 신념을 말한다면, 관념은 철학적으로는 이데아요, 심리학적으로는 표상(representation)이다. 의식과 관념은 이웃하는 개념이다. 여기에서 의식이 그냥 관념에 그치지 않고, 정확하게 말해 '관념의 관념'으로 나아간다. 따라서 표상이란, 자신의 관념을 유리하게 인식해가는 과정을 말한다.

붓다의 어록은 우리의 정치 현실을 있는 그대로 반영하고 있다. 길 잃은 보수는 딱히 무어라고 말할 수 없는 '관념의 관념'의 늪에 빠져 허우적대고 있으며, 결집하는 진보는 자신이 유리하게 만들어 놓은 프레임 속에 갇혀 있다. 이 프레임을 가리켜, 우리는 '동굴의 우상'이라고 비유할 수 있다.

개인의 자유, 개개인의 자유

분노는 정치인들이 생산해 내고 있다. 우리는 누가 분노의 정치 언어를 만들어내는가를 지켜보아야 한다. 분노의 막말은 거의 매일 같이 국회의 회의장이나 청문회장에서 쏟아지고 있다. 핸드폰을 통해 언제든지 들을 수 있다. 사랑했던 대상의 나무에서 사랑의 꽃을 늘 피워냈듯이, 증오할 대상의 나무에서는 증오의 열매가 장차 맺힐 것이다. 우리는 더 이상 분노해서는 안 되고, 더 이상 사이다 발언에 속아서도 안 된다.

양극화된 마음에 접점을 찾을 수 없을까?

자유주의자들이 정치적 자유를 실현하려면 어떤 경제적 불평등이 구체적으로 있는지를 잘 살펴보아야 하고, 사회주의자들은 경제적 평등을 강요하기 이전에 정치적 부자유의 상태를 무엇보다 점검, 재점검해야 한다. 진중권이 2020년에 진보는 어떻게 몰락하는가, 하는 화두를 던졌지만, 진보가 몰락하기는커녕 왼쪽으로 급격히 기우뚱해지면서 5년 후인 지금에 이르러선 외려 승승장구하고 있지 않나? 그의 분석은 날카로웠지만, 결과적으로 예견은 오판이었다.

나는 우리가 지금 분노사회에 살고 있다고 생각한다. 사회가 불평등하다고 생각하는 사람들과, 극우 청년은 말할 것도 없고, 권력을 향유하는 세력마저 분노하고 있다. 이들에게 분노는 권력 유지의 강력한 수단이기도 하다. 나도 때로 분노한다. 이미 진행하고 있는 사건인데도 내란 재판부를 따로 만들어서 기존의 판사를 밀어내고 권력에 맞장구를 쳐줄 판사로 바꾸겠다는 의도와 절차에 분노한다. 의도는 정녕코 사악하며, 절차는 전혀 정의롭지 않다.

이제 글의 막바지에 이르러 내 신념을 밝히지 않을 수 없다. 나는 전체를 위해 개인을 희생시키는 것에 반대한다. 왜 우리가 자유의 가치에 전념하면서 이것을 옹호해야 하는가? 이 이유는 개인의 의견, 이익, 행복을 포기하지 않음에 있다. 나는 특히 개인의 자유보다 개개인의 자유를 더욱 강조한다. 개인의 자유도 양날의 칼이 되기도 한다. 개인주의로 흐를 수 있어서다. 개인주의는 물론 바람직하고 긍정적인 측면이 없지 않지만, 의미론적으로 광역의 스펙트럼을 가진다. 하지만 '개개인주의'라는 말은 애최 없다. 말 됨됨이 자체가 존재하지도, 성립하지도 않는다.

개인의 자유는 개인주의로 흐를 수 있는 제한적 자유지만, 개인 상호 간에 타인의 자유마저 존중해야 하는 자유는, 내가 말하는바 '개개인주의'로 확장되는 절대 자유다. 만약 용어의 쓰임새가 가능할 수 있다면, 자기애나 이기심에 빠지지 않고 개인과 개인이 인격으로나 삶에 있어서 서로 존중해야 한다는 생각 틀이 형성되어야 하는 데서 하나의 가설적 개념으로 자리할 것이다.

덧붙이자면, 개인주의보다 개개인주의가 이타성을 한층 드높인다고, 생각된다. 나는 이 대목에서, 폴리스를 정치의 현실로, 코스모폴리스를 정치의 이상으로 각각 비유하고자 한다. 폴리스의 가치가 시민 개인의 사적 자유와 종족주의의 공적 이익을 추구하는 데 이런저런 역할을 해왔다면, 코스모폴리스의 가치는 개개인의 자유와 연대를 바탕으로 보다 넓은 울타리 속의 융합과 평화를 실현하기 위한 데까지 나아갈 수 있다.

주지하듯이, 분노가 개인이나 개개인의 영혼을 병들게 하면서 사회의 공동선을 파괴한다. 분노의 절제가 개개인의 자유와 행복을 보장한다. 만약 시민의 다수가 사회주의의 길을 가리킨다고 해도, 우리는 그것을 통해 굳건히 맞서는 정신의 힘, 도덕성의 힘을 발휘해야 한다. 우리가 눈앞에서 보고 있는 곳, 북한과 중국은 말할 것도 없고, 지구 반대편에 있는 중남미 일부 국가 같은 데서 살고 싶냐, 라고 끊임없이 물어야 한다.

길바닥 위의 군중권력

엘리아스 카네티는 과학자이면서 문필가다. 그는 스페인계 유대인 가정에서, 불가리아 국적으로 태어나, 독일어로 활동한 영국의 작가다. 정체성이 좀 복잡하다. 하지만 독일어로 교육을 받았기에, 평생토록 글쓰기는 독일어로만 했다. 반생은 영국에서 거의 살았고, 영국 시민권도 얻었다. 나머지 반생은 불가리아, 스위스, 오스트리아, 독일, 프랑스에서 살았다는데, 말년에는 스위스에서 여생을 보내다가 89세의 나이로 눈을 감았다.

그는 화학 분야의 박사학위를 받았지만, 사실상 평생토록 글쓰기에 몰두했다. 아우들도 각 분야의 뛰어난 사람들이었다. 프랑스에서 활동한 유명한 뮤지션, 의학자들로 알려져 있다. 그의 문학 작품은 과작이었지만, 노벨문학상 수상자로서의 큰 영예를 얻었다. 불가리아 국적의 유일한 노벨문학상 수상자다. 그의 문학은 우리에게 그리 잘 알려진 것이 없고, 일종의 문명비평적인 저서라고 할 수 있는 『군중과 권력』(1960)이 그의 대표적인 저술물로 손꼽히고 있다.

이 책은 1982년에 한국어판으로 나왔다. 40여 년 전의 일이다. 그동안 이 책은 우리나라의 독자들에게 오랫동안 꾸준히 읽혀 왔다. 내가 가지고 있는 이 책은 1982년 3월 10일에 간행된 초판본 35일 만에 다시 찍은 재판본이다. 21세기를 살고 있는 지금의 우리에게도 이 책에는, 이런저런 무언가를 시사하고 있는 의미들이 결코 적지가 않다.

군중 체험에서 군중의 본질로

엘리아스 카네티는 『군중과 권력』을 초안하고 간행하기까지 20년의 시간을 투자한 것으로 알려져 있다. 그가 일생에 걸쳐 가장 전념한 것이 바로 이 책이다. 한국어판으로 582쪽에 달하는 대저다. 말하자면, 이 책은 청년 시절의 그가 1920년대 초중반에 체험한 대규모 군중 속의 자신을 돌아보면서 '군중의 본질이 도대체 무엇인가' 하는 물음을 제 자신에게 진지하게 던짐으로써 얻은 진지한 사색의 결과다. 그는 그때 자신의 군중 체험이 자신이 군중의 일부가 되었고, 군중 속에 온전히 몰입되었고, 추호의 저항감(낯섦)도 느끼지 않은 각별한 체험이었노라고 담담하게 술회했다.

이 책을 읽어가면, 누구나 왜 이리 군중의 종류가 많나, 하는 생각을 가지게 될 것이다. 예컨대 열린 군중과, 닫힌 군중, 율동(적인) 군중과 정체(된) 군중, 추격 군중과 도주 군주, 느린 군중과 재빠른 군중 등과 같이 말이다. 심지어는 금지 군중이니 순례자 군중이니 하는 표현도 있고, 스포츠 군중과 축제(祝祭) 군중도 종잡을 수 없이 등장하고 있다. 한국어판 『군중과 권력』에 '애도의 무리'라는 표현도 보이고 있는데, 이것은 이를테면 애도 군중임에 틀림없다. 나는 아주 오래전에, 고승 성철이 적멸한 후에 문도들에 의해 화장된 자리에 수습된 남겨진 사리를 공개한다고 해서 어머니를 모시고 해인사에 간 일이 있었다. 엄청나게 긴 군중이 그것을 친견하기 위해 긴 시간을 기다리고 있었는데 이 놀라운 장사진을 가리켜 내

평생토록 경험하지 못한 애도 군중이라고 할 수 있었다. 애도 군중은 전직 대통령 노무현의 사후에도 거리와 광장을 가득 메우기도 했다.

어쨌든 내가 『군중과 권력』에서 가장 주목한 용어랄까, 개념은 '율동(적) 군중(die rhythmische Masse)'과 '축제 군중'이었다. 이 두 용어는 얼핏 보기에도, 서로 관련성을 맺고 있는 것으로 보인다. 축제에서 춤과 노래가 빠질 수 없어서다. 사람은 자신의 말소리보다 남의 발자국 소리에 귀를 기울인다. 이것이 율동이요, 발의 리듬이요, 춤의 기원이다. 특히 여럿이 모인 사람들이 박자에 맞춰 동시에 발을 구른다는 것은 원초적인 축제의 기원이 되기도 한다. 이때 군중은 신이 난다. 생명과 환락이 보장되는 엑스터시요, 광란의 혼돈 상태다.

그의 책에도 비슷이 묘사된다. 모든 게 춤 속에서 진행된다. 춤추는 이들은 군중 감정을 느끼지 않을 수 없다. 율동 군중의 형성은 순식간에 일어나며, 형성된 군중은 결코 흩어지지 않으려고 한다. 흥분의 열기가 더해지면, 광란의 경지에 이른다. 육체적으로 지쳤을 때 이르러서야 군중은 소멸된다.

율동의 과정에서, 축제의 과정에서, 지축을 흔든다는 것은, 또 땅울림을 메아리치게 하는 것은 농경적 지신(地神) 문화와도 관련이 있을 성싶다. 노래니 춤이니 율동이니 하는 것은 문화인류학적으로 사람들의 결속을 다지는 수단으로 이용된 것 같다. 노동의 힘을 덜기 위해서, 생산력의 증대를 위해서, 또 자신의 영역을 지키기 위해서 말이다. 우리의 경우와 비교해 볼 때, 부산의 들놀음(야유)과 경남의 오광대에서 볼 수 있는 답무(踏舞) 의식 역시 농경 사회의 지신 문화와 상당히 관련이 있어 보인다.

율동적인 군중에 있어서는 긴밀 상태와 평등이 처음부터 동시에 일어나고 있다. 이 경우에 모든 것은 움직임에 달려 있다. 이 움직임에 뒤따르는 온갖 육체적 자극은 처음부터 정해져서 춤추는 동안에 다른 사람에게 전해진다. 긴밀 상태는 물러섰다가 다시 다가서는 운동의 규칙적인 반복을 통하여 만들어지게 된다. 그러나 평등은 이러한 운동 속에서 그 스스로의 모습을 드러낸다. 이렇게 해서 긴밀 상태와 평등의 교묘한 연출을 통하여 군중 의식이 불러 일으켜진다. 이러한 율동적인 조직체는 대단히 빨리 생겨나며 또 육체적인 피로만이 이 조직체를 해체시킬 수 있는 것이다. (한국어판, 29쪽)

율동적인 군중은 긴밀한 거리감과 평등의 유대감을 지닌다. 춤의 율동을 통해 미지의 남녀들이 육체적으로 맞닿기도 한다. 지금도 행해지는 일본의 '마쓰리'의 기원이 되는 고대 일본의 축제 중에 자유연애나 프리섹스도 행해진다고 하는데, 우리나라의 축제, 앞서 말했듯이 들놀음이나 오광대, 마을 축제인 대동제는 초저녁부터 시작해 꼭두새벽 녘에야 끝이 난다. 육체의 피로가 한계에 달하면서다. 물론 우리의 경우는 남녀의 접근이나 육체의 방탕이 허용되지 않는다. 유교 전통과 관련이 있었을 것이다.

후술하겠지만, 한 교수는 2024년 12월의 촛불 집회 현장에 젊은 남성들이 없는 게 안타까운지 젊은 여성들이 많으니까 동참하라고 독려했다가 여론의 뭇매를 맞기도 했다. 율동 군중의 원형이 그렇다는 것이지, 남녀가 함께 모인다고 해서 모임의 의미나 집회의 성격이 강화되는 것은 결코 아니다.

모이면 물불 가리지 않는다

엘리아스 카네티의 『군중과 권력』에서 두 키워드는 더 말할 것도 없이 군중과 권력이다. 이 두 낱말의 쓰임은 다양하다. 그런데 이것의 합성된 개념이라고 할 수 있는 '군중권력'에 관해서는 한마디의 언급도 없다. 의도적인지 아닌지는 나도 잘 알 수 없다. 군중 속의 누구나가 대놓고 말은 하지 않아도 적어도 이런 유의 마음은 품는다. 모여라, 모이면 모일수록 우리의 권력은 강화되고, 또 증대된다. 이런 마음을 두지 않고서야 어찌 모일 수가 있겠는가? 군중에게 군중권력이 없으면 모여야 할 이유가 전혀 없다. 정치인들도 이것이 있으니까 막말을 해대거나, 가짜뉴스를 은근슬쩍 이용하거나 하는 거다. 이것이 여론이라고 단순히 호도해선 안 된다. 여기에는 복잡한 함의가 내포되어 있다.

엘리아스 카네티는 군중에 대한 상징 언어를 중시하면서 많은 소재들을 예거하고 있다. 이를테면, 불·바다·비·강·숲·곡식·바람·모래·더미·재보(財寶) 등이다. 이 중에서 바다와 비와 강은 물로 묶일 수 있다. 비가 군중집회의 기원이 되는 것은 동서양을 할 것 없이 해당된다. 기우제의 군중집회는 정치 집회의 원형이라고 할 수 있다. 고대 중국의 경우에, 비 내림을 기원하는 군무(群舞) 의식이 있었다. 이글이글 타오르는 뙤약볕 아래 장애인을 고문해 제천(祭天)의 희생물로 바치기도 했다. 이 끔찍한 의식은 반인권적인 잔학 행위다. 이를 지켜보는 군중은 다 함께 기우무(祈雨舞)를 추면서 비를 바라는 주문을 왼다. 대지를 적시는 빗줄기여, 한꺼번에 내려주옵소서, 하고. 하지만 엘리아스 카네티는 물보다 불에 더 상징성이 강하게 나타난다고 본다. 그는 숱한 군중 상징물 중에서 불을 첫 번째의 자리에 놓았다. 활활 타오르는 불은 살아있는 군중을 상징한다. 불은 물에 의해 꺼지기도 하지만, 물은 불만큼 강렬하지 못하다.

비는 대체로 기분 좋을 정도로 밀집성을 가지고 인간을 감싸는 것이다. 우리는 빗방울 떨어지는 소리를 동질적인 것으로 느낀다. 빗발의 평행성, 빗소리의 유사성, 피부가 동일하게 느끼는 촉촉함의 감촉……비가 군중 심벌이 되기는 했지만, 비는 불이 나타내는 바의 급격하고 흔들림이 없는 증대의 양상을 보여

주지 않는다. (한국어판, 96쪽)

군중의 상징이 물이냐, 불이냐 하는 쟁점은 그다지 의미가 없다. 내 생각에 의하면, 군중의 속성은 물불을 가리지 않는다. 우리는 최근 16년 동안에 네 가지 형태 및 성격의 군중을 경험했다. 광우병 파동과 관련된 A군중과, 국정농단에 분노한 B군중, 김건희를 특검하라는 C군중, 불법 계엄을 규탄하는 D군중이 그것이다. 물론 C군중과 D군중은 형태 및 성격이 달라도 동일한 군중이다. 사실상, 이 네 가지 형태 및 성격의 군중은 물불을 가리지 않는다는 점에서 그게 그거다.

엘리아스 카네티에 의하면, 불만큼 군중 상징성을 전형적으로 반영한 것은 없다. 급격하고도 흔들림이 없는 증대의 양상을 보여주는 것이 불의 속성이다. 우리나라 가야인의 「구지가」에 반영된 주문 속에 이런 게 있다. '거북아, 거북아, 머리를 내놓아라, 그렇지 않으면, 구워서 먹으리.' 물론 거북은 주술적 매개물이요, 머리는 신군(神君) 우두머리(김수로)에 대한 은유이다. 구워서 먹는다는 외국의 사례는 무수히 많다. 이를 두고 번제(燔祭)라고 한다. 번제를 통해 불이 군중 혹은 군중권력을 상징하고 있음은, 누구나 잘 알 수 있다.

최근의 집회 현장에서 '레이저 빔'이 등장하는 것도 변형된 불의 이미지라고 할 수 있다. 군중의 집단무의식 속에 잠재된 방화 성향이 이것을 통해 드러나고 있는 것이다. 이것은 그냥 불이 아니라 일종의 번갯불이다.

나는 엘리아스 카네티의『군중과 권력』을 읽으면서 마음속에 뭔가 가장 꽂히는 부분이 있었다. 제왕의 권력은 번갯불과 같지만, 이보다 못하다. 제왕 중에서도 벼락에 맞아 죽은 이도 있었으니까. (한국어판, 327쪽, 참고.) 내 마음에 큰 울림을 주었다. 군중도 마찬가지다. 지나치면 부족한 것보다 못하다. 촛불도 불이요, 횃불도 불이다. 같은 불이라고 해도 받아들이는 심리 반응의 차이는 현저하다. 군중이 치켜든 촛불이건 횃불이건 불은 가장 오래되고도, 가장 강렬한 군중 상징이다. 적대적 군중일수록 군중의 마음속에는 초원의 불길이나 산불로 타오른다. 이런 것들은 고대 인류의 배화(拜火) 의식에 기원을 둔 게 아닌가, 추측된다. 사람들의 마음속에 촛불을 넘어 횃불이나 산불로 타오르면, 한쪽은 미친 듯이 환호작약하고, 다른 한쪽은 '패닉', 즉 급격한 심리적 불안 상태에 빠질 수밖에 없다.

권력과 속도(전)는 밀접한 관련성을 가진다. 인간이 가질 수 있는 최고의 속도는 화살이요, 신이 가질 수 있는 그것은 번개다. 선사시대로부터 오랫동안에 걸쳐, 인간은 번개를 천신의 초자연적인 명령으로 여겨왔다. 시위 군중이 도심의 밤에 레이저 빔을 쏘아대는 것은 군중권력의 속도전을 상징하기에 충분하다. 이들의 공격적인 방화 성향을 잘 알 수 있다.

지난 대선 기간 중에 한 유력한 후보가 '심리적 내전이 아니라, 물리적 내전이다.'라고 말하면서 군중에게 전의를 북돋운 적이 있었다. 촛불로 자족해야지 군중으로 하여금 은유적인 횃불을 치켜들게 하거나 자신에게 유리한 상황을 산불로 은유하거나 하면, 사태가 정말 걷잡을 수 없게 될 수 있다. 정치 지도자라면, 그런저런 무책임한 말을 그냥저냥 함부로 해선 안 된다. 이런 유의 말을 아무렇지 않게 내뱉는 이들에게, 착한 민주주의를 위한 소중한 한 표를, 소견이나 요량이 없이 던지는 행위가 더 나쁘다고 말하지 않을 수 없다. 요컨대 촛불 집회에서 치켜든 저 촛불의 이미지야말로 군중의 시위와 군중권력에 대한 상징 언어이며, 군중의 결속과 방화 성향에의 비유 언어인 것은 명백하다.

바람과 풀의 역학을 생각하다

엘리아스 카네티는 『군중과 권력』에서 바람을 군중 상징의 하나로 중시하고 있다. 그에 의하면, 바람은 흐느끼기도 하고, 울부짖듯이 윙윙거리기도 하며, 큰 소리로 외치기도 하며, 또 속삭이기도 한다. 그것은 모든 것을 함께 모으는 성격을 가지며, 구름이나 파도나 나뭇잎이나 풀에 부여하는 움직임을 통해 바람의 다양한 모습을 보이게 한다. (한국어판, 100~101쪽.) 일반적으로 볼 때, 바람은 쇄신의 감정을 고취하고, 삶의 열린 열광적 감정을 고무한다. 프랑스 시인 폴 발레리가 '바람이 분다, 살아봐야겠다.'라고 한 것을 보면, 바람은 '끼'와 활동과 생명력의 상징으로 읽히기도 한다. 이러한 문맥을 잘 살펴보자면, 바람과 풀은 본질과 현상의 상호 관계를 맺는다.

동양권에서는 바람과 풀을 두고 대립 관계의 물성으로 보기도 한다. 바람과 풀이 한 세트로 작동하는 것이 아니라, 서로 다른 이미지를 가지고 있다고 본다는 것이다. 서로 간에 이질적인 만물 표상에 관한 원초적인 '영혼 심상'을 각각 내포하고 있는 개념이기도 한 것이다. 다음에 예시된 것은 『논어』 안연편(顏淵篇)에 나오는 공자의 어록과, 김수영의 시편 「풀」(전문)을 나란히 인용한 것이다. 그런데 같은 동양권 텍스트라고 해도, 서로의 내용이 어떻게 비슷하고, 또 어떻게 다른지를 엿볼 수가 있다.

子欲善而民善矣
君子之德風
小人之德草
草上之風必偃

—『논어』 안연편 부분

풀이 눕는다
비를 몰아오는 동풍에 나부껴
풀은 눕고

드디어 울었다

날이 흐려서 더 울다가

다시 누웠다

풀이 눕는다

바람보다도 더 빨리 눕는다

바람보다도 더 빨리 울고

바람보다도 먼저 일어난다

날이 흐리고 풀이 눕는다.

발목까지

발밑까지 눕는다.

바람보다 늦게 누워도

바람보다 먼저 일어나고

바람보다 늦게 울어도

바람보다 먼저 웃는다.

날이 흐리고 풀뿌리가 눕는다

—김수영의 「풀」 전문

공자는 군자의 덕을 바람에, 소인의 덕을 풀에 비유하고 있다. 바람이 풀 위를 지나가면 풀은 반드시 쓰러진다. 풀은 바람결에 따라 눕게 마련이다. 바람과 풀은 여기에서 인품과 도덕성의 관계를 나타내고 있다기보다, 치자와 피치자의 대등한 관계를 적시한 것이다. 주종 관계는 아닌 것 같다. 나는 공자가 여기에서 다스리는 자와 백성이 된 자의 도리를 설명하고 있다고 본다. 바람은 엘리트 권력이요, 풀은 군중권력이다. 다만 전자를 중시하고, 후자를 경시하고 있는 건 맞다.

김수영의 시는 공자의 어록을 염두에 두었는지에 대한 여부가 확인이 잘 되지 않고 있지만, 이에 대한 메타적 성격이 부여된 2차 텍스트인 건 사실이라고 본다. 백성(군중)을 풀로 상징한 것은 '민초(民草)'라는 낱말의 관습적 표현에서도 잘 드러나 있다. 풀 중에서도 가장 밑바닥에 놓인 '풀뿌리'가 영어로, 민주주의의 기반을 가리키는 '그라스루츠(grass-roots)'인 것도 맥락이 유사하다. 김수영은 공자와 달리, 군중권력인 풀을 중시하고, 대신에 엘리트 권력인 바람을 경시했다. 유위(有爲)인 풀이 무위(無爲)인 바람을 우선하고, 또 압도하는 것은 일종의 혁명적인 발상의 전환이라고 하겠다. 불교적인 맥락에서 살펴보자면, 상식을 배반해 도에 합치하려는 이른바 선적(禪的) 세계관이라고 할 수 있겠다.

이를 다시 맥락화하자면, 내가 앞서 말한바 국정농단에 분노한 2016년의 B군중은 꼭 박근혜와 최순실을 겨냥한 것만이 아니었다. 당시에 서울대, 법조인 출신의 엘리트 권력, 즉 실세의 파생 권력이었던 김기춘, 조윤선, 우병우에 대한 군중권력의 반감도 만만치 않게 작용했다. 이 반감으로 인해, 모여라, 모이면 모일수록 광화문 광장은 거대한 집회 공간으로 성역화된다, 라고 생각했을 터. 반감이 커지면 커질수록 군중권력의 실체가 뚜렷이 드러나게 마련이었으니까.

추격 군중에서 축제 군중으로

엘리아스 카네티의 『군중과 권력』에서 가장 난해하고도 의미가 있는 한 문장을 꼽으라고 한다면, 다음의 문장을 꼽겠다. 추격 군중이 미래의 '축제 군중'이 되리라는 예감을 불러일으킨다. (한국어판, 56쪽, 참고) 참으로 알쏭달쏭하다. 앞에서 말한 율동 군중과 축제 군중이 비교된다면, 그런대로 수긍할 만하다. 그런데 그 두 개의 용어에 대한 상호관련성을 어떻게 찾아야 할 것인가? 물론 향후 논의하겠지만 2024년에 발생한 11월의 몇몇 집회와 12월의 몇몇 집회를 비교하면, 고개가 주억거려지는 면이 없지 않다.

이 책을 번역한 독문학자 반성완은 축제 군중을 두고 '생명과 환락이 보장된 군중'이라는 역주(譯註)를 남기기도 했다. 그렇다면 추격 군중은 또 무엇일까? 소기의 목표에 신속하게 이르기 위해선 표적을 구체적이고 분명하게 겨냥해야 하고, 또 이런 유의 군중을 가리켜 추격 군중이라고 명명할 수 있다. 유럽 중세에 마녀사냥을 요구하기 위해 모여든 사람들이 있었다. 이 군중 역시 소위 추격 군중이다. 비유하자면, 추격 군중은 마치 사냥감을 잡으려는 집단 몰이꾼과 같다.

앞에서 내가 A, B, C, D군중에서 대해 언급했는데, 이 중에서 추격 군중의 개념에 가장 가까운 유형은 C군중이다. 2024년 11월의 수많은 군중은 '김건희를 특검하라.'라는 구호를 외쳤다. 정치적 희생물의 목표를 구체적이고 분명하게 밝히고 있다는 점에서, '반대한다'는 A군중, '분노한다'는 B군중, '규탄한다'는 D군중과 차이가 있다. '특검하라'는 구호는 특히 강한 명령형이다. 이것이 인간에게만 있다는 형태인 축제 군중으로 연결 선상에 놓여 있다는 엘리아스 카네티의 견해가 무엇을 말하려는 것인지 잘 알 수 없지만, 그때 대통령에 재임 중이던 윤석열이 김건희의 특검을 여야 합의 하에 수용했더라면, 그렇게 모든 것을 잃고, 또 자신마저도 감옥에 갇히는 일은 없었을 것이다. 물론 그의 잔여 임기 역시 마쳐가는 쪽으로 가닥이 잡혔을 지도 모른다.

고대의 번제와 중세의 사육제를 마치고 나면 축제가 시작되듯이, 추격 군중이 축제 군중을 예감케 한다는 것도 이런 역사적 배경에서 이해되어야 할 내용이 아닌가, 한다. 어쨌든 2024년 12월의 D군중은 온통 축제 분위기 속에서 계엄을 규탄했다. 정치적 승리에 도취된 축제 군중이 따로 없었다. 이 군중은 일부 아이돌 가수들의 지지를 받으면서, 야

외 콘서트처럼 형광봉을 들고 나와 춤과 노래를 연행하기도 했다. 언론은 시위 문화의 변화라고 긍정적으로 평가하기도 했다. 하지만 엘리아스 카네티가 말한 온전한 축제 군중이라고 보기 어렵다. 축제 군중의 기원은 고중세로 거슬러 올라간다. 다음의 경우가 대표적인 고중세적 유형이다.

> 남자에게는 남아날 정도의 여자가 있고, 여자에게도 수많은 남자가 있다. 어떤 것도 어떤 사람도 그들을 위협하지 않으며 도망쳐야 할 아무 일도 없다. 축제 기간 동안 생명과 향락은 보장돼 있다. 숱한 금제(禁制)와 차별이 풀리고 정도(正道)가 아닌 남녀 간의 유혹도 허용될 뿐 아니라 (오히려) 장려되기도 한다. (한국어판, 70쪽.)

축제 기간만은 금지된 사랑도 외도의 관계도 허용되었다고 한다. 고중세의 축제 군중에 비하면, 지금의 축제 군중은 연애나 성의 자유와 상관이 없다. 그저 뜻을 같이하고 취향을 추구하는 사람들끼리 모여 한 목소리를 낸다는 점에서 집회와 콘서트의 경계는 해체된다. 사실은 같은 군중이지만 C군중에서 D군중으로 돌변한 이유는 어디에 있었을까? 12·3계엄이 엄청난 변수를 불러일으켰다는 데 있다. 집회 현장에 (젊은) 여자들이 많다더라고 말한 어느 교수의 발언은 젠더 감수성에 관한 한, 86세대의 수준을 여실히 보여준, 또 하나의 사례라고 하겠다.

참고로 덧붙이면, 엘리아스 카네티는 추격 군중의 상대 개념으로 '도주 군중'을 들었다. 21세기에 이르러 도주 군중은 온전히 사라졌다고 보인다. 내가 평생토록 유일하게 참여한 집회 시위인 1978년 초여름 서울 도심의 시위는 박정희가 유신 제2기 대통령의 취임을 바로 앞둔 시점에 발생했다. 학생들은 모였다가 달아났다가를 반복했다. 한길에서 골목길을 오가곤 했다. 내 나름의 의미를 부여하자면, 그러니까 도주 군중은 파르티잔 식의 '출몰 군중'이라고 할 수 있었다.

　내 아련한 기억에 의하면, 그때 시위에 참여한 학생들은 추격당하고 있거나, 추적당하고 있다는 감정에 지배되어 있었다. 엘리아스 카네티의 분류에 의하면, 그때 시위 학생들은 전형적인 도주 군중으로 규정될 수밖에 없었다. 남베트남 패망 이후의 어수선한 시대 분위기로 인해, 학생 시위가 사회적인 호응을 전혀 받지 못하고 있었다. 이런 유의 '정치적 애퍼시(apathy)' 즉 정치 문제에 대해 나 몰라라 하면서 가지는 무기력이랄까, 불감증이랄까, 하는 사실이 오히려 한 해 남짓한 가을에 부마사태와 10·26을 부르게 한 역설적인 요인이 되고 말았다고, 나는 본다. 시민적 자유의 가치를 경시하는 순간에, 먹고 사는 문제만 중시하려는 순간에 독재의 탐욕은 하늘을 찌른다. 박정희와 그의 마지막 권력 엘리트들이 민심을, 군중권력의 잠재력을 전혀 몰랐다는 얘기가 된다. 그러니까 차지철이 자신이 죽는 날까지도 거리에 나온 시민을, 군중을 탱크로 싹 쓸어버리겠다는 말을 함부로 내뱉은 것이 아니었나?

희생제의와 우회적 출구 전략

　이 글이 마침내 정리될 단계에 이르렀다. 12·3계엄을 분기점으로 해 군중의 성격은 돌변했다. C군중은 2024년 11월의 군중이었다. 이 달에 전국 각지에서 여러 차례의 집회가 있었고, 명태균의 의혹이 빌미가 되어 정권은 위기에 처해졌다. 소위 국민 행동의 날이라고 일컬어진 11월 30일은 정점에 달한 날이었다. 계엄 이후에 등장한 D군중은 사실상 같은 군중이지만 성격이 사뭇 달라졌다. 2024년 12월의 군중은 결정적인 승리가 눈앞에 왔다고 여긴 군중이었다. C군중에서 D군중으로의 돌변은 추격 군중에서 축제 군중으로, 희생제의에서부터 마무리 단계로, 최소한의 요구로부터 최고조의 강요로, 김건희 표적을 넘어서 윤석열 표적으로까지 상황을 바꾸어버렸던 거다.

역사는 가정이란 게 없지만, 만약 그때 윤석열이 정면으로 돌파하지 않고, 우회적인 출구 전략을 선택했더라면 어땠을까? 김건희를 특검하라, 라고 하는 군중의 빗발치는 요구를 여야 합의의 선에서 어느 정도 수용했더라면, 정국이 극단적으로 경직되지 않았을 것이다. 위기에 처한 당 현종이 양귀비를 정치적 희생물로 삼음으로써 위기를 돌파할 수 있었듯이. 2025년의 과정을 겪음으로써 김건희 의혹이 눈덩이처럼 부풀어졌지만, 그때만 해도 드러난 의혹이 비교적 약한 수준이었다. 김건희 특검을 속죄양으로 삼았더라면, 상황이 엘리아스 카네티의 견해처럼 진정될 수도 있었을 것이다.

추격 군중은 일단 속죄양을 해치우고 나면 참으로 급속히 무너진다. 위험에 맞부딪친 권력자(들)는 이러한 사실을 너무나 잘 알고 있기에 군중이 불어나는 것을 억누르기 위해 군중에게 속죄양을 던져준다. 숱한 정치적 처형은 오직 이러한 목적을 위해서만 꾀해졌다. (한국어판, 57쪽.)

길바닥 위를 가득 채운 군중권력이 막강해지면, 권력자는 군중 심리를 누그러뜨려야 한다. 이를 제지하기 위해 군의 무력을 이용해야겠다는 발상 자체가 문제였다는 거다. 희생제의는 고대의 종교 의례다. 동서양 할 것 없이 한동안 전 지역에서 이루어졌다. 고대인들은 집단의 죄책감이나 공동체의 불안을 해소하기 위해 동물이나 사람을 희생의 제물로 삼았다. 현대에 와서는 이 개념은 상징의 의미로 주로 사용된다. 물론 정치적 처형도 강약이 있다. 인당수에 인신을 공양하는 심청의 정도는 아니라고 해도, 구워서 먹겠다는 위협의 언사에 거북의 머리 정도는 내놓는 시늉을 했어야 했다. 이 시늉이 다름 아닌 특검 수용인 셈이다.

극히 사사로운 견해에 지나지 않지만, 나는 2016년의 군중과 2024년의 군중은, 그러니까 B군중과 C군중은 차이가 분명하다고 생각한다. 앞으로 이에 대한 깊은 연구가 누군가에 의해 다각적으로 이루어져야 한다. 물론 여기에서 말할 순수니 불순이니 하는 판단이 상대적인 기준에서 본 비교의 결과이거니와, 박근혜 때의 촛불 집회가 반민주 작태의 국정농단에 대한 항의의 차원에서 시도한 점에서 다소 순수했다고 볼 수 있다면, 윤석열 때의 그것은 특정인의 대통령 만들기를 가슴 속의 비수처럼 감춘, 좀 불순한 정략 운동이었다고 볼 수밖에 없다. 왜 그런가? 대선에서 근소한 차이로 패배한 것에 대한 쓰디쓴 '르상티망(원한)'이 없지 않았음이 합리적으로 추론되는 이유다.

엘리아스 카네티는 『군중과 권력』에서 구체적인 비판의 대상을 드러내지 않았다. 그는 이 사실을 극도로 자제했다. 책의 마지막인 '에필로그'에 이르러서야 한 줄로써 그 의문을 해소해 주었다. '국가사회주의의 독일은 원초적인 형태의 전쟁이 최종적으로 폭발한 현장이었다.'(한국어판, 539쪽) 그리고 그는 권력의 속성에 대해 틈틈이 비판하고 있다. 권력으로 살아남을 자, 아무도 없다. 만약에 권력으로 살아남은 자가 있다면, 인류 최대의 악이요, 저주일 따름이다. 불로장생의 꿈을 가진 진시황과, 부패되지 아니한 시신으로 건재한 마오쩌뚱과, 걸핏하면 신나치즘으로 부활하고 있는 히틀러 등이 악과 저주의 표상이 아니겠는가? 최근에 시진핑과 푸틴이 만나 진시황처럼 장수에 대해 관심을 표명했다. 사적인 담화 속에도 진실이 담겨 있게 마련이다. 다름 아니라, 권력은 살아남기 위한 처절한 욕망에 다름 아니다. 이 대목에서 볼 때 권력이야말로 시간의 질서를 부여하는 헛된 관념이란 사실을 알게 한다. 히틀러가 천년 제국을 꿈꾸었던 사실도, 문재인이 집권했을 때 더불어민주당 측이 향후 20년간 정권을 유지할 거라고 예견한 사실도 말이다. 전자와 후자를 따질 것도 없이, 길바닥 위의 군중이 가져다준 권력의 망상이 얼마나 달콤했나를, 우리는 잘 알 수 있다.

엘리아스 카네티는 1981년에 노벨문학상을 받았다. 이것은 애최 작품에 주어졌다가 언젠가부터인지 작가에게 주어졌다. 그의 노벨문학상이 작가인 그에게 주어진 것이라면, 창작문학인 소설과 희곡 못지않게, 기록문학이라고 할 수 있는『군중과 권력』이 고려의 대상이 되었을 것이다. 이 책이 나치즘과 파시즘에 대한 잠재적 비판으로 읽힌다는 점에서, 나는 인류의 공익에 대한 그의 글쓰기 공로가 높이 평가되었을 것이라고, 생각한다.

또 나는 이 오래된 책을 읽으면서, 머잖아 다가올 우리의 현실을 생각하지 않을 수 없었다. 촛불 군중이건, 태극기 군중이건, 나는 그들에게 묻고 싶다. 우리가 지키지 않으면 안 될 조국을 심각하게 묻고 싶다. 우리가 지켜온 민주주의의 가치를 진지하게 묻고 싶다. 배후에서 모습을 결코 드러내지 아니하는 정치 세력의 음습한 숨결, 거친 숨소리가 들리지 않나?

나의 솔직한 결론은 이렇다. 길바닥 위의 군중권력은 길 잃은 군중권력이다. 이 길은 다름이 아니다. 한결 더 바람직한 민주주의로 가는 길일 수도, 선진 미래의 한국으로 가는 길일 수도 있다.

자기 환멸과 영욕의 낙인
—정치적 허무주의

두루 알다시피, 인간은 정치적인 환경에서 벗어나 살 수가 없다. 우리의 삶 속에 존재하는 모든 것은 정치적일 수밖에 없다. 사람들이 사는 곳에, 정치와 관련되지 않는 것이 있을까? 인간이 사회적 동물이라면, 이 말 속에 인간이 정치적 동물이라는 의미도 함께 지닌다.

이른바 '정치소설'이란 말이 가능할까?

세상에 많고 많은 소설 중에서 딱히 정치소설이라고 말해지는 작품이 그리 많지 않다. 물론 작가도 마찬가지일 것이다.[1] 구체적인 제목을 대라면, 난감해할 수밖에 없다. 그렇다고 정치적 무의식의 소설이란 게 있을까? 이를 염두에 두고 쓴 소설이 존재한다면, 현실적으로 볼 때 정치적 의식을 가지고 쓴 소설만큼이나 불가능한 것이라고 보인다.

정치와 소설이 마치 음악회 도중에 발사된 총성처럼 불협화음을 낸다고 비유한 이는 소설가 스탕달이었다. 소설에서 정치 문제를 다루는 것은 독자들로부터 그렇게 환영을 받지 못한다. 이 문제가 사랑이나 성의

---

1 폴 돌란은 정치소설을 쓴 작가로, 나다니엘 호손, 도스토옙스키, 헨리 제임스, 조셉 콘래드, 토마스 만 등을 손꼽고 있다. (폴 돌란 지음, 라종일 옮김, 『정치와 소설』, 룩스 문디, 2012, 목차, 참고.)

문제를 결코 넘어설 수 없어서다. 정치와 소설을 가리켜 음악회의 총성이라는 과격한 비유적 표현이 굳이 아니라고 해도, 양가감정의 충돌을 불러일으키는 개념인 것은 사실이다.

어빙 하우는 정치소설의 개념을 두고 '정치사상이 지배적인 역할을 맡고 있거나, 혹은 정치적 환경이 지배적인 배경이 되어 있는 소설'[2]이라고 규정하면서, 도스토옙스키의 「악령」을 정치소설의 최고 작품으로 꼽기도 했다.[3]

이에 비해 나는 정치소설을 이렇게 규정하고 싶다. 이것을 폭넓게 보면, 어떻겠는가? 정치적 의도를 분명하게 가진 관념의 소설과는 별도로, 정치 현실이나 현실 정치에 조금이라도 부합하는 면이 있는 소설이라면, 대체로 정치소설이라고 보아야 할 것이 아닌가, 한다.

시대정신과 니힐리즘

투르게네프의 「아버지와 아들」(1862)은 러시아 농노해방 전후의 시대를 배경으로 한 장편소설이다. 아버지 세대와 아들 세대의 이념 갈등을 주요한 줄거리로 삼고 있다. 주인공은 예브게니 바실리치 바자로프이다. 20대 후반의 미혼이며 평민 출신의 의학도이면서 정치적으로는 '니힐리스트(허무주의자)'이다. 니힐리즘은 기성의 관념, 도덕, 제도, 전통이 파괴되어야 한다고 믿고 있는 사상이다. 바자로프의 친구인 아르카디 니콜라예비치 키르사노프는 주인공의 '짝패' 역할을 하는 캐릭터다. 문학 작품에 있어서의 짝패는 주인공에 못지않은 비중을 가진다. 짝패에도 라이벌이 있고 동반자가 있는데, 여기에서는 후자에 해당한다. 아르카디

2 어빙 하우 저, 김용권 역, 『정치와 소설』, 법문사, 1960, 10쪽.
3 같은 책, 16쪽, 참고.

는 친구인 바자로프의 니힐리즘에 공감하지만 전적으로 동조하지는 않는다. 그는 귀족 출신으로서의 기득권을 고집하지 않고, 잡(雜)계급의 새로운 인간상에 호감을 가진다. 요컨대 바자로프가 급진적 허무주의자의 초상이라면, 아르카디는 신세대 자유주의자의 초상이다.

바자로프는 아르카디의 집에 잠시 머물렀다. 아르카디는 아버지 니콜라이 페트로비치 키르사노프, 큰아버지 파벨 페트로비치 키르사노프와 함께 살고 있었다. 어머니는 이미 돌아가셨다. 키르사노프 가(家)는 광활한 영지(領地)를 소유한 대지주였다.

네 사람이 대화를 나누는 제10장에, 작가 투르게네프의 정치관이 집중적으로 드러난다. 아버지 세대 두 사람과 아들 세대 두 사람. 파벨과 니콜라이가 구세대라면, 바자로프와 아르카디는 신세대다. 아버지 세대가 푸쉬킨의 문학을 즐기는 낭만주의 세대라면, 아들 세대는 화학자 리비히, 유물론자 뷔히너의 책을 읽는 물질주의 세대다. 언쟁이나 논쟁은 주로 바자로프와 파벨의 대화에서 나타나고 있다. 바자로프는 파벨에게 '귀족주의니 자유주의니 진보니 원리니 그런 건 모두 외국에서 들어온 쓸모없는 개념입니다! (……) 러시아 사람에게는 하나도 필요 없는 것들이죠.'[4]라고 말한다. 뒤집어놓고 보면, 그 자신이 가치로 여기는 개념은 민중주의, 공리주의, 급진, 실천이다. 자유주의는 공리주의에 비해 가치가 떨어짐을 가리키며, 진보는 여기에서 사이비 진보를 말하는 것 같고, 원리는 다름이 아닌 공리공론을 의미하고 있다.

"이 시대에 가장 유용한 것은 부정하는 것이므로 우리는 부정합니다."

"모든 것을?"

"네, 모든 것을요."

---

4 이반 세르게예비치 뚜르게네프, 이상현 옮김, 『아버지와 아들』, 열린책들, 2010, 75쪽.

"어떻게 그럴 수가 있나?"

"그 모든 것을 부정합니다."

"자네들은 조국과 민족에 반기를 들 작정인가?"[5]

이 부정의 정신이 바로 니힐리즘이다. 부정하고, 또 부정한 것을 부정하는 것이 바로 니힐리즘이다. 우리, 자네들 하는 말에서 볼 수 있듯이, 이 대화록은 개인 간의 언쟁이기보다는 신구 세대의 논쟁이라고 봐야 한다. 우리말로 '허무주의'로 옮겨지는 니힐리즘은 유럽 사회에서 한동안 무신론과 동의어로 쓰였다. 니힐리스트는 무신론자의 멸칭이었다. 러시아에서는 이 용어가 투르게네프 이전에, 없음, 부재, 무의식, 빈곤 등의 의미로 사용되었다.[6]

작가 투르게네프 역시 니힐리스트였을 것으로 충분히 추정된다. 작가와 주인공의 세계관이 서로 충돌하는 경우도 있지만, 일치하는 경우가 더 많다. 1883년 9월 3일에, 그가 파리에서 암으로 죽었다. 이 소식을 전해 들은 러시아 황제 알렉산드로 3세는 '니힐리스트 한 놈이 또 죽었군.' 하면서 중얼댔다고 한다. 투르게네프는 자신의 유언대로 페테르부르크의 한 묘지에 묻혔다.[7]

한 개인이나 세대가 이상이나 환상을 추구하다가 이것이 사라질 때 현실로 귀환하지 못하고, 심각한 자기 환멸 속에 빠진다. 이때 환멸은 허무의 늪 속에 허우적거리기가 십상이다. 1860년대의 러시아 신세대는 진보적 세계관을 형성하기 위한 토대가 될 니힐리즘이 바로 시대정신의 척도가 되었다. 주지하듯이, 니힐리스트 바자로프는 투르게네프가 「루

---

5 같은 책, 76~77쪽, 참고.

6 이항재 지음, 『소설의 정치학』, 문원출판, 1999, 115쪽, 참고.

7 최현, 「투르게네프의 생애와 문학」, 투르게네프 지음, 최현 옮김, 『아버지와 아들』, 하서, 2012, 328쪽, 참고.

진」(1856)에서 그려낸 인간상인 '루진'이나, 이반 곤차로프의 「오블로모프」(1859)에 등장한 '오블로모프' 등과 같은 소위 '잉여 인간'을 창조적으로 변형한 것으로 보인다. 우리나라의 손창섭의 소설에서도 그렇듯이, 잉여 인간은 자기 환멸의 대표적 존재라고 할 수 있다. 바자로프 역시 현실에 온전히 적응하지 못하는 반(半)사회적 인물로 남게 된다. 투르게네프는 바자로프를 애최 비극적 인물로 형상화하려고 했다.

> 내겐 음울하고, 거칠고, 거대하고, 반쯤은 땅에서 자라난, 강하고, 악의에 찬 정직한 형상이 떠올랐다. 그러나 그 형상은 아직 미래의 문턱에 서 있었기 때문에 파멸할 운명이었다.[8]

투르게네프의 정직한 형상인 바자로프는 끝내 파멸했다. 환자를 치료하다가 감염되어 패혈증으로 요절한 것이다. 반면에 키르사노프 가는 새로운 삶과 시대에 적응해간다. 소설 「아버지와 아들」의 서사를 이끄는 것은 여자들이다. 바자로프와 아르카디는 자산가이면서 아름다운 미망인인 안나 세르게예브나에게 이성적으로 매료된다. 하지만 그녀는 이 젊은 두 청년을 애숭이로 여길 따름이다.

한편 키르사노프 집안의 가정부의 딸인 페니치카는 정직하고 겸손하고 착한 심성의 여자다. 아르카디의 백부인 파벨의 애인이 되어 그에게 마음의 위안을 준다. 하지만 그녀는 아르카디의 아버지인 니콜라이를 마음속으로 사모한다. 바자로프도 그녀에게 키스를 강행함으로써 파벨의 질투심을 자극하기도 했다.

파벨은 그녀가 아우를 사모한다는 사실을 알고, 아우에게 페니치카와 재혼할 것을 요구한다. 소설의 결말에 이르면, 아버지와 아들이 동시에

결혼식을 올린다. 부자의 합동결혼식은 우리의 정서에 전혀 맞지 않는 얘기다. 니콜라이와 페니치카, 아르카디와 카챠가 두 쌍의 짝이었다. 카챠는 안나의 여동생이다. 파벨은 아우와 조카의 행복을 기원하면서 모스크바로 떠나간다. 한편 안나는 선량하고 냉혹한 법률가와 재혼한다.

농노해방으로 인해 세상이 달라졌다. 러시아 사회는 지주제에서 농장 경영제로 바뀌어졌다. 아버지 니콜라이는 농노해방의 조정관이 되어 새로운 삶을 영위한다. 아들 아르카디는 열정적인 농장 경영자가 되었다. 우리식의 표현이라면, 그는 마침내 경영형 부농으로 성장한 것이다.

바자로프는 이제 세상 사람이 아니다. 그의 아버지인 바실리는 평범한 군의관으로서 평생을 살아오면서 아들의 교육을 위해 모든 것을 걸었다. 그의 어머니인 아리나도 신앙심이 깊고, 아들에 대한 모정이 지극했다. 그는 다정다감한 부모에게 늘 쌀쌀맞게 대했다. 세상 자체에 대해 냉정했던 그였다. 세상에 존재하지 않는 아들을 위해 늘 기도하면서 힘겹게 살아가는 노부모가 그저 처연하기만 하다.

> 부부가 자주 이 무덤을 찾아온다. 서로 부축하며 무거운 발걸음을 옮긴 끝에 (……) 애끓는 소리로 한참을 흐느껴 운다. 그러고서 오랫동안 아들 무덤의 비석을 바라본다. 짧게 몇 마디를 나누기도 하고 비석의 먼지를 털어주기도 하고 전나무 가지를 바로잡기도 한다. 그러고는 (……) 아들에 대한 기억에서 가까이 있게 해주는 듯한 그 장소를 떠나지 못하는 것이다.[9]

소설가 투르게네프는 정치적 격동기에 살았고, 그의 소설은 그 시대 정치 현실의 자장으로부터 결코 벗어나지 않았다고 한다. 특히 「아버지와 아들」에서는 시대의 갈등을 세대 간의 갈등으로 집약하고 있다. 그런

---

9 이반 세르게예비치 뚜르게네프, 앞의 책, 303쪽.

데 여기에서 보여준 세대 갈등이 지금 우리의 정치 현실, 혹은 현실 정치를 비추어주기도 한다. 이 소설이 가지고 있는 역사적 현재성은 160년 정도가 지난 오늘날까지도 해석의 여지를 남기고 있다는 것이다.

우리 시대의 아버지 세대는 86세대다. 나이로 봐서는 50대 중반에서 60대 중반에 이르는 연령대다. 바자로프로 대표되었던 1860년대의 신세대가 아버지 세대인 구세대의 미신을 날카롭게 비판해 마지않았듯이, 86세대 역시 기성세대에 대한 발발이 매우 컸던 세대였다. 두 신세대 중에서도 급진적이었던 1860년대의 러시아 '니힐리스트'와 1980년대 한국의 '운동권'은 공유하는 면이 적지 않았다. 이 두 세대는 농노해방과 5·18이라는 상이한 출발선에 섰지만, 기성세대, 기존의 제도에 부정적인 성향을 보였다. 니힐리스트들의 테러 행위와 운동권의 미(美) 문화원 공격은 일종의 정치적 허무주의의 빛깔을 보인 것이라고 하겠다.

이른바 정치적 허무주의는 가치의 상대주의와 무정부 상태로부터 자유로울 수 없다. 모든 사상, 모든 정치 행위에는 시대와 권력의 향방에 따라 가치의 전복이 늘 이루어진다. 러시아 니힐리스트들에게 찍힌 치욕의 낙인은 어느새 영광의 낙인으로 뒤바뀐다.[10] 이들은 기성세대로부터 부정과 비난만을 일삼는 불한당으로 인식되었다가, 민중을 해방한 혁명가로 대접을 받게 된다. 러시아 혁명 이후에 이들에 대한 평가는 다시 반인민적, 반혁명적인 잉여 인간으로 격하된다. 영욕의 낙인은 동전의 양면이다. 치욕의 낙인이 찍힌 자리에 영광의 낙인이 찍히고, 영광의 낙인이 찍히는 자리에 치욕의 낙인이 찍히게 마련인 것이다.

우리의 경우도 마찬가지다.

여수 순천 사태가 군사 반란인가, 국가 폭력인가 하는 쟁점은 때때로

---

10 이창재 지음, 앞의 책, 116쪽, 참고.

되풀이될 거고, 이에 대한 영욕의 낙인은 늘 교체될 것이다. 한때 '빨갱이'라고 하는 치욕의 낙인이 '민주투사'로 포장된다. 시대 상황에 따라 '수구골통'과 '애국시민'은 느닷없이도 자리를 맞바꾼다.

나는 86세대가 성장하는 과정을 지켜보았다. 내가 본래 76학번이었는데, 1980년대의 초중반에, 5학기를 한참 후배들인 86세대와 함께 공부했다. 이 세대를 너무 잘 안다고 할까? 86세대가 허무주의의 빛깔을 띤 것은 사실이었지만, 성장하면서 권력의 맛을 알게 되면서 허무 세대가 아닌 충만 세대로 살아가게 된다. 1960년생의 김만배로부터 1969년생의 유동규에 이르기까지 최근에 언론에 이름이 가장 자주 오르내리는 이들이 대체로 86세대다. 신군부에 맞서 싸우던 그들이 느지막이 돈과 권력의 괴물이 되어가고 있다. 이 세대는 그동안 정계와 법조계와 학계 등에 진출하여 우리 사회의 근간을 뒤흔드는 잠재 세력으로 부상하기도 했다. 한마디로 말해, 이 세대는 욕망이 강한 세대다.

지금의 아들 세대인 세칭 '2030'은 이를테면 친중(親中) 세계관, 전교조의 관념, 민노총의 이념 등의 미신을 일으켜 세우면서 지금은 대한민국의 권력 축을 형성하고 있는 아버지 세대와 불화를 일으키고 있다. 이들 세대는 자유주의를 의심한 냉혹한 현실주의자인 '아버지들'로 둘러싸여 있다.

러시아 1860년대의 아들 세대 중의 일부 니힐리스트들이 급진적인 생각 틀인 유물론에 빠지면 빠질수록 견고한 현실의 벽에 부닥쳐 좌절했다. 소설 속의 바자로프는 요절하면서 현실의 '루저'가 되고 말았지만, 실제 역사에서는 바자로프 이후의 니힐리스트는 테러리스트로 변신하기도 했다. 테러리즘은 우리의 경우에도 예감이 좋지 않다. 서부지법 난입 사건이나, 반중·혐중 시위는 우리에게 무척이나 좋지 않은 조짐이다.

우리에게는 테러리즘보다 '극우화'가 심히 우려된다. 특정 세력은 극우를 하나의 정치적 프레임으로 곧잘 악용하고는 하지만, 지금까지는 거의 극우가 존재하지 않았다. 다만 앞으로가 문제라는 얘기다. 극우는 폭력과 인종차별로 요약된다고 하겠다. 우리 '2030'의 정치적 허무주의가 깊으면 깊어질수록 극우화의 위험성은 커진다고 하겠다.

다시 쓴 라쇼몽과 비비케이

물론 잡문에 지나지 않겠지만, 내가 쓴 에세이 중에서 가장 기억이 남는 글이 있다. '라쇼몽과 비비케이'라는 제목의 글이다. 글쟁이로서 쓰고 싶지 않으면 안달이 날 때가 있다. 이때 주로 쓰는 것이 잡문 형식의 짧은 글이다. 일본의 국민적인 영화감독 구로사와 아키라가 아쿠타가와 류노스케의 소설 두 편을 영화화해 세계적인 돌풍을 일으켰고, 또 한참 이후인 21세기 초에 내가 우리나라의 정치 문제와 관련해 짧은 글을 썼다.

나는 평소에 '영상문학' 수업 시간 때 학생들에게 이 영화를 보여주면서 곧잘 토론하기도 했다. 한자어 제목인 나생문(羅生門)부터 흥미롭게 읽힌다. 이를테면 삶과 죽음, 희망과 절망, 진실과 거짓, 허무주의와 인간주의 등을 망라(羅)하고 있는 인생(生)의 이면을 들여다보게 하는 문(門)이다. 우리나라의 도성인 한양의 남대문에 해당하는 문이지만, 무척 상징적이다. 헤이안 시대에 수 삼 년에 걸쳐 지진, 화재. 돌개바람, 기근 등의 재해가 잇달았다. 수도인 교토는 황폐화되어 폐허나 다름이 없었다. 사람들은 굶어 죽고, 도덕마저 사라졌다. 그믐날과 같은 인세(人世)는 염세적일 수밖에 없었다.

아쿠타가와 류노스케의 단편소설 「라쇼몽」(1915)과 「덤불 속」(1922)은 정치적인 의도를 가지고 쓴 소설이 아니다. 인간에 대한 본질적인 물음을 제기한 순수 소설이다. 그럼에도 불구하고, 오늘날에 이것이 정치소설로 읽힌다면, 작자의 몫이라기보다 독자의 몫이다. 작가 역량이 적극적인 재해석의 여지를 열어놓은 데서 기인한다.

영화의 내용은 주지하듯이 숲속에서 발생한 어느 무사의 살인 사건에 대한 물음과 대답(해결)이다. 그러나 끝내 그 물음에 대한 대답은 없다. 대답은 사람마다 다르다. 산적도 무사(영혼)도 무사의 아내도 유일한 목격자인 나무꾼도 제각각 다른 주장을 내놓는다. 대답이 없다는 건 진실이 없다는 것. 인간에 대한 허무와 환멸로 가득 찬 얘기다. 오늘날을 가리켜 '포스트—트루스'의 시대라고 하는데, 이에 합당한 얘기라고 하겠다. 미궁에 빠진 진술을 가리켜 '라쇼몽'이라고도 한다. 나는 2005년에 경주에서 미국의 원로 정신분석가를 만난 일이 있었는데, 그는 나에게 미국인들이 '진실 게임'의 상황에 대해 '라쇼몽'이란 대유법을 즐겨 사용한다고 했다. 예문을 들면 이렇다. 그 사건은 점차 라쇼몽으로 흘러가고 있어. 이 정도의 문장이라면, 미국인들도 다 알아듣는다고 했다. 이 대목에서라면, 소설보다 영화가 끼치는 전파력이 더 크다는 사실이 입증되는 셈이다.

영화 「라쇼몽」(1950)은 소설 「라쇼몽」을 영화로 재현했다기보다 소설 「덤불 속」을 영화화했다고 봐야 한다. 이야기의 줄거리 대부분은 「덤불 속」에서 가져 왔다. 영화 속의 이야기는 전문(傳聞)의 형식으로 전개된다. 소설 화자가 말하는 기묘한 사건이, 어디까지가 진실이고, 어디까지가 거짓인지 모른다는 사건이다.

사건이 벌어진 배경은 녹음이 우거진 숲속이다. 번역자에 따라 '덤불 속'이기도 하다. 무사인 다케히로가 자신의 아내 마사코를 말에 태우고 숲속 길을 지나가고 있었다. 그늘 속에서 낮잠을 자고 있던 (교토 교외의 유명한 강도인) 다조마루는 마사코의 얼굴 가림막 천 사이의 미모를 슬쩍 보고는 색욕이 동했다. 남의 아내를 차지하려면 그 남편을 죽여야 한다. 그가 남의 아내를 강간하고, 또 그 남편을 살해한 것은 객관적인 사실이다. 그 과정에 대한 증언은 모두가 다르다. 직접적인 당사자들이 아닌

나무꾼, 행각승, 하급 포졸의 증언도, 당사자들의 증언도 각양각색이다. 다들 이해관계가 얽혀 있기 때문이었다.

여기에서 가장 쟁점이 되는 부분은 누가 죽였느냐다. 강도 다조마루는 자신이 속임수를 쓰고, 마사코를 겁탈한 것이 사실이지만, 사무라이와는 정당한 결투 끝에 죽인 것이라고 떠벌린다. 강간을 당한 아내는 치욕을 이기지 못해 동반 자살을 하기로 결심해 묶인 남편을 죽였지만 자신은 두려움으로 인해 차마 죽지 못했다고 했다. 무당의 입을 통해 증언된 죽은 이의 말에 의하면, 자신의 죽음은 어디까지나 자살에 의한 것이었단다. 나무꾼의 증언은 달랐다. 마사코가 싸우기 싫어하는 두 남자를 부추겨서 결투를 붙여놓고 도망쳤고, 남은 두 남자는 비겁하고 용렬하기 짝이 없는 개싸움을 벌였다는 것. 즉, 영웅적인 격투가 아니라, 이전 투구나 다름없는 개싸움 말이다.

거짓이 일부 포함되어 있어도 나무꾼의 증언이 그런대로 실체적 진실에 가깝다고, 영화는 암시한다. 이 증언은 원작 소설과 결이 다르다. 소설에서는 무사가 살해되기 직전에 거세게 반항했다는 추론만 있다. 추론의 근거는 풀이나 낙엽이 심하게 짓밟혀 있었다는 것. 소설은 영화와 달리 죽은 이의 혼령이 내뱉은 넋두리가 가장 진실에 가깝다고 암시한다. 그렇다고 해도, 이것은 현실의 증언이 아니라, 초현실의 증언이다. 어쨌든 나는 소설의 본문에 적혀 있는 산적 다조마루의 자백에 가장 눈길이 간다.

뭐, 남자 하나 죽이는 것 따위는, 당신네들이 생각하는 것처럼 대단한 일이 아니에요. 여자를 빼앗으려면 어차피 남자는 죽여야 하는 것 아닌가요? 다만 난 허리에 찬 칼로 죽이지만, 당신네들은 칼은 쓰지 않아요. 권력으로 죽이고 돈으로 죽이지요. (……) 죄의 무게를 생각해 보면, 당신네들이 나쁜지, 내가 나쁜지, 누가 더 나쁜지 몰라요.[11]

　이 부분이 소설의, 가장 정치적인 색깔을 드러내고 있다. 소설「덤불 속」이 발표된 지 백 년이 더 지났지만, 지금도 돈과 권력이 가진 자들의 죄업의 무게는 잡범보다 더 하다. 다만 이들이 죄를 지어도 권력의 카르텔을 형성하면서 법의 그물망을 빠져 나간다는 사실다. 누가 더 나쁜지 몰라요. 모른다는 사실은 불가지론이나 회의론에 해당한다. 이것은 끝내 인간의 정치적 허무주의를 촉발하고야 만다.[12] 돈과 권력은 폭력을 사용하지 않아도 폭력적인 사회 구조의 최고 상층에 자리하게 마련이다. 지금의 일본 사회를 지배하는 것은 관료주의다. 일본의 서민들은 전국 시대, 막부시대, 제국주의 시대를 거쳐오는 역사적 과정 속에서, 다들 그러려니 하면서 살아왔다.

　허무주의도 무신론적 허무주의가 있고, 러시아적 허무주의가 있고, 니체적 허무주의가 있듯이, 일본의 경우에는 일본 특유의 왜색 허무주의가 있다. 막부시대에 불륜의 남녀가 동반 자살하는 풍조가 뚜렷했다. 일본인들은 이것을 '신주(心中)'라고 하면서 은근슬쩍 찬미하기도 했다. 이런 유의 찬미적인 왜색 허무주의는 자살 특공대 가미가제(神風)로 이어지기도 했다. 일본의 관료주의나 허무주의는 우리가 걱정할 문제가 아니다. 우리는 시민단체들이 강하게 버티고 있어서 관료주의가 힘을 그다지 발휘하지 못한다. 소설로 창작되고, 영화로 재현된「라쇼몽」이 우리에게 무슨 의미를 던져주고 있는가가 성찰의 힘으로 작용할 것이다.

　내 글「라쇼몽과 비비케이」는 2007년 12월 중순에 이명박이 대통령에 당선된 직후에 쓴 글인지, 아니면 이듬해 2월 하순에 대통령 취임식을 목전에 두고 특검이 없던 일로 무혐의로 처리한 시점에 쓴 글인지 분명치가 않다. 하지만 이 글이 산문집『꽃을 보면서 재채기라도 하고 싶다』

---

11 아쿠타가와 류노스케, 정재관 역, 「덤불 속」, 『라쇼몽』, 세원문고, 2011, 144~145쪽.
12 19세기 중반의 러시아에서 유행병처럼 확산된 러시아적 니힐리즘은 유물론과 회의론이 뒤섞인 형태라고 할 수 있다.

(2008)에 실려 있다는 건 어김없는 사실이다. 이 글 속의 L 씨인 이명박에게 있어서 사건 '비비케이'가 대선 기간 중에 최고의 쟁점이 되었지만, 방어를 잘해 그냥저냥 지나갔다. 그런데 이 비비케이는 2008년 초의 '비비케이 특검'에 의해, 그러니까 대통령 이명박 취임의 나흘 전에 무혐의 처분을 받게 된다. 나는 에세이 「라쇼몽과 비비케이」에서 이렇게 썼다.

아직도 역사적인 심판이 남아 있다고 믿는 사람들이 있다. 무언가 석연치 않다는 얘기다. 그들은 되묻는다. 동서고금을 가리지 않고 진실과 정의는 항상 힘이 있는 자의 편이지 않았느냐고. 힘이 없는 자들은 힘이 있는 자들에게 이용만 당하다가, 결국 역사의 희생양이 되지 않았냐고. 이 모든 것이 인간사요, 누구나 알고 있는 예상사였던 것이다.

영화 「라쇼몽」에서는 누가 진실한가를 끝내 밝히지 않았고, 이른바 '비비케이 사건'은 법과 국민의 판단에 의해 일단락이 맺어졌다. 그러나 앞으로 두고 볼 일이겠지만 현직 대통령이 퇴임한 이후에 누군가에 의해 그것의 문제가 새롭게 제기될지도 모른다. 만에 하나 그렇다면 비비케이 사건의 역사적인 진실 공방은 새로운 양상으로 전개될 것이다. 영화 「라쇼몽」보다 더 복잡하게 얽히고설킨 증언들이 난무할 것이다. 또 만에 하나 새로운 진실이 밝혀진다면, 비비케이 사건과 관련된, 지금의, 이를테면 정계, 언론계, 검찰의 숱한 사람들에게, 나는 다음의 말을 던지지 않을 수 없을 것 같다.

권력의 길은 가깝고, 인간의 길은 멀다.[13]

세월이 유수다. 박근혜-최순실의 국정농단으로 정권이 바뀌고 비비

---

13 송희복, 『꽃을 보면서 재채기라도 하고 싶다』, 비즈프라임, 2008, 181~182쪽.

케이가 문제가 제기된 지 10년이 지난 후에 문재인 정권하의 검찰은 '도곡동 땅→다스→비비케이'로 이어지는 돈줄의 흐름을 인정해 그를 구속했다. 이듬해에 법원으로부터 유죄가 확정됐다. 대통령 이명박은 이로 인해 한동안 음습한 곳에 갇히는 처지가 되고 말았다. 이런 과정을 지켜보자면, 내 글은 10년 후를 내다본, 예언적인 글이었다. 이 과정을 통해 '라쇼몽'이란 단어 자체가 인간의 권력에의 의지와 무관치 않다는 사실이 입증된 셈이다.

하지만 아직도 라쇼몽은 끝나지 않았다.

소설 「라쇼몽」, 소설 「덤불 속」, 영화 「라쇼몽」 중에서, 가장 뚜렷이 주제 의식을 드러내고 있는 것은 소설 「라쇼몽」이다. 여기에서는 삶의 한 계상황 속에서, 생존의 악조건 속에서, 작가가 인간의 악을 직시할 것인가, 관용할 것인가를 묻고 있다. 주지하듯이, 선악의 가치는 절대적이 아니라, 상대적이다. 생사의 갈림길에서, 생존의 위기에서, 행한 악행도 물론 악행이지만, 악행을 범하지 않아도 될 조건에서 범한 악행을 어떻게 보아야 할 것인가? 더욱이 승승장구하고 있는 이들이 범하는 잉여적 악행은? 나는 악의 악, 혹은 잉여적 악을 두고 '메타악행'이라고 표현하고 싶다. 황폐한 수도 교토의 남문인 라쇼몽(나생문) 다락에 누워있는 무연고 시신들의 머리카락을 하나하나 뽑고 있는 노파에게서 누더기 같은 옷을 강탈해 행방을 감춘 주인공, 즉 주인으로부터 해고되어 오갈 데 없는 '하인'이 범한 악행이 악에 대한 악, 바로 메타악행인 것이다. 시신들의 머리카락을 하나하나 뽑고 있는 노파의 행위를 악행이라고 여기면서 옷을 빼앗는 행위는 악을 징치하는 정의의 행위일까?

지금도 우리에게 메타악행은 흔하게 경험된다. 누구는 반클리프아펠 목걸이 등 소위 '나토 3종 세트'를 받고도, 현지에서 빌렸다, 지인에게 빌렸다, 홍콩에서 산 모조품이다 등의 말들을 바꾸어왔으나 결국에 들통이 났다. 또 특정 종교 단체로부터 받은 물품을 받지 않았다고 했다가 받았다고 자백하기에 이른다. 선물이든 뇌물이든 물지 말아야 할 것을 덥석 문 행위도 나쁘지만, 더 나쁜 것은 이를 부인하면서 거짓말을 했다는 데 문제가 크다. 한 언론은 이것을 두고 '189일간의 거짓말'이라는 헤드라인 기사를 1면 톱에 올렸다.[14] 한순간을 오판해 선물을 받은 행위에 대해선 사과해도, 거짓말을 한 것은 전혀 사과하지 않는다. 또 누구는 친형을 정신병원에 강제로 입원시켜놓고 안 했다고 공개적으로 잡아뗐다. 강제 입원이 악행이라면, 허위 사실은 메타악행이다. 이것에 면죄부를 주기 위해, 대장동(김만배)이, 대법원이, 대한민국이 동원되었다.

결정적인 의혹을 안고서 권좌에 오른 첫 번째 라쇼몽이 '비비케이'였다면, 그 두 번째 것은 '대장동'이다. 전자보다 후자가 더 규모가 크다. 얽히고설킨 사람의 수도, 돈의 크기도, 도덕성 문제도 비교가 되지 않는다. 대장동뿐만이 아니다. 직, 간접적으로 연결된 것도 적지 않다. 어쨌든 대장동은 우리 시대의 거악(巨惡)이요, 최대의 라쇼몽이다. 이것의 역사적 심판은 언제가 꼭 이루어진다. 대한민국의 도덕성 회복 과제는 이와 밀접하게 관련되어 있다. 이것을 회복하지 못하면, 우리는 또 독재 체제로 갈 것이다. 그것도 민중주의적 인기 영합의 독재 체제 말이다.

대장동이 우리를 도대체 어디로 끌고 갈까? 정의의 행위라고 해도 모두가 선행일까, 하고 생각하지 않을 수 없는데, 의혹이 가득 찬 거악임에랴. 하물며 정치와 관련된 민감한 문제임에랴.

어둠의 그늘과, 밝음의 빛

세상에 그런 법이 어디 있느냐고 호소하거나 항변하거나 하는 사람들

---

[14] 동아일보, 2025. 11. 6. 참고.

이 자유니, 인권이니, 법이니, 정의니 하면서 아무리 나발을 불어도, 세상은 칼자루 쥔 사람, 완장 찬 사람들의 뜻대로 돌아간다. 억울한 사람은 항상 억울하게 마련이다. 이문열의 초기 중편소설 「어둠의 그늘」(1980)은 기결수를 가둔 감방이 아니라, 미결수를 가둔 구치소를 배경으로 한 이야기다. 고시 공부를 하던 중에 병역기피자가 된 화자 '나(이영훈)'는 작가 자신이 자전적인 모델이었다. 나는 관찰자 시점으로서, 복마전이자 세계의 축도인 구치소 안을 물끄러미 바라다본다. 구치소는 원초적인 권력관계가 형성된 곳이다. 여기에서는 선악의 개념도, 시비의 개념도 없다. 권력이 바로 선이요, 정의다. 소설과 영화의 배경으로서, 헤이안 시대의 도성을 지키는 나생문조차 황폐해 버린 수도 교토가 세계의 축도라면, 여기에서의 세계의 축도는 나생문 못지않은 지옥문인 구치소 안이다.

화자인 나의 눈에는 죄수들이 죄다 먹어조진다. ('조지다'는 '망치다'라는 뜻의, 경상도적인 어감의 말이다.) 이들의 화제는 거의 먹는 것이다. 육체적인 활동이 거의 제한된 상태에서 그 엄청난 식욕은 어디서 온 것일까. 구치소에서의 식탐은 스트레스다. 죄와 무죄의 갈림길에서 '땡길' 수밖에 없는 것은 술과 담배와 먹을거리다.[15] 이것들이 눈앞에 없어도 머릿속으로 늘 그려진다. 물불 가리지 아니한 그리움이다. 한편, 소설의 화자는 검사는 불러 조진다고 했고, 판사는 미뤄 조진다고 했다.

주지하듯이, 이 소설이 발표된 시점이 1980년이니, 45년 전의 일이다. 작가 자신의 자전적 경험에 비추어보자면, 반세기가 훌쩍 넘은 1970년대 권위주의 시대의 이야기다. 반세기 이전에도 판사들이 일을 미룬다고 하니, 어쩌면 지금과 똑같나 싶다. 누구의 선거법 위반 재판이 3년이나 미루어지더니, 이 사이에 누가 대통령이 되고, 누가 대통령이 되건

---

15 최근에 연어회 술 파티를 놓고 오랫동안에 걸쳐 진실게임으로 공방을 벌이고 있는 것도 이와 무관하지 않다고 보인다.

말건 재판은 이루어져야 하는데, 판사들이 권력을 함부로 건드릴 수 없다는 듯이 재판을 5년 이후로 미루었다. 또 정치판 한쪽에서는 재판 자체를 없던 일로 만들자는 공작을 벌이고 있다.

우리가 알기로, 이문열은 보수적인 소설가다. 하지만 등단한 지 한 5년 정도는 상당히 진보적인 문학사상을 지닌 신예 작가였다. 장편소설 「영웅시대」를 연재하면서부터 보수로 기울어진 게 아닌가, 한다. 그의 「어둠의 그늘」은 1980년 3월에 발표되었다. 그가 등단한 지 1년 2개월이 지난 시점이었다. 이른바 '서울의 봄'인 시점이었다. 아무리 서울의 봄이라고 해도 초겨울에 신군부가 등장해 실권을 장악한 터였다. 나는 그 당시의 시대 현실이 바로 '어둠의 그늘'이라고 본다. 밝음의 빛과는 너무도 거리가 먼 얘기다. 유신시대와 신군부의 등장을 두고, 작가는 봄은 무슨 봄, 암울한 꽃샘추위인데, 하는 생각을, 함축적인 방식으로, 작품 속에 슬며시 드러낸 것 같다.

고등고시 합격을 위해 암자에서 열심히 공부하고 있던 30세의 화자인 '나'와 공무원에게 뇌물을 주다가 걸린 34세의 김광하는 친밀해졌다. 그는 의미심장하게 말한다. "지금 우리가 처해 있는 곳은 이 사회의 어둠이오. 그러나 자세히 보면 그 어둠은 또 하나의 그늘을 가지고 있소." 세상에는 죄가 있어도 벌을 받지 않는 사람이 있는가 하면, 죄가 없는데도 죄를 뒤집어쓰면서 벌을 받는 사람도 적지 않다. 이 사회가 어둡기 때문에 정의롭지 못하다는 거다. 잡범치고 상당한 식견을 가진 이가 바로 김광하다. 그는 여기에서 멈추지 않고 더욱 의미심장한 말을 남긴다. 지금의 우리 현실을 비추어준다.

"이형은 법의 목적이 무엇이라고 생각하십니까?"

"여러 가지 있겠지요. 형평이라든가, 정의, 공서양속(公序良俗)……"

"그러나 가장 크고 우선되는 목적은 그 법을 산출한 체제를 보호하고 유지하는 것이오   ."[16]

형평은 저울의 막대 같은 평등이요, 공서양속은 글자 그대로, 공공의 질서와 선량한 풍속이다. 1980년대에 신군부 세력이 그 시대의 어둠이었다면, 이 세력의 핵인 전두환은 그늘이었다. 어둠 속의 어둠, 말하자면 두 겹의 어둠이었다. 조지프 콘래드의 자전 소설의 제목인 '하트 오브 다크니스(Heart of darkness)'는 우리말 제목으로는 '암흑의 핵심', '어둠의 심연', '어둠의 한가운데'로 번역된다. 이문열의 소설 제목인 '어둠의 그늘'과 비슷하다.

그때의 신군부와 전두환이 자신들이 스스로 법을 만들었고, 제 마음대로 집행하였고, 사실상 입맛대로 심판했던 것처럼, 지금의 정권은 출범하자마자 대통령재판중지법이니, 자기편이 되어줄 대법관을 대거 증원하는 법안 등을 준비하고 있다고 한다니, 선무당 사람 잡는 신군부가 되겠다는 속셈인지, 어설픈 전두환으로 우뚝 서겠다고 하는 속마음인지, 그 속을 전혀 알 수가 없다. 분명한 것은 자신의 통치 체제를 보호하고 유지하기 위해서 법을 이용하겠다는 거다.

새 정권은 앞으로 어둠의 그늘이 될지 밝음의 중심이 될지 잘 알 수 없지만, 시작부터 '위인설법'이나, 헌법 정신에 부합하지도 않는 지질한 악법들을 만들려고 혈안이 되어 있다. 이들에게는 악법도 법이라고 생각하는 것인지 모르겠다. 만약 일이 이렇게 되어간면, 더불어민주당이라고 하는 이름의 어둠은 그늘의 정치권력을 감싸주는 꼴로 전락하고야 만다. 이것으로 인해 어둠과 그늘이 퇴치될지 모른다. 그렇지만 어둠은 밝음과 싸워서 이길 수 없고, 그늘은 빛을 넘어설 수 없다. 국민이 몽매하면 어둠의 그늘을 제 편으로 삼겠지만, 국민이 계몽되면 밝은 빛으로 분

---

16 이문열, 「어둠의 그늘」, 「한국문학」, 1980, 3, 66쪽.

노할 것이 분명하다. 법을 공부하다가 소설가로 입신한 작가는 법의 목적이 그 법을 산출한 체제를 보호하고 유지하는 데 지나지 않는다는 사실을 깨달으면서 보다 근원적인 인간 진실을 탐색하려고 하는 소설가의 길로 방향을 틀었는지도 모른다.

소설 속의 화자인 '나'가 세상 물정을 너무 모르는 백면서생에 지나지 않지만, 세사에 물든 김괭하는 나보다 경험과 지혜를 가진 사람이다. 내가 오이디푸스라면, 그는 테이레시아스다. 이 '짝패' 설정이 젊은 시절의 이문열이 얼마나 대단한 작가 역량을 가졌나를 알게 한다.

젠더 모욕과 정치적 억압

내가 이 글에서 논하려고 하는 또 하나의 정치소설은 중국 왕샤오보 (1952~1997)의 「황금시대」(1992)다. 그는 문화혁명의 세대로서 진학도 하지 못했다. 문화혁명이 일어나고 3년간에 걸쳐 중국의 학생들은 진급하거나 진학하거나 할 수가 없었다. 학교의 교사와 대학교수가 반동으로서 타도의 대상이 되어 모두가 교육계로부터 추방되었기 때문. 유사 이래로 교육이 이렇게 참담하게 초토화된 사례는 없었다. 이 세대를 가리켜 이른바 '라오산지에(老三屆)'라고 한다. 초등학생은 중등학교에, 중등학생은 대학교에 진학할 수 없는, 이를테면 '흘러간 그 3년 동안'의 세대였다. 이 세대는 훗날 개혁개방 시대에 국가고시로써 소수 인재로 선발되어 겨우 대학을 다닐 수 있었다. 소설가인 왕샤오보도, 『홍위병』의 저자인 션판도 20대 말에야 대학에 진학할 수 있었다. 왕샤오보는 미국 유학을 다녀온 후에 자신의 모교인 인민대학교와 명문 북경대학교의 강단에 서면서도 창작 활동을 열심히 해 작가로서 전성기를 맞이하였지만, 때이른 나이에 안타깝게도 급사했다. 마흔다섯 살의 나이에 심장마비로

영면한 것이다.

그는 그나마 중등교육을 받았기에 지식 청년에 속했다. 지식 청년이라면 시골로 하방되어 봉사 활동을 수년 동안 의무적으로 해야 했다. 그는 운남성으로 하방되었다. 소설 「황금시대」의 주인공인 왕얼(王二)도 시계수리공으로서 운남에 하방되어 가축을 기르는 일을 한다. 여기에서 남녀 상간의 사건이 발생한다. 공공 여의사로 하방되어 온 천친양(陳淸揚)은 행실이 음란하다는 소문에 시달린다. 천친양 자신이 단연코 성적으로 문란하지 않다는 사실을 입증하는 과정에서, 두 사람의 만남은 우연히 이루어졌다. 그래서 결국 둘이 만나 성적으로 문란해졌으니, 무척 반어적인 상황이 설정된 셈이다.

성적으로 문란하다는 천친양을 두고 한국어 두 역본에는 '화냥년' 혹은 '걸레'라고 표현되어 있다. 원문의 한자 표기가 어떤지가 궁금하다. 시계수리공으로 하방된, 거지꼴을 한 21세의 축사 노동자와, 복역 중인 남편과 멀리 떨어져 있는, 하얀 가운을 입은 26세의 유부녀 여의사가 바람이 날 수 있겠느냐 생각하겠지만, 이는 어디까지나 자본주의의 논리다. 사회주의 중국에서의 사회적 지위는 공산당원과 비공산당원으로 나누어진다. 의사와 교수와 육체노동자 등도 모두 평등한 노동자일 뿐이다.

작가의 자전 및 이런저런 정황을 두고 볼 때, 이 소설에서 보여준 불륜의 서사는 그의 직, 간접적인 경험과 무관치 않아 보인다. 소설 본문에는 성적 묘사가 빈번하게 드러나고 있다. 그것도 노골적으로. 아직 자본주의를 경험하지 못한 1990년대의 중국 사회 분위기를 감안하면, 이 소설이 금서가 될 수밖에 없었을 것이다. 성행위가 묘사된 한 부분을 예문으로 인용해 본다.

그녀는 또 한 번 다급하게 헐떡였다. 그녀의 얼굴은 발갛게 변했고 두 다리는 조였으며, 몸은 내 아래서 팽팽해졌다. 그리고 억눌린 신음 소리가 한 번 또 한

번 새어 나왔다. 한참이 지나서야 긴장이 풀렸다. 이때 그녀는 아주 좋았다고 했다.[17]

결국 주인공 남녀의 불륜 관계는 들통이 난다. 지속적인 반성문 쓰기가 끝이 나자, 규탄대회에 넘겨진다. 일주일 두 번씩 색정 남녀는 불려 가야 했다. 군중은 두 사람을 보고 흥분한다. 분노를 표출한다. 그래도 만족하지 않는다. 장정들이 왕얼의 팔을 꺾지만, 여자에게는 더 가혹하다. 천친양은 깨끗하게 빨아 삼밧줄로 잘 묶은 '헌(혹은 해진) 신발'[18]을 가방에서 꺼내 목에 걸고는 단상 위로 다소곳이 올라간다. 규탄하는 여자들은 그녀의 머리채를 잡아당긴다. 이 여자들은 그녀가 피부가 하얗기 때문에 걸레 짓을 한다고 믿고 있다. 정치적 공격에 미신이 수반되는 건 중세의 마녀사냥에서부터 흔히 있어 온 일. 구호는 대체로 이런 종류였다. 사상이 음란한 왕얼을 타도하자! 행실이 타락한 천친양을 타도하자! 오죽했으면, 천친양은 세상을 사는 이유가 박해를 이겨내는 데 있다고 했을까?[19]

왕얼과 천친양은 길바닥 위에서 사람들에게 맞아 죽을 만큼 부도덕한 짓은 하지 않았다고 생각한다. 제 나름으로는 명분이 있는 행위다. 이들은 자신들의 행위를 두고 위대한 우정을 실천했다고 한다. 남녀 간에 평등한 인간관계를 실현했다는 의미로 들린다. 두 사람은 20년 후에 베이징의 한 호텔에서 다시 만나 위대한 우정의 실천을 재확인한다. 천친양은 그 당시에 자신이 결코 걸레가 아니었노라고 회고한다.[20]

---

17 왕샤오보, 김순진 옮김, 「황금시대」, 『혁명시대의 연애』, 창비, 2018, 84쪽.
18 이 헌 신발은 인민해방군이 신는 해방화로 된 것이다. 음란한 여자에 대한 상징물이다. 한자로 '파혜(破鞋)'라고 하는데 다른 역본에서는 '해진 신발'로 옮겨지고 있다. 문맥상, 헌 신발보다 해진 신발이 더 잘 어울린다. 처녀나 정숙한 부인이 새 신발을 신는다면, 불륜녀와 상간녀는 헌 신발을 신어야 한다는 것은 실재라기보다, 하나의 상징이다. 목에다 무엇인가를 건다는 모습은 고대 중국에서부터 죽음도 수용하겠다는 굴종적인 자세를 가리킨다.
19 왕샤오보, 김순진 옮김, 84쪽, 참고.

무슨 말을 하든 간에 그때는 나의 황금시대였어. 비록 사람들에게 건달 취급을 당하기는 했지만 말이야.[21]

무슨 말을 하든 간에 그때는 그녀에게도 황금시대였어. 그 당시 그녀가 사람들에게 걸레라고 불리기는 했지만 말이야.[22]

여기에서 말하는 그때와 그 당시는 언제인가? 문화혁명 시기를 말한다. 이 시대의 성의 억압은 정치적 억압이요, 젠더 모욕은 여성에 대한 인권 침해다. 가장 정치적으로 억압된 시대를 두고, 황금시대라고 했으니, 속말과 겉말의 차이에서 기인한 언어적 긴장감을 감지하게 한다. 소설 「황금시대」를 처음으로 우리말로 옮긴 손인숙은 이것을 가리켜 '역설 미학의 극치'[23]라고 표현했다.

최소한의 인간주의

나는 이 소설을 읽으면서 2016년의 촛불 군중이 두 발로 서있거나 까치발로 디디거나 한, 저 겨울 광장을 떠올리지 않을 수 없었다. 그해 군중은 겨울 광장에서 최순실의 비리를 우려먹다가 약발이 떨어지면 그의 선친을 갖다 붙이거나, 때로 전(前) 남편을 소환하거나 했다. 그때 선정적이고 악의에 찬 황색(黃色) 루머가 겨울 광장을 휩쓸었다. 문화혁명 못지않은 정치적 허무주의의 광풍이 차갑게 불어왔다. 대놓고 말은 안 해

---

20 같은 책, 83쪽, 참고.
21 같은 책, 82쪽.
22 같은 책, 85쪽.
23 손인숙, 「옮긴 이의 말」, 왕샤오보 지음, 손인숙 옮김, 『황금시대』, 한국문원, 2000, 13쪽.

도, 상간녀 규탄대회나 다름이 없었다. 그때의 분위기는 아무리 미사여구를 동원한다고 해도, 합리적인 추론이 아니라 자극적인 까발림이 주를 이루었다. 그때 누가 박근혜의 목에다 헌 신발, 해진 신발을 걸었는가? 천인이 공노할 거침없는 가짜뉴스였다. 비슷한 시기에 선정적인 증언들도 경쟁적으로 뒤따랐다.

최태민과 박근혜는 최대한 남들의 눈을 피해 둘만의 시간을 갖는 데 집중했다. 두 사람의 은밀한 만남은 철저히 집 안에서 이루어졌다. 최태민 일가가 역삼동 새집으로 이사간 이후에도 밀회는 이어졌다. 밀회 장소는 누구도 근접할 수 없도록 장막이 쳐졌고 (……) 박근혜가 오는 날에는 식구들 모두 자리를 피하고 숨었으며 숨소리조차 크게 내지 않았다.[24]

앞으로 정치적 이익을 위해, 정치 목적의 실현을 위해, 여성의 고유한 인권을 유린하는 일은 사라져야 한다. 아무리 현실 정치의 장이 시비곡직과 이해관계와 영욕의 낙인을 놓고 다투는 막장, 아수라장이 된다고 해도 인간으로서 최소한의 도리를 지켜야 할 것은 지켜야 한다고 본다. 이것을 전제로 하지 않으면, 우리에게 공든 탑과 같은 민주화는 뒷전이다.

자극적일수록 효과적이라고?

이런 발상은 거의 만행에 가까운 생각이다. 우리가 중세의 야만적인 암흑시대로 돌아가는 것도 아니지 않나? 문화혁명 시대의 광기에서 엿보는 것을 통해, 또 왕샤오보의 소설 「황금시대」에서 확인할 수 있는 것을 통해, 정치적 억압과 성의 억압이 지닌 상동성 및 등치 관계성에 대한 교훈을, 우리는 비로소 얻을 수 있을 것이다.

내가 이 글에서 마지막으로 끝을 맺고 싶은 말이 있다. 우리에게 정녕

---

24 조용래 지음, 『또 하나의 가족』, 모던아카이브, 2017, 63쪽.

필요한 것은 정치인의 선전선동도, 거리의 군중권력도, 지식인의 정치
적 허무주의도 아니라, 살벌한 현실 정치, 물가피한 정치 현실에서 지켜
야 할, 최소한의 인간주의다. 이것이 우리의 품위요, 나라의 품격이다.

정치적 올바름은 올바른가

이른바 '정치적 올바름(political correctness)'은 인종주의와 소수자 차별을 반대하고, 젠더 감수성과 사회적 약자를 중시하는 생각의 경향성, 논리의 정합성, 가치, 공존 추구의 정신을 담은 일종의 사회운동이라고 할 수 있겠다. 유래는 다소 분명치 않지만 21세기에 들어와서 확산된 개념이라고 보면, 크게 무리가 없겠다. 그런데 이 용어가 진보의 지표로 사용되어 온 것이 맞지만, 언제부터인지 한쪽으로 기울어지면서 균형감각을 잃고 만다.

이 개념에 대해 미국인들의 반감은 십 년 이상을 거슬러 올라갔던 것으로 보인다. 정치적 올바름에 대한 정치적 반작용은 괴물 트럼프를 탄생시키는 데 기여했다. 2018년 5월 18일에, 캐나다 토론토에서 이 용어를 놓고 토론회가 있었다. 진행자를 포함해 네 명의 토론자들이 참석했다. 토론이 마쳐갈 무렵에 시청자의 반응 조사가 발표됐다. 물음은 간단했다. 정치적 올바름이 과연 진보라고 할 수 있는가? 36%가 동의했지만, 64%는 반대 의사를 표명했다. 이것을 볼 때 북미에서는 이 개념이 이미 시들해졌음을 말해주고 있었다. 2018년 토론토에서의 토론은 책으로도 편집되었고, 거의 정확하게, 일 년 후에 우리말로 번역되어 출판되기도 했다. 책의 제목은 '정치적 올바름에 대하여'였다. 번역은 조은경의 몫이었고, 책의 말미에 임명묵의 논평이 실려 있다.

나는 『정치적 올바름에 대하여』 한국어판을, 여백에 빼곡한 메모를 채워가면서, 두 번이나 읽었다. 같은 책을 되풀이해 읽은 것은 최근 들어 썩 이례적이었다. 한마디로 말해, 이 책이 진보주의자들의 자성을 담고 있다는 점에서 돋보이는 책이라고 하겠다. 한동안 좌파가 나가도 너무 나가 정치적 올바름에 대한 논쟁의 여지를 남긴 게 아니냐는 생각이 든다.

한국식으로 변형된 인종주의

내가 좋아하는 팝스타 비욘세는 무하마드 알리 인권상을 수상하는 자리에서, 이런 어록을 남긴다. 짐작하건대, 이 상은 반인종주의를 위한 상인 것 같다. "사람들이 그러더군요. 인종주의가 곧 미국이라고. 그러니까 인종주의에 도전하는 것은 곧 미국에 도전하는 것과 같습니다."(조던 피터슨 외, 조은경 옮김, 『정치적 올바름에 대하여』, 프시케의 숲, 2019, 52~53쪽. 이하 쪽수만 표기함.) 이 어록은 인종주의에 관한 문제점을 지적한 또 하나의 명구로 기록될 것이다. 인종주의가 곧 미국이란 말에 울림이 크다. 내가 언젠가 어디에서 읽은 적이 있다. 어딘지 하는 전거는 확실치가 않다. 흑인 여성과 결혼한 뉴욕 시장이 청소년이 된 아들에게 거리를 함부로 까불면서 돌아다니다간 경찰의 총에 맞을지 모르니 조심해야 된고 말하는 곳이 미국이라고. 이 얘기는 인종주의가 곧 미국이라고 한 비욘세의 말과 서로 통한다. 물론 인종주의에 대한 도전이 미국에 대한 도전으로 이해될 수 있겠지만, 반미가 곧 반인종주의일 수는 없다.

우리는 인종주의의 무풍지대인가? 우리가 외국인 노동자를 혐오하는 표현을 대놓고 하지는 않는다. 앞으로도 그럴 것이다. 그런데도, 우리에게 인종주의가 없지 않다. 내국인들끼리 간혹 들썩대는 인종주의는 한국식으로 변형된 인종주의일 따름이다. 5년 전의 상황을 보라. 더불어민주당이 총선에서 이기기 위해 아무나 마음에 안 들면 '토착왜구'라고 치부하지 않았나? 일본이 한반도에서 물러난 지가 언제인데, 75년이 지나도 토착왜구 타령인가? 이게 먹혀서 총선에서 압승했다.

　이런 변형된 인종주의는 골을 더 깊게 만들어 결국 서로 간에 원한의 감정만을 남긴다. 상생의 여지가 없는 게 토착왜구론이었다. 지금 정국에도 한국식으로 변형된 인종주의가 활개를 치고 있다. 작년 12월 10일이었다. 비상계엄을 선포한 지 일주일이 지난 후였다. 그동안 지지부진했던 예산안을 처리하기 위해 국회가 열렸다. 국무총리 한덕수는 예산안이 통과되면 잘 집행하겠다고 했다. 이때 더불어민주당 의원들은 마치 약속이라고 한 듯이 '내란 공범'이라고 외쳤다. 지금은 '내란 동조자'라고 칭해진다. 예산안과 내란은 아무 관계가 없는데도 서로 엮으려고 하는 것은 토착왜구론처럼 변형 인종주의에의 획책인 것이다. 조던 피터슨은 이렇게 말했다.

　그 특정 발언을 하는 데 인종을 끌어들인 것이야말로, 빌어먹을 PC를 주장하는 좌파가 잘못되었음을 전형적으로 보여준다고요. (137쪽)

　여기에서 PC는 정치적 올바름의 약칭이다. 인종주의는 극우의 전유물이지만, 좌파 이론가 조던 피터슨마저 정치적 올바름을 빙자한 좌파의 상투적 수법이라고 단정하고 있지 않나? 그는 토론토 대학의 심리학 교수이고, 인기가 스타급인 유튜버이며, 또 베스트셀러 작가이기도 하다. 자신을 스스로 평하기를, 급진적이지 않는, 물렁한 좌파라고 했다. 토론에 함께 참석한 네 사람 중의 한 사람인 마이클 에릭 다이슨은 여러 대학의 강단에 섰고, 방송 토크쇼를 주재했고, 저술도 많이 남겼다. 그

는 흑인으로서 동시대를 대표하는 흑인 인권운동가다. 그는 반인종주의
에 관한 자료를 영화「유주얼 서스펙트」의 한 대사에서 따온다.

> 악마가 한 일 중에서 가장 흥미로운 것은 사람들이 악마가 존재하지 않는다
> 고 믿게 만든 것이다. (91쪽)

물론 여기에서 의문이 생긴다. 신이 존재한다면, 악마가 인간에게 악
마가 존재하지 않는다는 사실을 믿게 만들도록 신이 왜 내버려두느냐 하
는 거다. 논리적으로 볼 때 모순인 것이 맞다. 하지만 세상에 악이 존재
하지 않는다는 관념을 인간에 심어준다면, 이건 악인의 장난일 것이 분
명해 보인다. 그만큼 악은 사악하다. 특히 사회악일수록 그렇다. 대장동
비리나 대북 송금이 없는 것처럼 되어가고 있다. 이렇게 믿게 만든 세력
이 누군지를 생각해 보라. 국민은 자신들이 계몽되어도 세뇌되어도 괜
찮다는 건지 참 알 수 없다. 어쨌든, 사람들이 악마가 존재하지 않는다
고 믿게 만든 것은 악마의 출중한 능력이라고 하겠다. 마이클 에릭 다이
슨은 이 대표적인 사례를 백인우월주의라고 보았다. 여기에 그친다면
그의 존재감은 더 이상 돋보이지 않는다. 그는 이런 말까지 남겼다. '망
설임 없이 장황한 미사여구로 분노를 그럴 듯하게 잘 포장해내는 검둥
이'(88쪽) 그의 진가는 이런 데서 확인된다. 팝스타 비욘세가 이런 유의
발언을 과연 할 수 있을 것인가? 지나친 흑인 중심의 인종주의는 결국
백인우월주의를 따라가는 형국이 되고 만다. 한편 스티븐 프라이는 배
우, 코미디언, 시인, 베스트셀러 작가다. 세계에서 가장 영향력이 큰 게
이 중의 한 명이다. 물론 내 사견에 지나지 않겠지만, 그가 이 책에 남긴
어록이 이 책 중에서 가장 울림이 크다고 여겨진다.

저는 정확하게 지금 정치와 다른 모든 종류의 문제에서 저와 다르게 생각하

는 사람과 함께하고 있습니다. 이 모든 분노, 억울함, 적개심, 무관용, 무엇보다 '우리 편 아니면 적'이라는 확신 등이 멈춰져야 한다고 보기 때문입니다. (……) 이제는 이 유해하고 이분법적이며 양측 모두 아무것도 얻을 것 없는 광기를 멈춰야 할 시간입니다. 그렇게 하지 않으면 우리 모두 파멸할 것입니다. (92~93쪽)

스티븐 프라이의 이 발언은 마치 지금 우리의 상황을 두고 말하는 것 같다. 우리는 지금 정치적 양극화의 시대에 이미 들어섰다. 더불어민주당은 우리가 하는 모든 일이 국민의 뜻에 부합하는 일이고, 정당한 일이라고 한다. 만약 다수의 횡포가 국민의 뜻으로 포장된다면, 국민의 뜻은 경우에 따라서 정치적 올바름의 표현일 수 있다. 본디 정치적 올바름이 소수자의 사회적 입지를 옹호하자는 취지에서 나온 개념인데, 다수의 횡포가 주도하는 정치적 올바름이 과연 올바른 것인가를 되묻지 않을 수 없다. 최근에 자행되고 있는 공개적 망신 주기, 즉 조리돌림은 누구에게나 얻을 것 하나 없는 정치적 쇼에 지나지 않는다. 이걸 두고 광기라고 하지 않으면 무엇을 두고 광기라고 하나? 스티븐 프라이는 2018년의 시점에서 양측 모두 아무것도 얻을 것 없는 광기를 멈춰야 할 시간이라고 했다. 그의 이 발언은 우리의 2025년에 해당되는 발언이라고 할 수 있겠다.

계몽주의와 반계몽주의의 갈등

정치적 올바름이라고 하는 표현은 정치판, 정계에서만 국한되는 개념, 쟁점, 문제의식이 아니다. 사회 각계에서 통용되기도 한다. 사회 활동, 미디어 환경, 언론 매체 등. 하지만 나는 먼저 대학 사회, 교수 사회에서의 정치적 올바름에 대해 간단하게 언급하고자 한다. 나 역시 국립대 교수로서 오랫동안 재직을 했기 때문에 대학 사회에 관심이 많다.

미국의 대학은 좌파가 장악하고 있다고 한다. 최근의 언론에서 보여준 트럼프와 하버드의 갈등이 가장 상징적인 것으로 나타나고 있다. 한 조사 결과에 의하면, 미국의 대학 교수 진보-보수 비율은 백분율로 72 대 15라고 한다. 특히 최상위권이라고 할 수 있는 아이비리그에서는 87 대 13으로 조사되었다. 이 중에서 단순한 진보를 넘어서 좌경화된 교수들이 상당수가 되리라고 본다. 그러니까 미국의 대학교수들은 교수 사회에서 좌파가 아니면 사실상 대접을 받지 못한다는 얘기다.

그런데 우리나라는 어떤가?

한마디로 말해 학문의 즐거움이나 교육의 헌신을 위해 노력하는 교수들은 소외되고 '골통'이 대학을 지배한다. 그러면서도 정반대인 좌파를 닮아가고 있다. 나는 대학에서 강사와 교수로서 30년 이상이나 일을 하면서 대학의 민낯을 속속들이 경험했다. 교수 사회는 공룡의 골통을 한 머리에다, 구미호처럼 흔들어대는 꼬리를 가진 이상한 사회다. 내가 경험한 교수 사회는 절망 그 자체였다. 학생들의 여론에 의해 좌절되기도 하지만, 교수들은 자기보다 '똑똑한 연놈들'은 절대 뽑으려고 하지 않는다. 교수 사회의 본질적인 문제점은 학문적 능력이 없는 사람들이 똘똘 뭉쳐 조직의 권력을 장악하고, 또 이를 향유하고자 하는 데 있다. 여기에다 돈 문제가 개입되고 얽혀지면 점입가경에 이른다.

교수 사회가 젠더의 사각지대인 것도 문제다. 내가 『정치적 올바름에 대하여』 한국어판을 읽으면서 깜짝 놀란 것은 십수 년 전만 해도 미국 대학의 여성 종신직 교수 비율이 10%였다. (78쪽, 참고) 그 당시의 우리나라 국립대 여교수 비율도 그 정도였던 것으로 기억된다. 지금은 미국의 종신직 교수 비율이나 우리나라 국립대 여교수 비율이 조금 상향되었을 것이다. 내가 사랑하는 모교 모과(국어국문과)가 창과된 지가 어느덧 80년이 되어간다. 동문이건 비동문이건 80년 가깝게 여교수 한 명 진입시키지 못했다. 서울의 명문 사학 국어국문과 현직 교수 13명 중에서 10명이 여교수인 것과는 천양지차다. 이런 폐쇄적인 구조에서 무슨 학문의 진보를 기약할 수 있겠나?

내가 생각하는 대학 사회, 교수 사회의 핵심 가치는 뭐니 뭐니 해도 공정한 인사에 있다. 미국의 경우처럼 좌파 장사까지 하면 설상가상의 형국이 되고 만다. 불공정한 인사에다 좌파 장사마저 더하게 되면, 한국의 대학은 고꾸라질 수밖에 없다. 지금도 내남없이 의대를 진학하려고 하는 교육 풍토로 인해 대학이 가뜩이나 위기에 처해 있는데.

2018년 정치적 올바름 토론자 네 명 중에서 여성 논객으로 참여한 이는 미셸 골드버그다. 그녀는 1975년에 미국에서 태어난 저널리스트다. 지금도 주로 뉴욕타임스 등을 통해 끊임없이 칼럼을 발표하고 있다. 또한 『재생산의 수단 : 섹스, 권력, 그리고 세계의 미래』(2009) 등을 저술한 저자이기도 하다. 2017년부터 시작된 미국 사회의 미투(me-too)에 관해 피해자를 옹호하면서, 한편으로는 '노플랫포밍(no-platforming)'과 '정체성 정치'에 대해 비판하였다. 그녀의 생각들이 하나로 집약된 개념 틀이 있다면, 이것은 '계몽주의'가 아닌가 한다. 정확하게 말하면 근대적 계몽주의다.

계몽주의란 게 결국 뭘까요? 문화라는 건 바꿀 수 있다는 생각 아닌가요? 전통적인 구조에 신세지지 않으며 인간의 자유는 더욱 확대된다는 생각, 그게 바로 계몽주의예요. 사회질서란 극도로 취약하기 때문에 거의 모든 것을 희생해서라도 보호해야 한다, 이런 생각이 피터슨의 작업에 흐르고 있다고 저는 생각합니다. 그리고 그게 계몽주의와 불화한다고 봅니다. (61쪽)

계몽주의는 주지하듯이 이성의 빛이다. 나쁜 과거를 청산하고, 좋은 미래를 설계하자는 것이다. 과거는 다 나쁜 것인가? 여기에도 한계가 없는 게 아니다. 우리나라 중간 세대가 그렇듯이, 전교조 교사들에 의해 박정희를 비판하는 얘기를 들으면서 자라다 보니 또 다른 성향의 박정희교도가 되기도 한다. 이성의 빛에도 그늘이 생기는 법이다. 지나치게 이성적이면 이성이 마비되기도 한다. 이것이 바로 계몽주의의 역설인 것이다.

지금 세상은 개인의 가치보다 집단의 가치를 우위에 두려고 하는 경향이 점점 짙어가고 있다. 미국은 여전하게 '이성애자인 백인 남자'가 특권을 누리고 있으며, 가부장, 기존의 계층구조화, 우파적으로 인기에 영합하는 트럼피즘 등이 득세를 하고 있다. 이것은 분명히 반계몽주의의 양상을 띠는 것이라고 하겠다. 반계몽주의의 성격을 띠고 있는 것은 집단의 가치에서도 그대로 드러난다. 자유와 평등을 실현하려는 진정한 계몽주의는 인종, 젠더, 종교, 정치 성향 등의 동질 집단의 관점에서 세상을 바라보려는 사고방식의 소산인 부족주의에 의해 가로막히게 된다.

한국어판『정치적 올바름에 대하여』를 주욱 읽어보면, 여기에 부족주의, 집단주의, 집단 정체성, 정체성 정치 등의 단어들이 열거되고 있다. 부족주의라도 편협한 부족주의, 합세한 부족주의, 파괴적 부족주의로 세분되기도 한다. 이 책에 '집단주의적 서사'라는 낯선 표현이 나타나고 있는데, 우리 현실에 비추어보면, 광우병 소를 먹는다면 '뇌송송'해진다는 것이 적례에 해당한다. 이 같은 집단주의적 서사는 신마르크시즘을 이상한 방식으로 모방한 것이라고 볼 수 있다. (82쪽, 참고) 이것은 다름 아니라 파괴적인 부족주의로의 돌변을 의미한다.

이재명 정부는 점령군인가

문재인 정권 말기에 한 정치 원로는 대선 기간에 더불어민주당이 분열

할 것이라고 내다봤다. 완전히 정반대의 예측이었다. 이때부터 5년 이상 획일 체제를 유지했다. 이재명 정부의 탄생은 일사불란의 부족주의가 가져온 승리의 결과라고 할 수 있다. 윤석열 정권이 내분으로 몰락한 것과 대조를 이룬다. 더불어민주당의 구성요소는 극좌파, 합리적 좌파, 막 떠들어대는 '속 빈 강정'파, 묵묵히 일하는 진보주의자들 등이다. 문재인 정부 때는 극좌파가 힘을 발휘했지만, 이재명 정부가 들어서니, 최근 몇 년처럼 막 떠들어대는 '속 빈 강정'파가 거의 모든 것을 주도하고 있다.

한덕수를 구속하지 않았다는 이유만으로 특별재판부를 만들겠단다. 입법부가 새로운 사법부를 만든다는 것은 안하무인이다. 실행 여부는 더 두고 봐야 하겠지만, 발상 자체가 점령군이 아니고서는 쉬 할 수 없는 발상이다. 말이 특별재판부지, 사실은 혁명재판부나 인민재판소나 다름없다. 이재명 정부와 더불어민주당은 정치적 올바름을 실현하는 세력이 아니라, 정치적 이익에 몰두하는 세력인 것처럼 보인다. 국민은 몇몇 사람의 정나미 떨어지는 말투와 추한 행동거지를 앞으로도 계속 지켜볼 수밖에 없다. 사람들을 국회에 만날 불러놓고, 추궁하고, 성토하고, 창피 주고, 모욕한다. 세상에 이런 갑질은 없다. 내란이 아니라고 말하면, 내란 동조자로 간주해 버린다. 국회 청문회는 관련자를 불러놓고 경청하는 일인데, 묻지도 않고 다그치기만 한다. 관련자가 답답해서 호소라도 할 양이면 말도 못 하게 호통을 친다. 더불어민주당의 정치 전략은 '노플랫포밍' 수법이다. 어떤 신념이 위험하거나 받아들일 수 없다고 생각해 그것을 공개적으로 표현할 기회를 주지 않는 제한된 수법이지만, 더불어민주당의 사람들은 내 편에 불리한 발언이면 무조건 말을 못하게 한다. 점점 개인적인 표현의 자유는 사라져가고, 집단주의적 시각에서 본 표현의 자유만이 자리를 잡는다. 그들이 속 빈 강정 같은 막말을 내뱉는 것도 개인적 표현의 자유가 아니다.

당신은 자신이 자유롭게 말한다고 생각할지 모르겠군요. 하지만 그렇지 않아
요. 당신은 그저 자신이 가진 특권을 표현하고 있는 거랍니다. (37쪽)

더불어민주당 사람들이 정치적으로 막대한 특권을 누리고 있으면서
국민에 대한 책임과 의무를 다했다고 생각하면 오산이요, 착각이다. 그
들에게 진정으로 요구되고 있는 것은 포용이다. 포용의 개념이 비유컨
대 타자를 위한 '환영의 트럼프(나팔)'라면, 포용하지 않는 자의 대명사가
트럼프이니까, 그 비유는 마치 시대의 아이러니와 같다. 내가 생각하기
로, 그들은 국회에 사람을 부르면 위협의 창을 겨누지 말고 환영의 트럼
프부터 불어야 한다. 이게 국회의원이 가져야 할 최소한의 덕목이요 교
양이다.
　이와 같은 난국 속에서도 국민의힘은 바람 잘 날 없다. 권력을 빼앗긴
사람들 사이에서도 권력이 발생한다고 말한 미셸 푸코의 어록을 증명이
라도 하듯이 말이다. 국민의힘은 부족주의의 결집마저도 이루지 못했으
니, 야만의 상태에 놓여 있다고 하겠다. 예컨대 국민의힘에는 위기의식
이 없었다. 더불어민주당의 합세된 부족주의가 큰 성공을 거둔 것의 이
면에는 처절한 위기의식이 전제되어 있었다. 이재명이 겪어온 숱한 위
기의 곡절들이 그것이다. 그와 더불어민주당은 이것을 하나하나 극복해
간 거다. 미셸 골드버그가 그랬다.

사람은 언제 점점 더 편협해지고 부족주의적으로 돌아갈까요? 바로 위협을
받는다고 느낄 때, 자신이 집단 정체성이 위기에 처했다고 느낄 때 그렇습니다.
(170쪽)

한동훈을 지지하던 국민의힘 일부 국회의원들이 국회에서 탄핵을 가결
할 때 '나' 자신이 이재명과 더불어민주당을 위해 던지는 소중한 표 하나

가 자당(自黨)과 이 나라 보수 세력의 집단 정체성에 위기를 가져올 것이라고 땅띔조차 못했을까? 누구를 위한 반란표였을까? 이들은 후회 없는 선택이라고 생각하였겠지만, 선택의 행위에 대한 당위성에서 자유롭지 못하다. 결과론적으로 보면 어리석은 선택인 것이다. 모호한 정의의 기준을 신념으로 확신한 한동훈에게는 더욱 지혜롭지 못한 일이었을 거다.

배신의 정치학은 그쪽 진영에서도 있다. 엊그제 일어난 일. 조국혁신당에서 미투가 터졌다. 미투가 터졌다고 하면 왜 그쪽인가? 여자를 내 편으로 만들기 위해 수혈을 하다가 나쁜 피를 받은 거다. 나쁜 피는 나쁜 혈통이다. 운동권 여자가 운동권에서 한 번 당하면 영원히 운동권 여자로서 살아가야 한다. 혈통이 나쁜 여자가 이에 반발한다. 반발한 여자는 여성의 인간 해방을 위해 향후 힘겹게 살아가야 한다. 적과 동지의 논리에서 볼 때 이런 유의 여자는 '우리'의 세계로부터 이탈한 자, 랭보가 말한 '나쁜 피(mauvais sang)'의 타자다.

우리 사회의 양극화는 2008년 MBC의 가짜뉴스인 광우병 파동으로부터 시작했다. 특히 지난해 말과 올해 초에 나타난 길바닥 위의 군중 사태가 골을 깊게 했다. 길바닥 위에 두 쪽 난 분열 사회가 지금의 우리 모습이다. 우리에게 지금 가장 우려되는 것은 향후 가면 갈수록 더 양극화될 정치 현상이 아니라, 소위 '르상티망(ressentiment)'의 지속화 현상이다. 질투, 증오, 원한 따위의 음습한 감정이 응어리지고 사회화되어 지속하는 것. 이것이 사람들의 집단 무의식 속에 쌓여서 오랫동안 지속되면 우리 시대는 뒷감당마저 하지 못한다. 해결은 미래의 몫이 된다. 우리 문화의 미덕이 해한과 상생이었는데, 이것이 점차 엷어져 가고 있는 사실이 안타깝다.

접화와 군생의 현재성
—풍류에서 한류로

나는 곧 '문학 속의 신라정신 연구'란 제목의 책을 낸다. 간행 시점이 얼마 남지 않았다. 이 책이 나오면, 어느 세인이 이에 관심을 보이겠냐마는, 이 시대에 왜 뜬금없이 '신라정신'이냐, 라는 일부의 시선도 예상된다. 문무왕 때 중국이 신라 활이 명품인줄 알고 활 제작 기술을 얻기 위해 기술자 구진천(九珍川)을 잡아가다시피 했다. 당나라 황제가 겁박했으나, 그는 활 제작 기술을 국가 기밀로 여겨 목숨을 버렸다. 올해(2024)에 들어 중국에 반도체 기술을 빼돌린 핵심 인물을 찾기 위해 30여 명을 수사했다. 정점에는 삼성전자 고위급을 역임한 최진석 등이 있었다. 간첩 행위와 다를 바 없는 이들을 구속했다. 왜 신라정신이냐고? 구진천과 최진석의 삶을 비교하자면, 답이 저절로 나온다.

대저 신라정신은 이른바 풍류다. 바람 따라 흐르는 것이다. 풍류는 동아시아 문화에 두루 쓰이지만, 이것은 우리 나름의 독특한 문화를 이루어 왔다. 중국은 시문과 서예, 일본은 다도와 꽃꽂이를 중시한다. 이에 비해 우리는 역시 '가무악'이었다. 사상적으로 볼 때는 우리에게 지금 사라진 토착 신앙과 관련된다. 신라 상대(성장기)의 풍류는 토착 신앙의 성소인 신궁(神宮)이나, 제도화된 화랑에서 찾을 수 있다. 화랑이 순수한 정신으로써 삼국통일에 기여했지만 중대(태평성대)에 이르러 현실 정치에 개입함으로써 망했다. 대신에, 불교의 비약적인 발전과 함께 과학과 예술 분야에서 풍류의 방향을 틀었다. 화랑의 잔존 형태는 민간의 종합예술가라고 할 수 있는 '박수(남자무당)'로 이어진다. 이 박수를 오랫동안 '화랭이'라고 불렀다.

풍류라는 의미를 처음으로 사용한 이는 최치원이다. 그는 신라의 풍류를 두고, 이른바 '포함삼교'과 '접화군생(接化群生)'으로 표현한 바 있었다. 『삼국사기』에 옮겨 기록된 그의 「난낭비서」는 우리 고대사의 비밀을 품고 있다. 포함삼교에, 접화군생이라. 세 가지 가르침을 포함해, 이것이 뭇 중생과 접하여 교화한다.

그런데 세 가지 가르침이 뭐냐가 긴요하다. 일반론은 유불선이다. 하지만 포함삼교가 유불선의 융합인가 하는 의문 및 성찰이 없지 않다. 풍류가 유교의 삼강오륜, 불교의 권선징악, 노장(老莊)의 무위자연을 수용했지만, 삼강오륜이 유교 가치의 전부가 아니며, 권선징악이 불교 윤리의 전부가 아니며, 무위자연이 노장사상의 전부가 아니다. 이런 점에서 볼 때 포함삼교가 유불선의 융합이라고 단정할 수 없다. 불교학자 고영섭은 삼교가 환인의 천신교, 환웅의 산신교, 단군의 무속교를 가리킨다는 새로운 학설을 제기했다. 상당히 의미가 있는 가설이다. 어쨌든 내가 보기에도 적어도 유불선에서의 선(仙)이 중국의 노장(老莊) 및 신선(神仙) 담론이 아니라는 것은 분명하다. 고영섭이 말한 천산무(天山巫) 전체가 포함될 수도 있다.

소위 접화군생도 해석이 다양하다. 그런대로 격이 있는 풀이는 이렇다. 모든 생명체들이 서로 만나 관계를 맺고 변화한다는 것. 예컨대, 한 송이의 꽃을 피우기 위해서는 햇볕, 바람, 물, 미생물 등 다양한 환경 조건이나 상호작용이 필요하다는 것. 내가 이것을 좀 더 확대해 재해석하자면, 다음과 같다. 지금과 같은 다문화 시대에, 다자주의 외교가 필요한 시점에, 광범위한 인적 네트워크 속에서 문화 접변을 추구해야 한다는 것. 최치원이 표현한 '접화'는 그 자신의 또 다른 표현인 '대동지화(大同之化)'와 거의 비슷하다. 접화는 군생을 위해 필요하다. 군생 역시 접화에 의해 삶의 완결성을 얻는다.

풍류가 정치적 이해관계와 연결되면, 이것의 설 자리는 사라진다. 한국사의 풍류객이라고 하면, 은퇴한 최치원, 고려의 예장인들, 안평대군과 안견, 당쟁에서 밀려난 윤선도, 유배 시절의 추사와 낙백 시절의 대원군 등을 떠올릴 수가 있겠다. 정치의 진공에서, 이처럼 풍류의 꽃은 핀다. 정치권력을 장악한 사람치고 풍류의 여운이나 서화의 여백이나 멋의 여유를 가지기란 쉽지 않다. 지역적으로 보면, 17세기 이후의 진주권이 풍류의 꽃을 피웠다. 인조반정 이래 사실상 중앙 정계의 진출이 막혀버린 이 지역의 유지들은 교방 문화를 중심으로 지역의 문화예술 발전에 기여했다. 19세기 말에 나온 『교방가요』는 진주의 풍류를 집대성한, 무척 소중한 고문헌이다. 19세기의 서울 지역에서는 엄혹한 세도정치 하에서 중인 계급의 선비들, 예인들이 서울 여항(閭巷) 풍류의 꽃을 활짝 피웠다. 이처럼 풍류는 정치의 입지와 또 다른 자리에 꽃을 피운 대안 문화다.

과거의 전통 풍류는 오늘날의 한류를 촉발시킨다. 이것은 21세기에 이르러 이른바 '한류'라는 신(新)풍류로 재현되고 있다. 기획 분야에서 방시혁과 봉준호는 신라 상대의 풍월주와 비슷하다. 한편 배용준에서부터 시작해 싸이, BTS, 한강, 임윤찬 등으로 이어온 실행 한류인들은 신라 하대의 혜초, 혜소, 장보고, 최치원 같이 우물 안의 개구리를 넘어선 존재로 비유된다. 그들의 재능이 세상과 더불어 공감과 교감의 그물망을 형성함으로써 오늘날의 한국을 세계화시킨다. 풍류와 한류는, 갈수록 양극화되고 '이익집단화'되어가는 우리의 마음을 열거나 넓히거나 할 것이다. 특히 풍류라고 하는 낱말의 기표가 오늘날에 대중 예능이나 남녀

의 바람기 정도로 속화되어 있긴 하지만, 이처럼 접화, 대동지화의 큰
울타리를 만들어간다.

　요컨대 풍류와 한류는 세상을 두 쪽 내고 있는 우리의 정치적 쏠림 현
상에 진지한 성찰을 던져준다. 내게 불리하면 고개를 돌려버리는 이 난
세에, 우리가 눈을 제대로 뜨면 적대감도 혐오감도 사라질 테다. 눈에
세칭 '개딸'들도 보이지 않을 거다.

전통 중국과 신중국

중국은 우리 한반도와 지리적으로 맞닿아 있어서 가장 밀접한 역사적인 관련성을 맺어온 나라다. 우리 역사에 미친 영향도 다대하다. 중국사의 전성기는 한나라와 당나라가 아닌가, 한다. 소위 '강한성당(强漢盛唐)'이란 말이 있다. 한나라가 군사적으로 막강했고, 당나라가 문화적으로 융성했다. 한나라로 인해 고조선이 망했고, 반(牛)식민지 상태의 한사군이 수백 년에 걸쳐 설치되었다.

그러면 당나라는 군사적으로는 약세였나? 우리 생각 속에는 '당나라 군대'라고 하면 오합지졸의 편견이 자리하고 있다. 당나라 군대 하면, 지금의 중국 축구 국가대표팀이 떠오른다. 만날 우리나라에 지기만 해 '공한증'이란 말도 있지 않나? 김해 인구와 비슷한 52만 명의 카보베르데가 월드컵 본선 진출에 성공하자, 중국인들은 한숨이 터져 나온다. 인구 수만으로 2천7백 배인데 하면서. 이럴 때 당나라 군대라는 표현이 떠오르는 것은 어쩔 수가 없다. 당나라 군대가 약세라면, 어찌 고구려와 백제를 멸망시킬 수 있었을까? 당나라 역시 한나라에 버금가는 군사력을 가지고 있었을 것이라고 보인다. 지금의 사회주의 신중국이 패권화하면, 우리도 장래에 좋지 않은 지정학적 환경이 될 수 있다.

　　그러나 지리적으로 인접한 우리는 전통 중국으로부터 제도나 사상의 측면에서 좋은 영향을 받기도 했다. 우리 조상은 중국 선현의 가르침을 본받으면서 살아오기도 했다. 내가 보기에는 우리가 중국으로부터 가장 좋은 생각의 틀을 받아들인 게 있다면, 이른바 대동사상이 아닐까, 한다. 지금 사회주의 신중국은 유교의 전통을 떨쳐내 버렸어도, 우리는 세계에서 유교적 전통이 가장 뚜렷이 남아있는 나라다. 오늘날의 우리는 중국을 바라보는 시각이 긍, 부정적으로 혼재되어 있다.

　　내 노트북에는 기존 저서에 미수록된, 중국에 관한 두 개의 원고가 들어있다. 앞엣것은 제목이 '중국사 속의 대동사상'으로서, 내가 최근에 긁적인 미발표 글이다. 뒤엣것은 제목이 '직시와 착시의 중국'으로서, 재작년에 일간지 한 귀퉁이에 발표된 글이었다. 이 두 개의 글은 중국의 어제와 오늘, 중국에 대한 긍, 부정의 시각을 담고 있다는 점에서 사뭇 서로 다른 글이라고 할 수 있겠다. 이 두 가지의 글을 함께 나란히 내 저서에 실어본다.

전통 중국의 대동사상

　　진정염과 임기담이 공저한 『중국고대대동사상연구』(1985)는 개혁개방 시대가 시작되면서 일구어낸 학문적 성과였다. 이것이 간행된 지 5년 만에 한국어판으로 옮겨졌다. 옮긴 이는 동양사학자 이성규였다. 한국어판의 제목은 『중국의 유토피아 사상』(1990)이었다. '유토피아'는 한자로 '오탁방(烏托邦)'으로 쓰고, 중국 음으로 '우-토우-방'이라고 읽는다. 각별한 장소성의 의미를 지닌 말이다. 청나라 말의 지식인이었던 엄복(嚴復)이 서양의 용어인 유토피아를 오탁방(烏托邦)이라고 옮겼다. 축자적인 의미로는 '근거(托) 없는 나라'다. 그러니까 '존재하지 않는 곳'이라는 뜻이다. 까마귀를 가리키는 오(烏)는 거짓, 허무 등의 개념으로 종종 쓰인다고 한다. 장자(莊子)가 언급한 '어디에도 없는 곳'이라는 뜻의 무하유향(無何有鄕)을 제치고, 오탁방이 오늘날에 이르기까지 살아남은 것이다. 뜻과 소리를 함께 고려한다는 점에서, 코카콜라(可口可樂) 식의 독특한 취음 방식이 아닐 수 없다. 한편, 내가 쓰고 있는 본고의 키워드인 '대동(大同)'은 크게 평등하다는 뜻이니, 오늘날 우리가 자주 쓰는 '공정'에 가까운 개념이라고 보면, 되겠다.

앞으로도 영원히, 사람살이가 똑같아질 수는 없다. 능력도, 용모도, 태어나서 성장한 환경도 다른데 어떻게 모두가 똑같아질 수 있겠는가? 가지지 못하고 배우지 못한 사람들에 대한 배려와 복지가 실현되어야 한다는 약속만이 유효하게 남아있어야 할 뿐이다.

중국 고대의 사상 중에서도 대동사상이 적지 않다. 우리에게도 가장 친숙한 중국의 고대인으로 불리는 공자와 노자가 이에 관한 견해를 나타내기도 했다. 우선 공자는 '균무빈'이라는 석 자를 남겼다. 글자 그대로 말해, 균등하면 가난이 없다. 빈부를 균등하게 하려는 사상이 이때부터 있었던 것. 하지만 절대 평등의 개념은 아니라고 보는 것이 정설이다. 후대의 사람들은 대체로 피착취 내부의 관계에 해당하는 제한된 분배론으로 본다. 그 자신이 봉건 제도를 지지하고 옹호한 사상가이기 때문이다. 이와 달리 노자의 정치사상은 무위(無爲)로 나라를 다스리고 자연에 순응하면서 '소국과민'을 실현하는 데 있다. 나라의 크기는 작아야 하고, 백성의 수는 적어야 한다. 권위주의 체제로 유지되고 있는 대국 중국과 러시아를 두고, 1인당 GDP가 엄청나게 높고 복지 시스템이 잘 되어 있는 북유럽의 소국들에 비해 주민들이 더 행복해하는 나라라고 말할 수 있겠는가? 노장의 정치사상은 20세기의 아나키즘이 지향하는바, 상호부조 사상의 머나먼 기원이 되기도 한다. 어쨌든 공자의 균무빈과 노자의 소국과민은 고대 통치자의 부세(賦稅)가 과다하고 착취 노동력이 과중한 데서 비롯된 대동사상이라고 할 것이다.

노자의 소국과민의 발상과 무척 유사한 사례는 도연명에 의해 묘사된 「도화원기」이다. 이것은 심원한 우의(寓意)가 함축되어 있는 만고의 시문이다. 산문(기문)과 운문으로 구성되어 있지만, 사람들은 산문으로 된 것인 줄 알고 있다. 어부가 길을 잃어 들어간 낙토는 도화원이었다. 복숭아꽃이 활짝 피어있는 정원 같은 곳. 눈앞에 펼쳐진 이 풍경이 한가롭다 못해 수려하기만 하다.

어부는 여기서 배를 버리고 구멍을 좇아 들어갔다. 처음 입구는 지극히 좁고, 겨우 사람 하나가 통할 수 있을 정도인데 (……) 토지는 평광(平曠)하고, 옥사(屋舍)는 엄연하고, 양전(良田), 미지(美池), 상죽(桑竹) 같은 것이 숱하다. 천백(阡陌)이 교통(交通)하고, 계견(鷄犬)의 소리가 사방에서 들린다.[1]

어부가 구멍을 나와서 바라본 도화원은 놀랍다. 땅은 평탄하고 집들은 정연해 반듯하고 좋은 밭, 아름다운 못, 뽕나무 숲, 대나무 숲이 많고, 작은 길들이 가로세로로 잘 얽혀 있고, 닭 우는 소리, 개 짖는 소리가 여기저기에서 들려온다. 어부는 이곳의 사람들에게 융성한 대접을 받는다. 이들은 아득히 먼 진시황 시대의, 토지 겸병과 농민 유망(流亡)이 야기한 난세를 피해 숨어들어와 바깥과 격절한 채 대대로 살아온 사람들이었다. 풀이 무성하면 계절이 좋은 것을 알고, 나뭇잎이 시들면 바람이 거센 줄을 아는 사람들. 서로 권하면서 농사를 짓고, 해가 지면 함께 쉰다. 말하자면, 도화원의 살림살이는 빈부의 분화가 이루어지기 이전인 대동의 세상(世相)인 것이다.

왕우칭은 도연명보다 오백수십 년 후세의 사람이다. 그 역시 10세기

---

1 우현민 역주, 『도연명시전집(하)』, 서문당, 1976, 143~144쪽.

후반에 살면서 세외(世外)의 낙토에 관해 묘사한 적이 있었다. 그는 시인이고, 문학평론가였으며, 또 정치사상가였다. 흥미로운 것은 그가 '선거를 어렵게 해야 한다.'라는 투로 말한 거였다.[2] 지금의 선거는 국민투표로 실행하지만, 그 당시의 선거는 글자 그대로 선발해 추천하는 것이었다. 그러니까 그의 견해를 지금의 현실에 비추어보면, 선출직 공직자를 개나 소나 뽑아선 안 된다는 게 그의 생각인 셈이다. 의혹을 대여섯 가지나 달고 있는 사람에게 국가의 요직을 맡기면, 그 피해는 국민에게 고스란히 돌아간다. 그는 북송(北宋) 초기의 적폐를 꿰뚫어 보았으며, 이것의 잠재적 위기를 충분히 인식하고 있었음에 틀림없다. 왕우칭의 정치사상 중에서 가장 마음에 쏙 드는 게 있다.

> 명군(明君)이란 백성이 제왕의 권력조차 있다는 것을 모르게 하지만, 암군(暗君)은 무리를 모아 왕공(王公)을 참칭하고, 흉흉한 마음으로 신기(神器)를 훔치려 한다.[3]

이를테면, 나쁜 지도자는 내 편의 파당을 만들어 관직을 나누어주고 이들과 더불어 정치적 이익을 공유하려거나, 향유하려고 한다. 신기는 지금의 대통령 자리를 대유한다. 천 년이 지난 지금도 큰 울림으로 다가오는 어록이다.

그가 지은 허구의 상소문인 「녹해인서」는 도연명의 「도화원기」를 모델로 삼은 글이다. 제목의 뜻은 바닷가 사람이 쓴 글(상소문)을 기록하다, 하는 정도이다. 바다 가운데 섬사람인 이인(夷人)은 진시황에게 진언한다. 우리 섬에서는 부세도 가볍고, 군대도 쉬고, 노역도 없어서 만민이 즐겁

---

2 진정염 외 저, 이성규 역, 『중국의 유토피아 사상』, (주)지식산업사, 282쪽, 참고.
3 같은 책, 284쪽, 참고.

게 살고 있사옵니다. 왕우칭이 꾸며낸 가상현실, 그 해도(海島)는 대동이 실현되는 사회다. 이곳은 바라볼 수 있으나 감히 이르지 못하는 '해상의 신기루'였다.

섬을 이상향으로 묘사한 사례는 세계적으로 많다. 가장 대표적인 사례는 주지하듯이 토마스모어가 소설 형식의 글쓰기로 이룩한 『유토피아』(1516)이다. 우리나라에서도 동해여인국, 홍길동의 율도국, 허생의 '빈섬', 제주도 민요 속의 이어도 등이 있었다. 최근에 한국어판 『해적 계몽주의』(2025)가 간행되었다. 미국의 인류학자인 데이비드 그레이버는 실정법의 범죄자 집단인 해적이 모두가 평등하고 자유로운 섬 '리베르탈리아'라는 해도 공동체를 건설했다는 기록에 주목하였다. 실존 여부가 확실치 않아 상상의 공동체일 가능성이 높다. 하지만 이 책에는 참으로 역설적인 전복의 역사관이 도처에 깔려 있다.

해적단은 온갖 종류의 사람들로 구성되어 있었고, 매우 다양한 종류의 사회적 배치에 관한 지식을 갖고 있었다. 이들은 임시변통(rough-and-ready)적인 평등주의에 헌신했으며 새로운 제도적 구조의 신속한 창출이 절대적으로 요청되는 상황에 함께 던져졌기에, 어떤 의미에서는 민주주의를 실험하는 완벽한 상황에 (놓여) 있었다고 할 수 있다.[4]

인간중심주의의 선구적 사상으로 평가되는 17, 18세기 서구 계몽주의가 오늘날에 이르러 종종 인종주의와 제국주의를 정당화하는 데 기여했다고 비판을 받고 있는 사정을 고려한다면, 데이비드 그레이버의 인류학적 되치기는, 그 계몽주의를 탈식민화하기 위한 프로젝트로서 이른바 '원형적-계몽주의(proto-Enlightenment)'의 담론이라고 말할 수 있겠다.

---

4 데이비드 그레이브 지음, 고병권 외 옮김, 『해적 계몽주의』, 천년의상상, 2025, 45쪽.

서구 중심의 개념 틀에서 보면, 이 해적들이 주류 역사에서 주인공이 되지 못한 어중이떠중이의 역사에 지나지 않겠거니와, 사마천의 '유협열전'에서부터 소설 「수호전」에 이르기까지 '행패를 부리는 무뢰배가 많지만 (……) 목숨을 바치고 뜻을 같이하는 사람을 위하여 공평치 못한 일'[5]에 분개하고 행동하는 등의, 정의의 편이 되어주는, 비주류·반체제 중국 유맹사(流氓史)가 남긴 흔적도 뚜렷하다. 이 흔적 역시 어중이떠중이의 역사로만 볼 것인가?

중국의 대동사상, 즉 유토피아 사상 역시 소설로 실현된 게 없지 않다. 우리에게도 익숙한 「수호전」에서도 이것이 잘 반영되어 있다. 시대적인 배경은 북송 말기이거니와, 명나라 때 쓰인 전통 서사물인 「수호전」은 넓은 의미로 볼 때 소설로 간주된다. 수호(水滸)는 물의 가장자리인 가상현실이다. 이에 대응하는 현실공간이 바로 양산박이다. 양산박은 지형이 수없이 바뀌어 왔지만 늪지대의 돌출부인 것이 사실이다. 언젠가는 늪 속의 섬이었을 것이다. 여기에 협객들이 출몰하여 부패한 관에 맞서 싸운다. 관(官)과 민(民)이, 권력과 의협이 서로 각축전을 벌이는 얘기 치고 중국에서는 「수호전」만한 것이 없다. 이 대목에서, 각축(角逐)이란 말도 재미가 있다. 싸움이나 투쟁을 가리키는 이 각축은 자연에서 은유를 가져온 기표다. 수컷 사슴들이 발정기가 되어 암컷을 차지하기 위해 뿔로 상대를 물리치는 게, 글자 그대로 각축이다. 그러니까 뒤집어 놓고 보면, 각축 없는 세상, 갈등 없는 세상을 만들어가자는 것이야말로 「수호전」의 주제다.

팔방(八方)이 공역(共域)이 되고 사해(四海)가 일가(一家)가 된다는 것은 「수호전」의 작자가 추구한 이상이었다. 그것은 조직과 기율은 있으나 착취와 압박

---

5 진보량, 이치수 옮김, 『중국유맹사』, 아카넷, 2001, 720쪽.

은 없어 모든 사람이 자유롭고 평등하다. 의(義)를 보면 용감히 나서고, 각자의 위치를 확보하며 생업에 편안히 종사하고 서로 경애하며 돕는 사회였다.[6]

섬의 장소성은 세외(世外)의 특이함에서 비롯된다. 이문열의 소설 제목처럼 익명의 섬은 외부로부터 차단된 완벽한 비밀공간이다. 양산박이 그 당시에 지형적으로 섬이었거나 아니었거나 하는 것은 그다지 중요하지 않다. 그들만의 세계를 만들었다는 점에서 상징적인 섬이다. 그들만의 '모럴 서클'이 생성된 것이다. 한국어판『문학의 상징·주제사전』(1989)에서는 섬의 유토피아적인 성격에 대해 이렇게 말하고 있다. 섬을 본 사람은 자기운명의 끝을 본 사람이다. 마침내 섬사람들은 자기만의 매혹적인 규범을 가진다.[7]

평생을 불우하게 산 이여진은 어떤 공명도 얻지 못했다. 명리를 다투어 부귀의 정점에 이른다고 해도 한번 무상(죽음)에 달하면 한바탕 꿈처럼 모든 게 사라진다고 했다.[8] 그의 만년인 19세기 초에 쓴 장편소설「경화연」은「수호전」에서보다 훨씬 더 구체적인 대동사상을 드러낸다. 그의 소설 속 이상국가론은 남녀가 평등하고 교육의 보급을 실현해 모든 사람이 고도의 문화와 도덕적 수양을 받고 완전한 사회보장이 이루어져야 한다고 주장한다. 이런 생각은 '은지(恩旨) 12조(條)'에 집중적으로 반영되어 있다.[9]

나라여야 할 나라가 이런 나라라는 것이다.

우리는 요즘 걸핏하면 '이게 나라냐?'고 광장에서 외쳐대곤 하지만, 옛 중국의 지식인들은 '국불국(國不國)'을 논하지 않고서 이상국가의 청사진

---

6 진정염 외 저, 앞의 책, 329쪽.
7 아지자 외 공저, 장영수 옮김,『문학의 상징 · 주제 사전』, 청하, 1989, 193쪽, 참고.
8 진정염 외 저, 379쪽, 참고.
9 같은 책, 385~386쪽, 참고.

을 실천적으로 제시하곤 했다. 대안 없는 구호는 얄팍한 정치 행위일 따름이다. 여기에서 한 가지 짚고 넘어갈 얘기가 있다. 우리나라 86세대의 운동권이 해적 계몽주의나 중국 유맹사보다 한결 선진된 조직인 것은 맞지만, 도덕적인 성격에 있어서 조직 내에서의 불평등 억압 메커니즘, 성인지 감수성의 젠더 문제 등에 있어서 평등하지도 정의롭지도 못한 측면도 없지 않았다.

우리의, 전통적인 유교 사회가 사민(士民)이 합심해 관리의 횡포를 견제하면서 향촌의 질서를 유지하려고 했다. 이게 깨어졌을 때 민란이 발생했다. 지금도 지식인과 시민의 역할이 중요하다. 오늘날의 이상적인 정치, 즉 지치(至治)는 정치인들의 언행이 반듯해야 하고, 절차가 공정, 공평해야 하고, 선동과 합리의 경계선을 그을 수 있어야 한다고 본다. 공인이나 사인이나 할 것 없이 공사는 분명해야 한다. 공익보다 사욕이 지배하는 사회라면 희망이 없고, 사욕보다 공익을 앞세우는 사회라야 건강한 대동 사회다.

내가 모처럼 시간을 내서 『중국의 유토피아 사상』을 대충 읽고 난 이후에 감상을 한 문장으로 만들어보았다. '인정(仁政)은 재물(財物)을 경계하면서 시작되는 것이며, 만약에 빈부가 불균(不均)하다면 백성을 능히 교화하지 못한다.' 이 예스러운 표현이 독자의 숨을 탁 막히게 하겠지만, 한편으론 뭔가 뻥 뚫리는 감도 없지 않을 것이다.

직시와 착시의 신중국

중화의 위대한 부흥은 되돌릴 수 없는 역사의 여정(갈길)이란다. 이른바 '중국몽'이 갈수록 태산이다. 도대체 뭐가 중국의 꿈이란 말인가. 중국의 군사력과 경제력이 미국을 추월하고, 또 대만을 흡수해 중국이 세계 패권을 달성하는 것. 진짜 천하 통일이 바로 중국몽이다. 2009년에 중국 군부 내의 민족주의 초강경파와 엮여 있는 한 인물(군사전문가)이 처음 사용한 이 용어는 이제 공공연하게 쓰이는 말이 됐다. 이 말은 중국에 있어서 궁극적으로 실현되어야 하고, 또 실현될 수밖에 없는, 그래서 지금은 하나의 논리를 갖춘 몽상으로 무장화되고 있는 상태의 성취 수준을 가리키고 있다.

사회주의 신중국은 이제 세계 패권주의 국가를 꿈꾼다. 미국을 넘어볼, 등등한 기세다. 지난 7월 1일, 중국의 국가주석인 시진핑이 공산당 창당 백 주년 기념사에서 '중화 패권'을 온 세상에 선포했는바, 중화의 위대한 부흥이란 중국몽의 또 다른 표현이다. 그는 이런 말까지 남겼다.

외세기부(外勢欺負),
두파혈류(頭破血流).

두 글자씩 짝을 맞추고 뜻을 이루어가면서 말 됨됨이를 만들어가고 있다. 한자를 보면 어렵지 않은 표현이다. 이 중에서 '기부'란 말이 좀 낯설다. 우리의 표준국어대사전에는 '속이고 배신하다'라고 풀이하고 있다. 하지만 거의 사용되지 아니한, 사실상의 죽은 말이다. 글자 그대로 해석하면, 이렇다. 외세가 중국을 상대로 사기를 치거나 중국인에게 부담을 주면, 머리가 깨져 피가 흐를 것이다. 좀 더 우리말답게 해석하자면, 외국 세력이 우리를 업신여기거나 괴롭히면, 얼굴에 박(머리통)이 터져 피 칠갑할 것이다…. 이때 외국은 사실상 미국을 가리킨다.

중국의 GDP가 머잖아 2020년대 안에 미국을 넘어설 것이라고 보는 전문가들이 적지 않다. 제2차 세계 대전 이후에 GDP가 미국을 능가한 나라가 없었으니, 이것은 물론 대단한 일인 게 분명하다. 구소련이 군사와 과학기술 분야에서 미국을 따라잡으려다 사회주의 계획 경제로 인해 몰락했고, 일본이 경제력에 있어서 1995년에 미국 GDP의 70%에까지 추격했으나 그 이후에 미국의 견제를 받으면서 침체하다가 지금은 그 23% 수준에 머물고 있다. 중국은 이제 이른바 팍스아메리카나의 세 번째 도전자로 나선 셈이다.

한자어 경사의 경(慶) 자에는 사슴 녹(鹿) 자가 포함되어 있다. 고대 중국인의 습속에 의하면, 경사스러운 일에 사슴 가죽을 선물한다는 데서 유래된 말이다. 그런데 사슴을 말로 잘못 안다는 것의 성어도 있다. 위록지마다. 사물에 대한 일종의 착시 현상이랄까. 중국이 천하의 최고라는 자리(自利)의 관념이 천하관을 대신하면, 사슴을 말로 잘못 알게 된다. 또 말은 용으로 뻥튀기될 수도 있다. 거짓을 참으로 오인하는 잘못된 믿음 같은 것이 자신을, 집안을, 나라를 망치게 한다. 위록지마가 진시황이 이룩한 제국의 몰락을 가져왔다고, 역사는 후세에 교훈을 남기지 않았던가.

양적인 것과 질적인 것의 차이를 무시하면, 사슴과 말, 직시와 착시, 현실과 몽상, 참과 거짓을 제대로 가리지 못하는 것에 다름 없을 듯싶다. 중국은 중국몽에 취해선 안 된다. 중국의 현실을 직시해야만 그것이 허망한 개꿈이 되지 않는다. 예컨대, 지금 중국의 1인당 GDP는 미국을 차치하고서라도 우리나라에 비해서도 한참 뒤지고 있다. 우리 돈으로 월수입 17만 원 이하인 사람들이 무려 6억 명에 달한다는 현실이 무엇을 말해주고 있는가? 중국이 아무리 군사 대국이라고 해도, 지금 미국의 국방 예산 중에서 겨우 30%에 밑돌고 있지 않은가.

중국이 미국과 함께 외교적으로 드잡이할 때마다 말싸움에서 지지 않지만, 달러 통화와 증권 시장과 첨단 기술과 문화예술의 힘 등에 있어서 아직 경쟁력의 상대자가 되지 못한다. 질적인 면을 무시한 수량적인 자기만족을 어떻게 보느냐가 중국의 미래를 내다보는 가늠자가 된다.

중국은 공산당 창당 백 주년이란 잔칫상을 차려놓고 바깥세상을 향해

준엄한 경고와 함께 위협을 가하였다. 까불면, 박 터진다고. 중국은 이래선 안 된다. 대국으로서 이타(利他)의 천하(天下) 관념을 가져야 한다. 본래 중국인들의 세계관은 포용적이었다. 하늘 아래 모든 것이 더불어 존재한다는 사유 방식이 그들에게 있었다. 북한과의 관계로 인한 약점을 가진 우리나라에 과거의 원세개(위안스카이)처럼 굴고 경쟁 국가인 미국과 일본에 대해선 드잡이 꾼의 이미지를 굳힌 왕이 외교부장이란 자가 8년간 자리를 꿰차고 있으니, 중국은 아직 멀었다고 생각된다.

중국은 민간인을 학살하는 미얀마 군부 세력을 지지해서도, 인류 공멸의 핵무기를 개발하는 김정은을 싸고돌아서도 안 된다. 이웃나라에 주는 환경 악영향의 문제, 전 지구적인 기후 변화의 문제, 인류의 보편적 가치의 문제 등에 관심을 기울여야 진짜 중국이라고 생각된다. 중국의 정신적, 도덕적 수준이 중국의 미래상을 가늠하는 기준이 된다.

나는 중국이 종국적으로, 자국 내의 민주화와 인권 문제에 관심의 눈을 돌려야 한다고 본다. 이것을 진지하게 해결하지 않고서는, 나라의 힘은 '역발산기개세'의 초패왕인 항우장사에 진배없는데, 의식 수준이 루쉰의 소설에 주인공으로서 등장한, 자기중심적인 미숙함의 상징적인 인물인 아큐(阿Q)에 머무는 것에 비유될 수밖에 없을 것 같다.

먼지와 도끼와 사막

소위 스페인 내전(1939. 3. 6~1939. 4. 1)은 스페인 국내의 일인 것 같지만 세계사의 관점에서 볼 때 현저하게도 국제적인 사건이었다. 그 당시에 스페인은 국내외적으로 얽히고설킨 게 너무 많았다. 스페인에서의 민족주의는 양날의 칼이었다. 피식민지 지식인들에게는 식민주의, 제국주의에 맞서는 저항의 힘이었지만, 스페인의 경우는 일인독재, 일당독재의 기반을 강화하는 못된 사상이었다. 스페인내전과 관련해 먼저 '인민전선 사상'을 전제로 하지 않을 수 없다. 인민전선은 노동자, 농민, 중산층, 자유주의자, 사회주의자 등이 광범위한 제휴 관계를 맺은 통일 전선의 세력, 혹은 그 정치적 연합체를 말한다. 1931년 스페인 총선에서 승리한 공화주의는 국왕을 추방하면서 인민전선 세력을 증강했다. 1936년 1월에는 인민전선 세력이 민족주의 전선을 무너뜨렸다. 스페인 영토 3분의 1에 달하는 가톨릭교회 재산을 몰수했다. 군벌과 교회와 지주 등의 세력이 반발했다. 군사 반란이 일어났다. 스페인령 모로코에 주둔하고 있던 프랑코 장군이 일으킨 쿠데타였다. 이때부터 스페인의 전역은 황폐화되고, 스페인 민중은 파시스트 프랑코의 압제에 놓여 자유가 박탈된다.

스페인 내전에는 국제 개입이 두드러졌다는 점이 특기할 만한 일이었

다. 파시스트인 쿠데타 병력에 독일, 이탈리아, 로마가톨릭, 포르투갈이
지원했고, 인민전선을 돕기 위해 국제의용군 3만여 명이 남의 나라 내
전에 참전한 것이다. 이들 중에 당시의 외국 문인들이 참전했다. W. H.
오든, 조지 오웰, 헤밍웨이, 앙드레 말로, 앙드레 지드, 생텍쥐페리 등은
당대에 최고 수준의 문인들이었다. 스페인 내전의 전쟁 경험을 잘 반영
한 작품으로는 헤밍웨이의 「누구를 위해 종은 울리나?」가 가장 유명하
다. 소설의 제목은 존 던의 시 한 부분에서 따왔다.

나 자신이 이 인류의 한 부분이므로,
벗의 죽음은 곧 내 한 부분이 떨어져 나가는 것.
그러니 누구를 위하여 종이 울리는지 묻지 마라.
그것은 바로 너 자신을 위하여 울리는 것.

여기에서 말하는 종은 조종(弔鐘)을 가리킨다. 죽은 사람을 애도하기
위해 치는 종이다. 이 대목의 전사자는 미국인 로버트 조던이다. 그는
스페인 내전에 자원해 교량 폭파의 임무를 받고 작전을 수행하던 중에
스페인 여성 마리아를 만나 사랑에 빠진다. 그는 자신의 임무를 성공적
으로 수행하지만 적의 반격으로 총상을 입고 끝내 죽는다. 시의 내용을
보면 잘 알 수 있듯이, 모든 인간의 관계는 그물망처럼 연결되어 있다.
타인의 죽음은 나의 일부가 사라지는 것과 같다. 이 소설은 인간의 연대
의식과 죽음의 의미를 성찰한 고전이었다. 1943년에 제작된 영화 역시
명작이었다. 게리 쿠퍼와 잉그리드 버그만이 공연한 영화로 한때 우리
나라에서도 유명했다.

너와 나와 스페인은
먼지에 지나지 않는다

먼지,

먼지,

먼지……

우리들이 가진 것은 도끼,

도끼와 사막이다.

누런 사막에

도끼가 안식을 찾았을 때

거기엔 이미 있지 않다.

한 가닥의 뿌리도,

한 터럭의 기억도,

한 명의 사람마저도.

인용한 시는 스페인 내전 당시에 공화주의의 편에 선 스페인 시인 레온 펠리페 카미노 가르시아(1884~1968)가 내전 당시에 쓴 일종의 저항시다. 그는 파시즘, 즉 프랑코 군부에 저항한 공화파 시인으로 알려져 있다. 보다시피 이 시에는 그 당시의 공화주의자로서의 격렬한 분노가 담겨 있다. 『시와 정치』의 저자인 C. M. 바우라는 이 시를 가리켜 정치적 성격이 강한 시의 예로 들기도 했다.

이 시의 키 워드는 두말할 나위도 없이 먼지와 도끼와 사막이다. 먼지는 장애 요인, 무질서, 전망의 부재를 비유하는 것 같다. 도끼는 국론의 분열이랄까, 심리적, 물리적 분단의 상징물로 읽힌다. 사막은 황폐화된 스페인의 국가 정체성, 내지 문제적 시대 상황을 의미하는 듯싶다. 연결 선상에 놓인 먼지와 사막에 도끼가 끼어들어 언어에 긴장감을 부여한다.

이에 대해서 좀 더 전문적으로 파고들면 정신분석학에 기댈 수밖에 없다. 게슈탈트 심리학자 에릭 애크로이드의 『꿈 상징 사전』이 한국어판으로 이미 1997년에 간행된 바 있었다. 여기에서 먼지는 망각된 부분, 정신의 경시된 부분, 과거에 지배를 당한 것, 죽음으로부터 피할 수 없는 운명의 상징이다. 특히 흙먼지는 금기와 혐오의 양면성을 지닌다고 되어 있다. 이에 비해 도끼는 말하자면 도덕적인 불안, 정신의 동요, '새로운 성장을 위하여 낡은 것을 중단하는 것의 상징', 처단의 도면(刀面)이기도 하다.

우리는 먼지와 도끼의 이미지로부터 서로 연결점을 찾아내기가 쉽지 않다. 그런데도 뭔가가 읽힌다. 읽힌다는 것이 이 시가 결코 예사롭지가 않다는 사실을 암시하고 있다. 양자가 구조적으로는 분석되지 않지만, 게슈탈트, 즉 의미 있는 전체상을 가진다. 조국 스페인에 대한 시인의 복잡한 감정들이 혼재되어 있다. 살의적인 충동이랄까, 이에 대한 죄책감이랄까?

그런데 사막은 또 뭔가?

사막에 먼지가 켜켜이 쌓여 있고, 또 흙먼지를 불러일으키지만, 이 사막은 공화주의자들의 마지막 정치적 거점이기도 하다. 이 사막은 유럽에서 유일한 사막인 '타베르나스'이다. 유럽에서 가장 무더운 곳이요, 연간 강수량이 불과 70미리 정도에 지나지 않는다. 말이 사막이지 초원이요, 거친 광야다. 반건조의 스텝 기후에 의한 낮은 풀과 관목으로 이루어진 구릉지다. 영화 「황야의 무법자」와 「아라비아의 로렌스」 등의 촬영지로 유명한 곳이다, 공화주의자들이 프랑코 반란군의 강한 압박에도 버틴 곳일 성싶다. 삼별초가 몽골군에 맞선 마지막 거점인 제주도와 같다. 마지막까지 뿌리를 내리고 장차 입지를 다져야 할 터전인 사막을 보상해 주는 곳이야말로 오아시스라는 무의식의 여지다. 파시즘을 분쇄할 정신적 기반이다.

마침내 인민전선은 붕괴되고, 자유주의와 공화주의는 프랑코에게 굴복했다. 50만 명의 사람들이 스페인으로부터 탈출해 망명했다고 한다. 시인 가르시아도 멕시코에서 살다가 1968년에 84세의 나이로 죽었다.

독자의 이해를 돕기 위해 스페인 내전 당시의 대립상을 다음과 같이 대조해 본다,

정부군 : 반정부군

공화주의 : 파시즘

인민전선 내각 : 프랑코 군부

국제주의적 연대 : 배외주의적 고립

자유주의 : 민족주의

개인주의 : 전체주의

    스페인내전은 2차대전의 전초전이라고 할 만큼 국제적인 역학관계를 가지고 있었다. 1937년 4월 26일에, 공화주의자의 거점인 게르니카에 히틀러는 무자비한 공습을 가했다. 1645명의 민간인이 희생되었다. 스페인이 조국인 재프랑스 화가 파블로 피카소는 학살의 공포를 고발한 거대한 그림을 남긴다. 반전, 반파시즘의 미술품으로선 최고의 고전이다. 스페인의 독재자이면서 민주주의의 파괴자인 프랑코의 장기 집권은 스페인의, 경제적인, 문화적인 지체로 이어진다. 한때 국력이 왕성했던 스페인이 서유럽에서 존재감이 사라진 초라한 국격의 나라로 전락이 되고 말았던 것이다. 인민전선에 대한 프랑코의 승리는 선에 대한 악의 승리다. 왜 악이 선을 지배하는가는 설명되지 않는다. 이를 두고서 우리는 세계의 모순 및 부조리를 감지하지 않을 수 없다.

    지금 전 세계가 스페인 내전 시대로 돌아가고 있다는 느낌을 결코 떨칠 수 없다. 한국전쟁 때의 유엔이 이타 정신을 발휘했지만 우크라이나 전쟁이 진행되고 있는 지금에 있어서 나토 등의 국제사회는 이기적으로 대처하고 있다. 도리어 미국과 서유럽에서는 주지하듯이 극우화 경향을 띠고 있다. 마가, 트럼피즘, 반이민을 부르짖는 정치 구호 등이 판

을 치고 있는 가운데서도, 푸틴-시진핑-김정은으로 이어지는 권위주의의 체제는 여전히 견고하기만 하다. 일인 독재는 좌우와 선악을 가리지 않는다.

그러나 저러나 지금의 우리나라 사정은 어떤가? 진보 세력이 사법부마저 장악하려고 두 눈에 불을 켜고 있다. 이재명 정부가 사법부를 장악하면, 전두환 이후 가장 강력한 정부가 되고 만다. 가능성이 무척 높아 보인다. 3권분립이 이처럼 초미의 위기에 처해 있는데도 국민의 지지도는 여전히 높다. 참 기이한 일이다. 6월항쟁 때 중산층과 운동권의 성공한 인민전선과 같은 보수와 중도의 연대가 지금으로서는 까마득해 보인다.

윤석열의 치명적인 오판 이후에 국민의힘 사람들은 패잔병의 처지에 내몰리고 말았다. 이들에게 스페인 공화주의자들이 마지막으로 거점을 삼은 타베르나스 사막이라도 가슴에 품고 있는지가 의심스럽다. 전망 부재의 정치 현실은 무력감이나 절망감을 낳는다. 보수는 흙먼지가 흐릿하게 떠 있는 현실에 갇혀 있다. 보수를 지지하는 국민이, 특히 애국 청년들이 어찌 좌절하지 않을 수가 있나?

역사극과 역사소설

오래 전의 얘기다. 내가 상대적으로 늦은, 마흔한 살의 나이에 국립대 교수로 임용되었었다. 한 달 지나고서 학보사 담당 교수가 학교 신문에 실릴 칼럼 한 편 써 달라는 부탁이 있어서 흔쾌히 응했다. 제목은 '사극과 역사소설'이었다.

이 두 개념을 동시에 묶는 끈은 물론 역사다. 우리에게 있어서 역사는 도대체 무엇일까? 나는 청소년 시절에 역사가 아(민족)와 비아(타민족)의 투쟁, 즉 역사가 민족과 민족, 나라와 나라의 정치외교적 관계를 암시한 신채호의 민족주의 사관을 처음으로 접했고, 또 역사에는 산 역사와 죽은 역사가 있다는 천관우의 칼럼을 읽고 감동해 마지않았다. 역사는 효용적인 가치판단을 가지고 오는 전령사일까, 아니면 과거로부터 전해진 미신과 망령의 무리일까? 역사는 극단적으로 엇갈린다. 어쩌면 모순과 부조리와 아이러니로 가득 차 있는지도 모른다. 미군정 시기의 이화여대생들이 미 제국주의자들에게 성을 상납했다는 터무니없는 가짜뉴스를 만들어내고, 반면에 이재명을 가리켜 '억강부약'의 계몽 군주 정조와 같다면서 찬양한 역사학 교수는 국회의원 공천을 받아 배지를 달았다. 아무리 곡학아세라고 해도 이런 유의 곡학아세를, 나는 역사적으로 본 일이 없다.

　현실의 살아있는 역사를 정립하려면 기존의 사실에 도전하고, 또 도전하는 학설에 응전하는 것이 옳다. 다만 역사가 지금 당장의 입맛에 맞추거나 국책의 현실에 꿰맞추거나 하면, 이것은 정치권력의 다소곳한 시녀가 될 수밖에 없다. 나는 교수가 되자마자 쓴 칼럼에서 역사는 나무를 보지 말고 숲을 보아야 한다는 취지의 결론을 내렸다. 이때 헤겔의 한 경구가 유효하다고 생각해 인용했다. 과거 역사의 의미와 중요성은 어둠이 깔려야 비로소 비상(飛翔)하는 '미네르바의 올빼미'처럼 어느 정도의 시간이 흘러야 알 수 있다. 그 당시에 나와 함께 부임한 신임 교수는 모두 일곱 명이었다. 이 중에서 40대 초반은 내가 유일했고, 다들 30대 중후반이었다. 자주 만나 식사도 하고, 대화도 했다. 한 자리에서 이런 일이 있었다. 프랑스에서 서양사를 공부해 박사학위를 받은 역사학 교수가 다들 들으라는 듯이, 이런 말을 했다.

　"송 교수님의 칼럼에 나온 '미네르바의 올빼미'는 오류입니다. 누군가가 오역한 것을 수용한 결과지요. 팩트는 '미네르바의 부엉이'입니다."

　나는 웃으면서 말했다.

　"올빼미냐, 부엉이냐의 문제가 중요한 게 아니라, 죽은 역사냐, 산 역사냐의 문제가 더 중요하겠지요."

　우리의 삶의 개선에 아무런 도움을 주지 못하거나, 과거와 현재가 맞울림을 하지 못하거나 하면 죽은 역사다. 단순한 정보 나열의 '역사 지식'일 뿐이다. 명백한 현실을 외면하면서 암묵적인 과거로 도피한 역사는 퇴영적인 사랑방 얘깃거리일 수 있어도 결코 산 역사가 될 수 없다. 21세기 벽두의 TV사극「여인천하」는 전형적인 사랑방 얘깃거리였다.

　한편 지나간 과거사를 지금 현실의 구체적인 삶의 전사(前史)로 인식, 재인식할 때는 역사가 살아난다. 이 같은 생각 틀에 이론 및 체계를 부여한 것을 두고, 우리는 '역사의식'이라고 말할 수 있겠다. 대비가 된 문정왕후와 사인(私人)에 불과한 정난정을 이어준 남자가 누구이며, 이 세 사람이 공모해 일으킨 역사 사건의 이름이 무엇인가를 묻지 말고, 이 두 여인의 관계와, 박근혜–최순실의 관계가 어떻게 유추되고 있는가, 두 경우가 과연 무엇을 노리기 위해 국정을 농단했나, 하는 등을 물어야 역사는 시퍼렇게 살아난다.

어쨌든 책마다 '미네르바의 부엉이'다. 여신 아테나인 미네르바에게 충직한 부엉이가 있다. 미네르바의 부엉이다. 대체로 고대인들은 새는 신과 사람들을 이어주는 영매자로 인식했다. 이를 두고, 고대 신조(神鳥) 사상이라고 한다. 이 녀석은 저물녘이 되어서야 비로소 큰 날개를 편다. 야행성인 부엉이는 어둑해져야 비로소 활동을 시작한다. 내 20대 초반에 평생토록 유일하게 시골에서 산 적이 있었다. 자정이 지나면 간혹 그 녀석은 우우우웅웅, 하면서 제법 운치 있게 긴 울음소리를 냈다.

Die Eule der Minerva beginnt erst mit der einbrechenden Dämmerung ihren Flug

헤겔의 『법철학』 서문에 나오는 세계사적인 금언이다. 부엉이의 날갯짓은 이성과 지혜의 상징이다. 몽매한 인간이 인간성 붕괴의 위기에 처할 때 저 헤겔이 이성과 지혜의 산물인 철학이나 과거를 성찰하는 역사 등 인문학이 필요하다고 생각했을 것. 동시대의 판단이 아니라, 역사의 판단이 있어야 비로소 철학의 사유가 시작한다.

사실은 '미네르바의 부엉이'가 오역이다. 그리스 야산에는 부엉이가 서식하지 않는다. 여기에 올빼미가 있는데, 이 올빼미는 우리가 알고 있는 올빼미가 아니라, 금눈쇠올빼미(Athene noctua)다. 부엉이, 올빼미, 소쩍새 모두를 통틀어 영어로 '아울'이라고 하며, 독일어에서도 이들을 싸잡아서 '오일러(Eule)'라고 한다. 이 과정에서 착오가 생긴 것 같다.

이 대목에서 새의 지능을 생각해 보자. 트럼프가 당내 경선의 과정에서 경쟁 상대를 가리켜 '버드브레인'라고 했다. 우리말로 '새대가리'다. 미국 사람들도 이 비유를 사용한다니, 흥미롭다. 그런데 새는 개보다 지능이 높다. 특히 까마귀는 새 중에서도 까치, 비둘기와 함께 가장 지능이 높은 축에 속한다. 데이비드 앨런 시블리의 『새의 언어』에 의하면, 까마귀는 사람을 식별하고, 오랜만에 기억해 내고, 특정 사람의 선악을 판단해 동료에게 알려주는 등 정보를 공유한다. 또 공정거래의 개념마저 이해한다. 이에 비해, 부엉이와 올빼미와 소쩍새 따위의 새는 새 중에서도 가장 지능이 낮단다. 고대 그리스인들과 근대 지성의 상징인 헤겔이 올빼미목의 새를 지혜의 상징으로 봤다니, 생물학적인 실상과 좀 맞지 않다.

모든 역사극은, 특히 무대 사극은 생의 본질을 탐색하고 사건이 움직이는 총체성을 반영한다. 극중 인물이 인물들 간에 내성적으로 충돌을 일으키기 때문에, 역사극의 인물은 성격이 집중적(intensive)이다. 반면에, 역사의 포괄적인 총체성을 드러내거나 형상화하는 데 적합한 것은 역사소설이다. 역사소설은 이야기 동향의 총체성을 반영하는 것이 아니라, 사물 혹은 사안의 총체성을 반영한다. 역사극이 정신주의적인 성격을 지향한다면, 역사소설은 사회적인 문맥의 제(諸)관계, 역사의 객관적인 상황, 물적(物的) 토대 등과 같은 경험적 현실의 구체성을 추구한다. 헤겔은 역사극의 극중 인물을 두고 '세계사적 개인'이라고 했다. 이 표현은 나폴레옹, 링컨, 간디, 킹 목사 등의 위인을 지칭하는 게 아니라, 개별 역사의 중심부에 선 인물을 가리킨다. 예컨대 송시열과 장희빈 같은 인물이다. 반면에 루카치는 역사소설의 작중 인물을 두고서 소위 '중도적 인물'이라고 이름했다. 역사소설의 중도적인 인물은 성격이 포괄적(extensive)이다. 사료에 거의 등장하지 않았던 장길산이 주지하듯이 황석영의 대하소설에서 당당하게 주인공으로 나타났던 것처럼 말이다.

한 세대 이후에, 그러니까 30년이 지나 지금의 우리 정치 상황을 문학적으로 반영하고자 한다면, 역사극이나 역사소설 중에서 어느 쪽이 유효하게 이용될 수 있을까? 윤석열과 김건희와 이재명은 개성이 매우 강하고, 타협이 없고, 극단적이기 때문에, 역사극에 잘 어울린다고 하겠다. 이들이 역사의 중심부에 섰다는 점에서는 현저히 세계사적인 개인이다. 이들은 셰익스피어 극의 캐릭터에 굳이 대입하자면, 킹 리어, 레이디 멕베스, 이아고 등에 해당한다.

만약 반전의 연속인 작금의 사태가 역사소설로 반드시 그려져야 한다면, 이 시대의 총체성을 확보하기 위한 중도적이고도 포괄적인 인물을 주인공으로 내세울 수밖에 없다. 하지만 지금의 현실로 보아서는 양극단을 소통할 만한 실재, 실존의 인물은 거의 없다. 그렇다면, 허구적인 중도 인물을 계발해야 한다. 이 유형의 인물로 성공한 전례의 국내외 역사소설은 뜻밖에도 적지 않다. 역사극의 한 그루 나무는 지금 당장 재연될 수 있겠지만, 역사소설의 울창한 숲은 먼 훗날에 기약될 수밖에 없다. 더욱이 대하소설의 형식으로는.

사람들은, 언론은, 특히 이해당사자인 더불어민주당은 윤석열의 계엄을 두고 내란, 내란 하고 있지만, 이 계엄이 내란이라는 사법적 최종 판단이 나오기까지는 시간이 더 걸릴 것 같다. 이에 비해 온갖 가치의 판단이 뒤엉켜 있는 역사의 심판은 결코 조급하지 않다. 느긋이 살피면서 곱씹는 게 역사의 심판이다. 적어도 10년이 지나야 겨우 시작될 것 같다.

미네르바의 금눈쇠올빼미는 인간의 조급함, 성급함을 질타한다. 한국 사회의 총체적 위기를 안 다음에야, 비상계엄이 인간 윤석열의 몽매함에서 비롯되었다고 판단해도, 때는 늦지 않다. 일본 속담에 '하나요리당고(花より団子)'라고, 벚꽃을 구경하느니, 집에서 떡꼬치를 먹는 게 좋다. 우리를 정확하게 알고 이해하려면, 시간이 좀 걸린다고 해도, 우리에게는 나무보다 숲이다. 꽃보다 떡꼬치가 실속이라면, 나무보다 숲은 미네르바의 지혜다.

보유

역사는 동시대의 고유한 경험에 따라 선택되고 적극적으로 재해석된다. 우리가 아무리 역사로부터 심원한 교훈을 얻는다고 해도, 정치적 허무주의 앞에선 역사도, 미네르바의 지혜도 무력하기만 하다. 21세기의 초에서부터 최근의 상황을 지켜보면서, 과연 우리에게 앞으로 역사가 될 사건에서 무엇을 건질 수 있는가를 생각해 보라. 속물과 속악의 뜻대로 이루어진 역사가 아니었나를 생각해 보라. 공정과 진실은 어느 언덕에 서 있었던가? 시대의 전환기마다, 역사의 고비마다 정치의 무대에 등장한 것은 간악한 시정 잡인이요, 음모와 작당의 시정잡배였다. 앞으로는 한두 사람의 혓바닥이 대통령을 만들거나, 대통령을 끌어내리는 일은 없어져야 한다. 이 과정에서 선의의 피해자가 생기게 마련이고, 또 응분의 이익을 챙기는 세력이 형성되기도 한다.

왜 정치적 낭만주의인가

　정치가 양극화되고 있다. 이른바 정쟁(政爭)의 시작은 말싸움에서 비롯되는 것이지만, 요즈음 정치인들은 서로 만나면 목소리를 높이고 큰소리를 지르고 있다. 인사 청문회장에서는 지×하네, 라는 욕설이 튀어나오고, 35년 만에 대법원장 임명을 부결시킨 것을 두고, 정의의 물구나무를 세웠다, 라고 하는 수사법도 등장한다. 물론 말싸움은 교활한 음모보다는 낫다. 정치인들은 자신의 말이 민심을 반영하고 있다고 굳게 믿는다. 민심이 반영된 정도는 아랑곳하지 않는다. 정치적인 문제와 직 · 간접적으로 관련을 맺고 살아가는 일반 국민도 정치적으로 양극화되어 간다. 이들이 정치와 좀 거리를 두고 일상생활을 하는 것도 나쁘지 않을 것 같은데, 앞으로 그것에 더욱 관심을 가지고 살아갈 수밖에 없을 것 같다. 정치가 개개인의 이해관계와 긴밀해지기 때문이다.

　정치에 있어서의 맹목적인 지지가 과연 옳은가, 하는 생각이 들 때가 있다. 수십 년에 걸쳐 각종의 선거에서 '민주'라는 단어가 포함된 당명을 가진 당만을 지지해 왔다고 자랑스럽게 말하는 이도 있다. 검찰 독재와 사법 리스크. 이 상반된 원인적 조건에도 지지의 결과에 있어서는 전혀 흔들림이 없다. 가짜뉴스? 웃기지 마! 다들 이런 분위기다. 지금의 정치적인 지지는 이와 같이 합목적적이 아니라, 맹목적적인 성격을 띤다. 이 견고한 지지세를 두고 정치적 현실이라고 한다면, 사안이나 상황에 따라 선택의 유연한 반응을 보이는 경우를 두고 '정치적 낭만'이라고 할 수 있다. 이 어구를 처음으로 사용한 이는 독일의 칼 슈미트이다, 그는 104년 전의 저서인『정치적 낭만』(1919)에서 정치적 낭만이 기회주의, 순응주의, 의존성, 도덕적 불감증으로부터 피할 수 없다고 비판하고 있다. 그는 독일 낭만주의가 애초에 혁명을 낭만화했고, 그 다음엔 지배층의 복고 체제를 낭만화했고, 1830년 이후에는 다시 혁명적인 사상이 되었다고 했다.

아닌 게 아니라, 정치적 낭만은 모순투성이다. 어떤 때는 건강했다가, 어떤 때는 병적이었다. 어떤 때는 진보적이었다가, 어떤 때는 보수적이었다. 이른바 '정치적 낭만'은 1990년에 처음으로 한국어로 간행됐다. 그리고 정확히 30년 후에 다시 번역해 간행되었다. 최근 역본의 제목은 '정치적 낭만주의'다. 독일어 '로만틱(Romantik)'은 낭만이면서 동시에 낭만주의이어서다. 첫 번째 역본과 두 번째 역본의 키 워드 중에서 서로 다른 것은 기회주의와 기연주의다. 기회주의는 이랬다, 저랬다 하는 것. 부정적인 어감으로 여겨온 게 사실이다. 그래서 최근 역본에서는 기연(機緣)이라고 번역했다. 나는 절묘하다고 본다. 사전적 정의에 의하면, 불교 용어로 인연의 기틀, 어떤 기회를 통해 맺어진 인연을 말한다. 보통은 연애하고 결혼하는 남녀관계를 가리킨다. 그러니까 정치적인 문맥에서는 계기에 의한 엮임새, 유대감, 연대 의식을 의미한다.

나는 유권자로서 대통령 선거에 일곱 번 참여했다. 참여율 백 퍼센트이니까, 모범적인 유권자다. 보수 후보에게 네 번, 진보 후보에게 세 번에 걸쳐 표를 던졌다. 맹목적이고 양극화된 사람들에게, 나는 기회주의자이다. 좋게 말하면, 정치적 낭만주의자다. 정치적 낭만주의를 두고 칼 슈미트는 비판을 가했지만, 나는 건전한 정치의 미래상이라고 본다. 죽었다. 깨어나도 보수, 세상없어도 진보……이런 식이 되어선 곤란하다.
　사실은 변덕이 죽 끓듯 하는 게 이른바 민심이다. 왕조 시대에는 일편 단심이 미덕일 수 있어도 현대 민주주의 사회에서는 죽 끓는 변덕이, 아 니 종잡을 수 없는 변심이 정치적 변수요, 어쩌면 희망의 역설인지 모른 다. 앞으로의 정치는 정치적 낭만의 중도 유권자에게 달려 있다. 총선 때 더불어민주당에 압승을 안겨준 것도, 대선 때 초토화된 보수 세력에 기사회생의 기연을 제공한 것도 그들이었다. '회색 군상'이 아닌, 숨어있 는 감시자요, 결정자다.

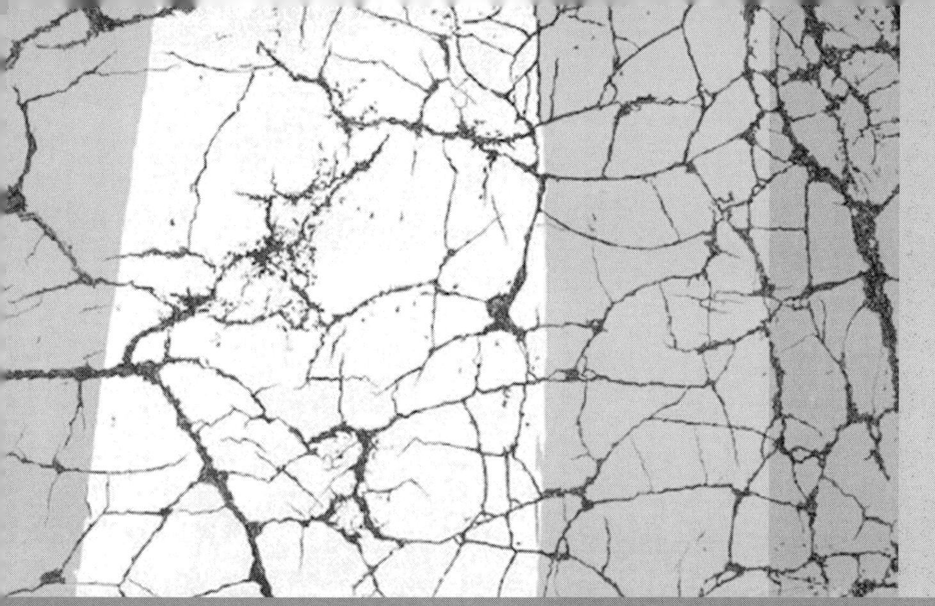

제2부

정치와 현실

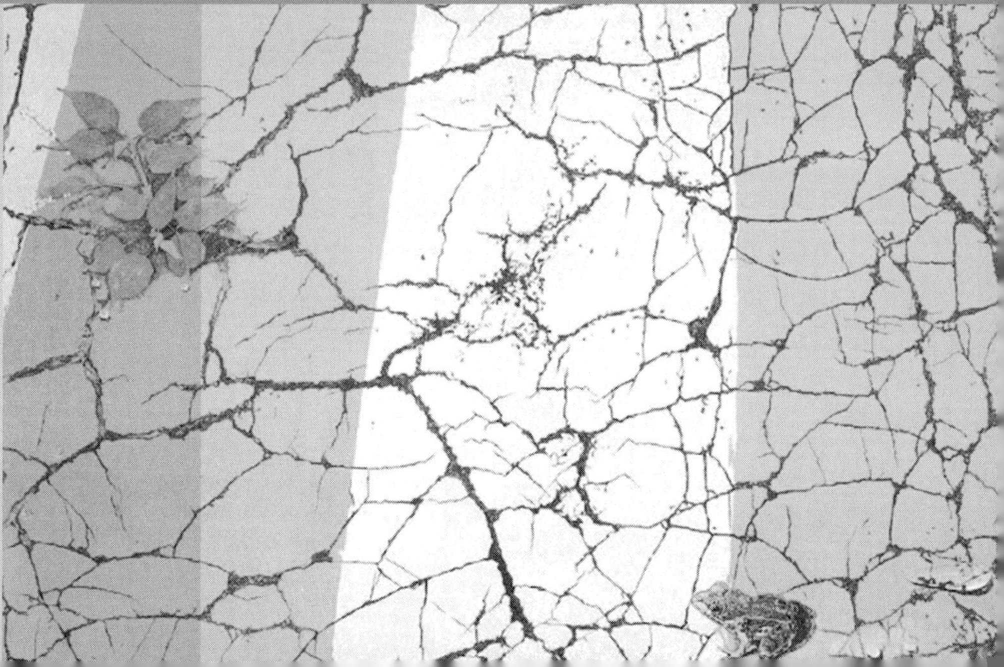

보수와 진보는 다르다

　보수와 진보의 차이를 궁금해 하는 사람들이 뜻밖에도 적지 않다. 과거의 유산이나 가치를 굳건하게 지키려고 하면 보수이며, 미래의 바람직한 삶을 향해 한걸음씩 나아가려고 하는 것을 두고 진보라고 한다. 가장 낮은 수준의 인식 방식으로는 다음의 이런 게 아닐까, 한다. 국민의힘을 지지하면 보수요, 더불어민주당을 지지하면 진보다. 영남은 보수 지역이며, 호남은 진보 지역이다. 이 정도는 모든 국민이 다 알고 있는 상식이다.

　여기에서 좀 더 나아가면, 초급에서 중급으로 향한다. 현상을 유지하려는 보수와, 현상을 타파하려는 진보의 차이는 성장과 분배, 감세와 증세, 안정과 복지로 나누어지는 개념이다. 내가 생각하는 중급의 인식 수준은 모든 문제를 놓고, 보수가 문화적으로 해결하려고 한다면, 진보는 정치적으로 해결하려고 든다는 데 있다. 물론 문화적 해결과 정치적 해결에는 각각 고유한 특징이 있을 것이고, 또 일장일단도 있을 것이다. 사안에 따라서 이런 해결책이 유리하기도 하고, 경우에 따라선 저런 해결책이 주효하기도 하다.

최소주의와 최대주의

보수와 진보의 차이를 논하는 데 있어서 가장 높은 인식 수준이 있다면, 내가 생각하기에 적어도 최소주의와 최대주의의 개념 틀이라고 본다. 대체로 살펴보면, 보수는 최소한의 과정을 지키려고 하고, 진보는 최대량의 성과를 얻으려고 한다. 이와 관련해, 두 가지의 사례를 각각 들어보자.

보수주의자들은 대법관이나 헌법재판관의 보수적인 성향을 그렇게 원하지는 않는다. 판사 중에서 전문성과 도덕성을 갖춘 인물이면 대체로 만족해한다. 공영방송도 편파적이지 않고 중립을 지키는 것에 대체로 만족한다. 이에 비해 진보주의자들은 그렇지 않다. 대법관이나 헌법재판관은 반드시 자기편을 들어줄 정치 편향의 인물이어야 하고, 공영방송도 경영진에 노조 대표가 포함되어야 하며, 진보 진영에 유리한 보도나 프로그램이 제작되어야 한다고 주장한다. 최근에 어렵사리 이루어진 헌법재판관 정계선과 마은혁의 예를 보면, 또 진보가 권력을 잡자마자 방송 4법을 개정한 것을 보면 잘 알 수가 있다.

이 사례들은 보수 진영과 진보 진영이 가지고 있는 문화와 관습의 차이라고 볼 수 있다. 보수의 최소주의와 진보의 최대주의는 이상의 예들에서 잘 엿볼 수 있다. 그런데 여기에서 짚고 가야 할 사실은 진보가 최대한 모든 걸 다 가지려고 한다면, 또 다른 저항을 부를 수 있다는 사실이다.

목사인지 잡인인지 알 수 없는 최 아무개는 자신을 민주 투사인 양 가장하면서 뻐기고 돌아다녔다. 그는 자기로부터 김건희가 받은 작은 명품 백을 두고 '권력 사유화'가 본질이라고 했다. 이것을 기획한 이가 누구인지는 입 닥치고 가만히 있으라는 얘기다. 내가 보기에는 사태의 본질은 '권력 사유화'에 있지 않고 '인간의 도리'에 있다. 눈에 보이는 작은 명품 백이 사태를 구성하는 변수라면, 눈에 보이지 않는 인간의 도리가 그 상수(常數)여서다. 돌아가신 아버지의 지인이라는데 매정하게 쫓아낼 딸이 세상에 과연 있을까? 수단과 방법을 가리지 않는 속임수가 정치적 목적의 가치로 여겨진다면, 우리 사회는 도덕적으로 흔들릴 수밖에 없을 것이다. 그가 사술(邪術)로써 정치적 목표를 달성했다면, 속여서 죄송합니다, 하는 한마디 말의 사과 정도는 있어야 한다. 한마디 말의 사과는커녕 뱀처럼 목을 곧추세우는 독기는 도대체 어디에서 온 것일까? 전지전능하신 하나님도 분개하실 일이다.

부도덕한 속임수가 최후의 승리를 보장하는 예가 아니라고 하는 사실을 보여주는 것이야말로 우리 사회의 최소한 정의관이요, 바람직한 미래상이요, 또한 교육의 지표다. 김건희의 명품 백은 별개의 차원에서 평가되고 단죄될 사안이다. 이 그믐 같이 어두운 시대에 인간됨의 잔불이라도 되살려야 한다는 것이 있다면, 수단과 목적의 전도된 가치관을 되짚어보는 일이 아닐까? 보수의 마음속에는 최소한의 도덕적인 생각이 들어가 있고, 진보의 뇌 속에는 여론과 응징과 법적 단죄를 통한 정권의 교체나 유지라는 최대치의 그림이 늘 그려진다. 진보가 기획한 밑그림이 이미 그려졌던 것처럼, 최근의 일련의 사태는 실제로 그렇게 이루어졌다.

보수와 진보가 각각 중시하는 절차적 민주주의와 내용적 민주주의도 최소주의와 최대주의라는 큰 틀의 범주 속에 놓인다. 우리나라의 현행 헌법은 잘 알다시피 87체제에 의해 대통령 직선제라는 절차를 완성시켰다. 이 절차는 최소한의 절차라고 할 수 있었다. 하지만 여기에 미흡한 것도 적지 않았다. 현직 대통령이 임기 중에 두 번이나 하야한 것이 87체제가 지닌 치명적인 한계였다.

반면에 진보는 민주주의에 내용이 풍부해야 한다고 본다. 예컨대 헌법에는 인권, 분배, 증세, 복지 등으로 가득 채워야 한단다. 한두 가지가 아닌 내용들을 어떻게 합의해서 재구성하느냐, 하는 문제는 향후 개헌 밖에 답이 없다. 하지만 국민적 합의가 없는 대안 체제는 그동안 우리가 경험해 온 민주적인 것을 한껍에 없앨 위험성이 있다. 신체제로의 변질이 심히 우려된다.

법을 바라보는 86세대

최근에 세상이 바뀌었다. 정상적인 상황 속에서의 정권 교체가 아니라, 혁명적인 분위기 속에서 이것이 실현되었다. 박정희 사후에 10년 넘게 권력의 심장부에 그물망을 촘촘하게 형성했던 신군부 세력에 맞선 20대 청년들인 86세대가 한 세대가 훨씬 지난 지금에 이르러 권력의 심장부에 새로운 그물망을 형성했다. 이들이 권력을 장악해 경세지략을 보일지, 아니면 배타적 소리(小利)에 집착할지는 더 지켜 볼 일이다. 86세대가 가지고 있는, 가장 뚜렷한 특징은 3, 40년간 끈끈히 이어온 결속력과 연대 의식이다. 이것은 지금까지도 광범위한 '끼리문화'를 형성하고 있다. 북한에서 동지를 가리켜 '동무'라는 호칭을 사용하듯이 86세대는 동지끼리 '형'과 '누나'로 통한다. 이 세대의 문법이요 문화다. 뿐만 아니라 86세대가 권력을 장악하는 과정에서, 한참 아래 세대인, 성별 동질 집단으로 형성된 새로운 부족주의(tribalism) 집단 '개딸'들과도 연계가 있었고, 지지를 적잖이 받았다.

세상이 뒤바뀌었다는 것은 따지고 보면, 사실이 아니다. 여당이 야당이 되거나, 야당이 여당이 되는 것은 언제나 있는 일이다. 그럼에도 불구하고 이번의 정권 교체를 세상이 뒤바뀌었다고 보는 데는 그 나름의 이유도 없지 않다. 우리 사회에 법 위에 군림하려는 세력이 있는가 하면, 이런 세력 앞에 납작 엎드리는 세력도 없지 않다는 데서 상황이 예사롭지 않는 게 사실이다. 지금 국회 같은 정치적 장내(場內)에서는 무언의 압박이나, 한층 더 고압적인 말투가 휩쓸고 다닌다.

대저 법과 정치는 사회를 결속하고 존속하기 위한 대등한 장치인데, 정권 교체를 앞두고 정치가 더없이 강력한 수단이 되어 법을 그 영향력 그늘의 아래 두려는 경향을 보이고 있었다. 한 개인을 살리기 위해 국회에서 재판중지법을 만들어야 하겠다는 얘기가 나왔고, 한 개인을 죽이기 위해 대학에서 학칙을 개정해 학위를 취소해야겠다는 보도도 있었다. 법이나 학칙이 살았다, 죽었다를 반복하는 것이 무슨 바둑판의 말(馬)인가? 특히 정권이 교체되고 나자마자 대통령의 '고소 취하'가 인구에 널리 회자되고 있었다. 이제 특정인이 대통령에 당선이 되었으니, 있었던 일도 없던 일로 하자는 얘기다. 한 관계자는 이렇게 말한다.

세상이 뒤바뀌었는데…….

세상이 뒤바뀌었으면 뒤바뀌었지, 도대체가 어쩌잔 얘긴가? 참 무식한 소리가 아닐 수 없다. 정권이 바뀐 걸 두고, 왜 세상이 바뀌었다고 호들갑을 떨어야 하나? 정권은 5년 만에 바뀔 수 있지만, 세상이 한번 바뀌면 고려시대의 무신정권처럼 정확하게 백 년이 가기도 한다. 무식한 소리 대신에, 유식한 말로 제시하자면, 라캉의 『에크리』에서 다음의 글을 인용할 수 있겠다. 소크라테스가 주인과 노예의 관계에 대해 다음처럼 썼다.

권력을 정의로 만들고 폴리스의 주문(呪文)을 진리로 만들 질서의 필요에 동의하도록 하기 위해서…… (『에크리』, 국역본, 새물결출판사, 344쪽.)

라캉의 말마따나 옛날에 주인과 노예는 서로 계약을 맺는다. 이 계약이 오늘날의 법에 해당한다. 이 문맥에서 폴리스는 도시라기보다 나라를 의미한다. 주문은 결국 '주인의 말(maitre-mots)'이다. 새로운 질서의 재편을 위해 법을 뜯어고치거나 새로 만든다는 것은 권력이 시민이나 노예를 길들이는 것이라고 한다는 점에서, 지금에 이르러 세상 운운하는 것이야말로 지금을 고대 그리스 시대로 회귀하자는 것에 다름이 아니다.

고중세에 있어서의 주문은 법조문을 넘어설 만큼 강한 힘을 지녔다. 주문을 견제하기 위해 고대그리스의 정치가 탄생했고, 주문을 넘어서기 위해 근세적 법의 정신이 촉발되었다. 대저 법의 정신이란 무엇이뇨? 저울 막대와 같이 균형감각을 유지하게 하는 형평의 정신이리라. 아무리 세상이 바뀌었거나, 나아가 뒤집어졌다고 하더라도, 법의 정신은 시퍼렇게 살아있어야 한다.

지금 86세대의 권력은 대체로 운동권의 경험을 가진 이들로 핵심적으로 구성되어 있다. 1980년대에 신군부에 맞서 길거리를 혼란의 아수라장을 만든 데서, 그 이후에 과거의 역사마저 이전투구의 싸움터로 끌고와 이념을 지형화한 데서 볼 수 있듯이, 자신들의 정치적 이익을 위해서라면 고대그리스의 노예에 대한 주인 못지않은 선민의식과 권력을 가지고 있다. 법과 싸웠기에 법을 우습게 알았고, 앞으로도 법의 존엄에 대해 물불 가리지 않는 성향을 보일 게 분명하다.

우려되는 것은 86세대 권력이 경쟁 집단과의 차별성을 위해 권력을 계층구조화할 수 있다는 사실이다. 권력은 결코 분점되지 않겠지만 적어도 외형은 분점 체제를 갖출 거다. 용산 중심부에 대통령이 유일하게 건재하고, 그 아래에 파생 권력이 있고, 주변에 여의도(정청래), 충정로(김어준), 사이버공간(개딸) 등으로 둘러싸이게 될 게 분명하다. 과거의 어법이라면, 독재를 위한 환경 조성이다.

결속력과 연대 의식이 헐거운 보수 진영은 당분간 숨을 죽이지 않을 수 없을 것으로 전망된다. 지금과 같은 시국이라면, 새로운 권력에 일정부분은 협조하지 않으면, 살아날 수가 없다. 그러니까 보수 진영은 마냥 고집을 피울 수는 없다. 향후 국민적 합의라는 대의명분을 내세워 개헌과 같은 제도적인 합의를 도출해야 한다.

무엇이, 왜 정치인가

나는 원래 정치와는 전혀 무관한 사람이다. 정치적인 권력을 가져본 적도 없고, 권모술수도 행해보는 위치에 있지도 못했다. 더욱이 정치학이나 정치 현상에 대해 공부한 일도 없었다. 도대체 무엇이 정치인가? 이 물음에 관해서라면 지적 원리 및 이론 체계에 의한 숱한 대답들이 갈래를 가지고 있을 터다. 갈래갈래 나누어진 대답들보다, 타인의 경험에서 우러나온 어록들이 때로 나를 감동케 했다.

군인 출신의 직업정치인 김종필은 정치를 두고 우선 '허업(虛業)'이라고 했다. 최고 권력이나 절대 권력을 오래 지켜본 그로서는 정치 현장에서 허무의 빛을 슬그머니 엿보았을 것이다. 그는 경제 활동을 두고 실업이라고 했다. 왕조 시대에 백성과 나라를 다스린다는 개념은 오늘날의 정치 개념이라기보다 경제 개념에 가깝다. 이른바 경세제민(經世濟民)이 바로 오늘날의 정치 개념이다. 이런 점에서, 김종필은 경제 활동을 실업이라고 추켜세우면서, 반면에 정치 행위를 질적으로 좀 낮추어본 것 같다. 이런 점에서 볼 때, 그의 경제실업론, 정치허업론은 상당히 심오한 사유를 내포하고 있다.

하지만 내가 생각하기에는 경제가 다 실업일 수 없고, 또 정치 역시 죄다 허업일 수 없다고 본다. 대체로 보아서 7대3 정도로 나누어서 보는 것이 합리적이라고 생각된다. 경제가 허업일 가능성과 정치가 실업일 가능성은 3할 정도로 보는 것이 내 의견이다. 나는 정치를 가리켜 허업으로 보는 것에 공감하면서도 정치야말로 우행(愚行)이 아닌가, 하고 생각한다. 정치인에게서 어리석은 행위를 지켜보는 것은 우리에게 거의 일상화되어 있다. 코인 거래에 정신이 팔려, 이모(李某)를 이모(姨母)로 착각하는 국회의원이 있지 않나? 물론 정치가 모두 우행인 것은 아니다. 정치 지도자가 민중을 계몽해 올바른 길이나 방향으로 인도하는 것도 3할 정도는 된다. 그렇다면, 정치인들은 우행을 두려워해선 안 된다.

정치 행위는 3대7의 성패를 감안해서 시작해야 하는 것은 아닐까? 정치인들이 7할의 실패가 두려워 3할의 성공을 추진하지 않는다는 것은 리더십이 부족하기 때문일 것이다. 그들은 직권남용의 단죄를 무릅쓰더라도 직무유기의 우행을 범해서는 안 된다고 본다.

희극인 이주일도 국회의원을 한 차례 지낸 바 있었다. 그가 국회의원의 임기를 마칠 때 기자들이 우르르 몰려와서 물었다. 정치는 무엇이냐, 재선에 도전할 거냐는 질문이었을 것이다. 그는 정치에 대해 이런 말을 남겼다. 내 오래된 기억의 재고 속에 남아 있는 어록이다. 그가 이런 말을 했던 것으로 얼핏 기억된다. 아무리 인터넷을 뒤져봐도 찾기 어려운 어록일 것이다.

정치요? 내가 웃었소.

나는 이 즉흥적인 어록만큼 정치의 정의에 관한 한, 절실하고도, 또 감동적으로 나타내는 것이 없다고 생각한다. 두루 알다시피, 희극인은 타인을 웃기게 하는 전문인이다. 희극인이 말해놓고 스스로 웃는다면, 이것만큼 희극적인 장면이나 상황은 없을 것이다. 김종필의 정치 개념보다 이주일의 그것이 더 허무의 빛을 내고 있다고 하겠다.

지금의 권력은 법을 깔보거나, 우습게 안다.

이것이야말로 더 희극적이다. 희극적이다 못해 '부조리극'적이기도 하다. 우리는 지금의 우리 정치가 얼마나 오염되었나를, 모순적으로, 반어적으로, 역설적으로 추론할 수 있다. 이런 관점에서 본다면, 정치야말로 오염 물질에 뒤집어쓴 것. 한마디로 말해 이것은 '오물의 곡절'인 것이다. 이 오물은 먼저 입에서부터 먼저 오고, 장차 탐욕의 허상으로 향한다. 물론 음지에서 일하고 있는 정치인들도 수도 없이 많다. 몇몇 핵심 정치인들이 오물의 곡절로부터 자유로울 수가 없다는 것이다.

우리는 늘 오물의 곡절에 대해 무언가를 까발리고, 또 비판적으로 말해야 한다. 덮어두면 온 세상이 오염되기 때문이다. 최근의 사례인 박근혜의 사익 챙겨주기와 김건희의 사익 챙기기 등을 통해, 우리는 역사의 심원한 교훈을 얻는다. 오물의 곡절을 밝히는 데는 맑고, 드맑은 세상에 대한 기대감이 있어서다. 언젠가는 대장동 등등에 대한 오물의 곡절 및 진실도, 낱낱이, 그리고 온전히 밝혀져야 한다.

현자와 참주의 가상 대화

소크라테스는 모르는 사람이 없을 정도로 유명하다. 아테네의 현자, 너 자신을 알라, 무지의 자각, 악처의 남편, 처형당한 지식인 등으로 두루 기억되고 있다. 한때 그의 어록으로 알려진 '악법도 법이다.'라는 명제는 1930년대 일본에서 잘못 전해져온 일종의 허위사실로 밝혀졌다. 최근에 가수 나훈아가 스스로 만들어 노래한 것에 소크라테스를 '테스형'으로 호명해 우리에게 더욱 친숙해졌다. 무엇보다도 일흔 나이의 그는 법정에서 재판을 받고 억울하게 죽었다.

법정 안에서

소크라테스의 죽음이 지닌 의미가 작지 않다. 먼저 그때의 시대적인 분위기부터 살펴보자. 그는 세상 사람들이 자신을 모함한다고 생각하고 있었다. 심하면 피해망상인데, 그 정도는 아닌 것 같다. 법정에서 자신이 자기방어를 위해 변론하면 방청객들이 소란을 피우거나 야유를 보냈다. 그가 동시대의 사람들로부터 대접을 받지 못한 것은 사실인 듯하다.

희극시인으로 잘 알려진 아리스토파네스는 기원전 423년에 희극「구름」을 써서 소크라테스를 조롱하고, 또 풍자했다. 그의 죄는 아테네 청년들에게 궤변을 진리처럼 가르쳐 이들을 정신적으로 타락시킨다는 것이다. 그는 이 사실을 자신에 대한 모함이라고 여겼다. 그는 억울해하면서 기소자인 멜레토스에게 말한다.

"나를 제외한 모든 지식인들은 아테네 청년들을 선하게 만들고, 오직 나만이 그들을 타락시킨다는 게 말이 됩니까? 멜레토스여. 내가 청년들을 어떻게 타락시키는지를, 그대가 말해보시오."

소크라테스가 멜레토스에게 마치 싸움소처럼 들이받았지만, 멜레토스는 그다지 자신 있게 대답하지 못한다. 현명하지 못해 말이 딸리는지, 그는 될 수 있으면 언쟁을 회피하려고만 한다. '제우스를 걸고 맹세하건대, 소크라테스는 해를 돌이라고 하고, 달을 흙이라고 말하는 사람입니다. 그는 결코 신의 존재를 믿지 않습니다.' 배심원들에게 겨우 하는 말이 이 정도다. 소크라테스는 사람 잡는 소리에 경악했을 터다. 그는 소리 높여 말한다.

"피리 부는 자들이 존재한다는 것은 믿지 않으면서, 피리와 관련된 것은 존재한다고 믿는 사람이 있습니까?"

소크라테스의 이 말은 어디에서 들어본 것 같은 말이 아닌가? 비록 술은 마시고 운전했지만, 음주운전이 아니다, 라는 논리. 이 논리는 모순이다. 결론을 미리 정해 놓고 여론의 눈치를 보기 때문에, 이런 모순이 생기게 마련이다. 소크라테스의 시대나 지금이나 매한가지다. 신의 존재에 대한 믿음 여부가 법정에서의 다툼이 된다는 사실이 무척 낯설게 느껴진다.

지금부터는 꾸며낸 얘기를 좀 하려고 한다. 소크라테스의 재판과, 한 도시국가 참주(僭主)의 단죄 과정은 겹쳐 보이는 점들이 적지 않다. 헌법재판은 이미 끝났지만 형사 재판은 아직 길이 멀다. 게다가 재판 중에

매머드급의 특검까지 만들어졌다. 아무개에 대한 단죄는 재판은커녕 수사가 시작되기 전부터 다들 '내란'으로 규정해 버렸다. 여론이 결론이 되고, 결론이 여론이 되는 악순환의 고리를, 즉 논리의 모순을 끊지 못해서다.

아무개는 참주의 자리에서 쫓겨나와 대기하고 있었다. 그 역시 언제 감옥으로 가게 될지 지금으로서는 아무도 모른다. 헌법재판은 번개에 콩 구워 먹듯이 했지만, 내란의 판단이 결정되기까지는 '부지하세월'이다. 아무개는 답답한 마음에서 명계로부터 소크라테스의 영혼을 불러내어 대화를 시도했다. 물론 다음은 극화된 가상대화록이다.

법정 밖에서

아무개 아, 저기 오시는 어르신은 소크라테스 선생님이 아니십니까? 요즈음 우리 도시국가에서는 소크라테스 선생님을 '테스형'이라고 친숙하게 부르고 있답니다. 안녕하세요? 저는 아무개라고 합니다. 지금은 쫓겨나 있지만 한때 도시국가의 참주를 지냈지요. 선생님의 호칭을 '테스형'이라고 해도 괜찮으시죠.

테스형 아, 아무개 참주여. 나는 명계에서 그대의 언행이나 살아온 과정을 죽 지켜보았지요. 그동안 고생이 많으셨어요. 이제 그대는 무거운 마음을 내려놓아야 할 거요. 근데 왜 나보고 '테스형'이라고 해요? 남의 이름 자를 마구 잘라버려도 되는 거요? 한 유명 가수를 두고 하는 말이에요. 이름이 나훈……뭐라던가? 그대의 도시국가 사람들이 친근한 이름이라고들 하니까, 뭐 기분이 나쁘지는 않지만.

아무개 어쨌든 테스형께서는 그 시대를 풍미한 아테네의 현자였습니다. 지금은 지상의 인류에게 현자로서 널리 칭송되고 있습니다. 그 당시의 배심원들은 어르신보다 아테네 시민들의 여론을 선택했지만, 역사의 심판관들은 아테네 시민들의 여론보다 어르신을 선택했던 것입니다. 어르신은 왜 그 시대에, 무슨 문제가 있어서 재판을 받게 되었는지요?

테스형 내가 그 당시에 정치에 전혀 간여하지 않아 목숨을 부지하면서 살아왔지만, 늘그막에 이른 나를 법적으로 단죄하기 위해 나를 정치적으로 뒤집어씌운 것이지요. 신에게 산양을 희생의 제물로 바치듯이, 정치는 힘의 결집을 위해 청년들에게 영향을 끼칠 만한 먹물을 희생시켜야 했었지요. 내가 딱 걸려든 거요. 정치란 게 그렇잖아요? 코에 걸면 코걸이고, 귀에 걸면 귀걸이란 사실을. 정치의 이상은 지배와 피지배의 조화로운 관계잖아요? 내가 살던 시대는 이 관계가 지나치게 양극화되었단 말이에요. 그대의 도시국가가 좌우파 진영 논리로 양극화되어 있듯이. 내가 후자인 민(民)의 관점에 서 있었기에, 해전에 참패한 과두(寡頭) 체제가 정치적으로 몰리자 나를 희생양으로 삼았던 거요.

아무개 저 역시 도시국가의 검사로만 일해 오다가 공연히 정치에 물이 들어 낭패를 당했지요. 한 나라의 참주가 된 것도 헛되고도 헛됩니다. 정치가 무엇인지도 모르고, 정치의 속성에 대한 정곡을 찌를 줄도 모르는 이 숙맥이 많은 이들에게 폐만 끼치고 물러났습니다. 참주의 부인을 겨냥하면, 참주가 먼저 쓰러진다는 그들의 계획에 말려든 거지요. 하지만 후회는 하지 않습니다. 제가 재야에 있더라도, 앞으로 시민들을 위한 일이 무엇인지를 알게 되었으니까요. 그런데 테스형께서는 제 사태를 명계에서 어떻게 지켜보셨는지요?

테스형 아무개 참주여. 나와 그대는 시대로부터 버림을 받은 잗다란 존재가 되어버렸잖아요? 예나 지금이나 합리적 소수가 주술적 다수에게 힘으로 밀릴 수밖에 없는 것은 어쩔 수가 없지요. 뜨거운 감자가 식어갈 때까지 숙고와 숙의의 과정을 거쳐야 하는데, 사람들은 식기도 전에 그것을 먹어버린단 말이에요. 이런 점에서 나나 그대는 여론의 희생양이 되기도 전에, 억지 논리에 의해 억장이 무너지고 말았던 것이지요. 그대가 물론 분노의 감정에 지배되는 인간인지라, 좀 더 이성적으로 대처했으면 하는 아쉬움이 없지 않아요. 그대 자신도 그대의 행위나 행동에 대해 지금 후회하고 있겠지만. 나는 그대와 달리 끝까지 이성적으로 대처하려고 하였지만, 그대와 마찬가지로 그들을 설득하지 못했어요. 판결 권한을 가지고 있는 배심원들에게 여러 번 말했어요. 여러분이 내 일에 관심을 갖기 전에 먼저 스스로를 돌아봐, 정말이지 가장 선량하고 가장 지혜로운 사람이 되어달라고. 또한, 평생토록 아테네를 위해 정의롭게 살아온 내가 왜 이런 대접을 받아야 하느냐고.

아무개 저 역시 제 도시국가의 부정부패와 싸우기 위해 평검사 시절부터 혼신의 힘을 다해 왔습니다. 저도 늘그막에 왜 이런저런 푸대접을 받아야 하느냐고, 생각했습니다. 헌법재판관들에게 내가 시민들이 선택한 참주로서 헌정을 유린할 아무런 이유도 근거도 없다고 그렇게 설명해도 아무런 소용이 없었지요. 한번 형성된 여론은 결론이 되어버려 움직여지지 않게 되지요. 테스형의 경우는 재판의 결과가 어땠나요?

테스형 배심원 평결이었는데, 예상보다 표차가 적었지요.

아무개 저는 만장일치로 파면되고 말았어요.

테스형 나는 그때 죽었지만 그대는 끝까지 살아남아 자신이 행한 일의 의도를 충분히 설명하고, 자신을 방어하면서도 잘못된 점이 인정된다면 당당하게 반성하는 모습을 보이는 것이 좋을 것이오. 물론 재야에 있으면서도 그대는 그대의 도시국가를 위해, 도시국가의 시민을 위해 더 헌신할 기회가 있을 것이오. 삶과 죽음이 어디 별개의 것이겠소이까? 죽음이 있어 삶이란 게 있고, 또 죽음은 삶으로부터 이어온 것 아니겠소이까? 죽음이 꿈 없는 잠을 자는 것과 무엇이 다르리까? 한편으로, 삶은 잠 없는 꿈을 실현하는 행위의 집합이 아니겠소이까? 그러면, 나는 기도하리다. 그대의 앞날을 위해 신에게 기도하리다. 건투를 비오.

아무개 지금으로선 제 앞날의 일은 저도 잘 알 수가 없습니다. 우리 모두가 경험해 왔듯이, 정치는 언제나 럭비공 현실을 만들어오지 않았습니까? 제가 앞으로, 어떠한 일이 닥친다고 하더라도 비굴하지 않고, 당당하고, 또 옹골차게 이 현실을 대처할 심산이요, 요량입니다. 여론이 저를 어떻게 옭아맬지 잘 알 수 없습니다만, 저 역시 삶과 죽음의 갈림길에 선 마음가짐으로 제게 주어진 난관을, 운명의 조건을 극복해 나아갈까 합니다. 테스형 어르신처럼 말입니다. 어쨌거나, 어르신께서 명계에서 복되게 영생하시기를 바라 마지않겠습니다.

나머지 말들

소크라테스가 신의 존재를 믿지 않아서 단죄되었다는 관념은 현대인들이 얼핏 이해하기가 어려운 부분이다. 그가 신의 존재를 믿었나, 믿지 않았나 하는 문제는 차치하고서라도 무엇보다 신의 존재를 믿고, 믿지 않고 하는 기독교적 관념을 받아들이는 데 익숙한 현대인으로서는 그리스적 무신론을 이해하는 것이 만만찮다. 우리가 소크라테스를 제대로 이해하려면, 시대적인 격절과, 신과 믿음에 대한 이질성과, 문화적 상대주의를 넘어서야 한다. 특히 문화가 문제다.

모든 문화가 다 그렇듯이, 그리스 문화는 이성적인 면과 비이성적인 면을 공유하고 있었다. 그리스를 비이성적으로 보자면, 그리스인들은 신을 뇌물로 매수할 수 있었으며, 신은 또 그들에게 광기의 선물을 주기도 했을 터다. 그리스 문화의 비이성적인 성격을 살펴보자면, 영감과 광기, 꿈과 해몽, 신탁과 예언, 신들림과 사로잡힘, 프쉬케와 다이몬 등의 개념과 떼려야 뗄 수 없는 관계를 맺고 있다. 그리스인들이라면 황금투구와 청동투구를 맞바꾸는 손해 보는 거래를 결코 하지 않았을 짓을 만약 누군가가 해버렸다면, 이것은 그리스인들, 혹은 그리스 문화의 비이성적인 측면이라고 말할 수 있겠다. 신이 인간에게 지혜를 빼앗은 결과다. 이처럼 인간은 본능과 분노와 고통과 쾌락에 지배를 받는다.

반면에 그리스 문화의 이성적 측면도 충분히 인정된다. 인간은 신이 아니라고 해도 지식과 이성을 넉넉히 가질 수 있다. 그리스의 위대한 현자들은 인간에게 숙고되지 아니한 삶을 두고 바람직한 삶이 아니라고 했다. 저 소크라테스와 플라톤과 아리스토텔레스는 그리스인들의 비이성적인 측면에 대해 지적인 언어로써 명료하게 설명하려고 했다. 이들은 그리스인들 사이로 헛되게 떠다니는 이성을 꾸짖었다. 감정이나 격정에 빠진 그 시대의 사람들을 가리켜, 잠자는 자, 얼빠진 자, 술 취한 자라고 비유하였다.

우리나라 최근 1년 수개월에 걸친 정치 상황을 살펴보자면 선과 악이 혼재되어 있어서 무엇이 선이고 무엇이 악인지 잘 구분되지 않는 면들이 있었다. 이를테면 선악의 무정부 상태랄까? 총선 때 손지갑 같은 명품 파우치는 크기나 액수로 볼 때 조무래기 악이었지만 마침내 거악으로 확대되어 버렸고, 대선 직후에 대규모의 거악인 대장동은 악의 목록에서 사실상 지워져 버렸다. 에릭 R. 도즈는『그리스인들과 비이성적인 것』에서, 악이 더 이상 초자연적이지 않다고 해서 덜 신비롭거나 덜 공포적인 것은 아니라고 했다. 영부인을 과녁으로 삼으면 대통령을 격발시킬 수 있다는 애초의 전략이 실현된 지금 이 마당에, 지금 바로 이 시점에, 어김없는 사실이 하나 남아있다. 정치와 관련된 모든 것을 선악으로 재단한다는 사실이야말로 가장 비이성적이라는 사실 말이다. 정치에는 선악도 시비도 없다. 오직 애증만이 있을 따름이다.

이제는 떠날 준비가 되었습니다. 나는 죽기 위해 떠나고, 여러분은 살기 위해 떠날 것입니다. 하지만 우리 중에서 어느 쪽이 더 나은 곳을 향해 가고 있는지는 오직 신 외에는 아무도 모릅니다. (박문재 역본, 현대지성, 59쪽.)

소크라테스는 법정에 모인 아테네 시민들에게 이와 같이 자신의 마지막 말을 남겼다. 공동체를 위한 공적인 유언이라고 해도 좋겠다. 오늘날에 청사에 빛나는 어록이다. 그가 이 어록에서 말한 신은 정의의 신일까, 아니면 역사의 신일까? 어쨌든 격정보다 이성을, 분노보다 자기성찰을 선호하는 사람들에게, 이 어록은 잔잔한 여운과 깊은 그림자를 남기고 있다.

살풍경한 정치 언어

이제는 꽤 오랜 세월이 물처럼 속절없이 흘러가고 말았다. 1979년이었다. 아마도 유월인 것 같다. 엄혹한 겨울공화국의 얼어붙은 언로를 틔운 정치 언어가 민의의 전당인 국회에서 울려 퍼졌다. 총선 지지율 1.1%로 승리한 신민당의 총재 김영삼은 대놓고, 말도 안 되는 유신체제와 박정희의 종신집권을 비판했다. 그가 내뱉은 정치 언어의 울림은 국민의 마음을 파고들었다. 일간지에 부분적으로 보도되었을 뿐, 야당 대표의 국회 연설문은 어디에도 소개되지 않았다. 오로지 『주간조선』에서만이 일부 삭제된 채 90% 정도의 전문이 발표되었다.

내 나이 스물두 살 때 일이었다. 울림과 감동을 넘어, 청춘의 영혼을 흔든 글이었다. 읽고 되읽고, 씹고 되씹기를 반복한 글. 그해 8월, 부산 구덕야구장의 뙤약볕 아래에서도 다시 읽은 시대의 명문이었다. 나에게 다가온 토픽 센텐스는 바로 이것이다. '나는 감옥에 가는 것을 결코 두려워하지 않는다.' 격동기의 물꼬를 튼, 역사의 흐름을 바꾼 이 연설문만큼 정직하고도 양심적인 정치 언어를, 나는 두 번 다시 접한 일이 없었다.

내가 교양 국어 분야의 시간강사를 하던 1990년대 초중반에 이것을 복사해 수업 시간에 학생들과 함께 읽을까 하고 생각했지만 정치적 편향의 논란이 있을 수 있어 그만두었던 그 주간지를 20년 정도 너덜너덜해진 채 가지고 있다가 언젠가 잃어버렸다. 내가 그 후에 교수가 되고 5년 동안 전국의 인터넷 헌책방을 수소문한 끝에 그것을 다시 사들였다. 10년 정도 이것을 가지고 있다가 또다시 잃어버렸다. 너무 자주 이사한 탓이었다.

주간지에는 야당 총재인 김영삼의 국회연설문 다음 장에, 그 당시에 집권 여당인 공화당 총재의 서리인 박준규의 연설문도 실려 있었다. 국회에서 그 다음 날에 행한 연설이었다. 그는 누군가의 말을 인용했다. 현대는 언어에 의한 대량 살상의 시대다, 라고. 김영삼의 정치 언어를 폭언으로 간주해버린 것이다.

이 문장은 반세기가 되어가는 지금에 이르러서야 나로 하여금 고개를 주억거리게 한다. 그래, 정치 언어야말로 대량 살상의 언어라고. 정치 언어가 갑질의 언어인 것은 어느 시대 할 것 없이 해당이 되지만 요즘처럼 오가는 말들이 칼날이 되고, 창끝이 되고, 도끼가 되어 사람들을 서로 마구 죽이는 것과 같은 때는 없었다. 지금처럼 혐오와 증오와 분노의 정치 언어가 횡행한 적이 있었나, 싶다.

막말이 진화한 가짜뉴스

정치인들의 막말은 어제오늘의 일이 아니다. 더불어민주당 사람들은 본래부터 막말의 전문가들이었다. 추미애와 정청래는 말할 것도 없고, 현직 대통령을 두고 살인자라고 고함친 전현희, 상습적 막말의 김용민……당은 달라도 진영이 같은 박은정이 강성 발언을 쏟아내는 것도 그들에 못지않다. 윤석열의 자멸적 계엄 이후에, 또 이재명 집권 이후에 그들의 말들은 한결같이 독해졌다. 물론 더불어민주당 사람들이라고 해도, 김진표나 정성호나 조정식 등과 같은 이들은 언어의 품격을 유지하고 있기에, 지도자로서의 품격도 유지되고 있다. 정치 언어의 쓰임새를 보면, 정치인 개인의 역량과 품위를 우리는 잘 알 수가 있다.

고대인들은 동서양 할 것 없이 정치를 일종의 '기술'로 인식했다. 서양에서는 약육강식의 상태를 벗어나 질서가 잡히고 안정된 공동체를 실현하기 위해 정치의 기술을 고안해냈던 것이다. 이 기술을 가리켜 고대 그리스어로 '폴리티케 테크네'라고 한다. 폴리티케 테크네 가운데 웅변술과 수사법은 남을 설득하는 수단으로 사용되어 온 것이다. 고성을 지르면서 윽박지름이 정치 행위가 아니라는 사실은 고대인들도 이미 알았던 것이다. 한편 동아시아에서는 '수명우천(受命于天)'이 지나치게 강조되었다. 하늘로부터 모든 명을 받는다. 동서양 역대급 독재자들이 유난히 '국민의 뜻'을 강조하는 점도 정치 이전의 미개 상태로 거슬러 올라가는 것에 다름없다. 지금도 우리나라에서는 저 국민의 뜻이 난무하고 있다. 하늘이니 운명이니 하는 것은 일종의 주술이다. 동양에서의 정치는 주술로부터 벗어나기 위한 '바른(正)' 길 찾기이다. 정치의 정(政)이 '바를 정(正)' 자에서 나온 것은 두루 알려진 바와 같다. 정치의 기술에는 시(詩)가 있다. 제왕된 자는 자고로 시를 지어 자신을 성찰하고, 또 신하들과 소통하려고 했다. 반면에, 주술의 정치는 지금도 행해진다. 촛불의 광장에 나온 군중이 박근혜의 머리 인형을 막대기 끝에 달아서 높이 치켜들고 나와 효수(梟首) 퍼포먼스를 벌인 일이 있었다. 이미지가 실재를 지배한다는 근대 이전 관념의 끔찍한 주술 정치는 이처럼 21세기에도 엄존하는 것이다.

언어가 사회의 실체를 구성하는 수단이라면, 이 수단이 없이 사람들의 정치적 삶은 결코 이어갈 수가 없다. 정치야말로 사회의 구성적 실체가 되는 이유다. 그 사람의 언어를 보면 그 사람의 인격이나 인품을 짐작할 수 있듯이, 그 사회의 언어를 보면 그 사회의 수준이나 민도(民度)를 가늠할 수 있다. 우리나라의 정치 수준은 우리 사회가 가진 정치 언어의 수준을 반영한다. 정치인들이 내뱉는 막말, 고성, 가짜뉴스, 혐오언어 등을 들어보면, 우리의 수준이 우리가 아직도 멀었다고 생각할 수밖에 없다.

그런데 막말과 가짜뉴스가 전혀 관련이 없는 개념인데도, 대체로 보아 막말을 해대는 사람이 가짜뉴스를 퍼뜨리고, 가짜뉴스를 퍼뜨리는 사람이 막말을 해댄다. 두 개념이 무슨 상관성이 있는지에 관해서는 앞으로 언어학과 사회학과 심리학 등을 엮어보려는 연구자들이 풀어야 할 과제가 아닌가, 한다. 어쨌든 막말과 가짜뉴스가 연계되어 있는 것은 맞는다.

벌써 이천수백 년 전의 일이었다.

공자도 제자에게 정치 언어에 대해 견해를 밝히기도 했다. 그는 정확성에 방점을 찍었다. 필야정명호(必也正名乎)라. 이것을 어떻게 번역하는 게 좋을까? 사람마다 많은 견해를 가지고 있을 게다. 나는 '반드시 이름(언어)을 반듯이 함인저!'를 제안한다. 반듯한 언어, 정확한 언어는 한쪽으로 치우치지 않는 중립적인 언어다. 한 예를 들어보자. 노란봉투법은 도대체 어떤 법인가? 한쪽은 '노동자우선법'이라고 하고, 다른 한쪽은 '파업조장법'이라고 한다. 중립적인 입장에서 내가 볼 때는 이 법은 악법이다. 악법도 법이니까, 지키라고? 이것은 장래의 '노사공멸법'이라고 명명하는 것이 적확하다고 하겠다.

특정 진영 발 가짜뉴스의 연원이 깊지만, 이것의 약발은 떨어지지 않는다. 이를 소비하는 사람들 역시 결코 지치는 법이 없다. 그것의 독성이 한층 세지기를 기다리고 있어서다. 예컨대 광우병 뇌송송, 박근혜 밀애설, 사드 참외, 최순실 재산 은닉 수조 원, 페라가모 생태탕, 청담동 술자리, 후쿠시마 생선회 등이 끊임없이 이어진다.

그런데 최근에 큰 게 터졌다.

현직 경찰관 백해룡이 국회에 나와 내란 자금을 마련하기 위해 윤석열과 김건희가 거대한 마약 사업을 했다고 증언했다. 이건 엄청난 국사 범행이다. 그러나 입증 자료가 하나도 없다. 이런 유의 밑도 끝도 없는 증언은 자신의 존재감을 높여 장차 개인의 정치적 영달을 꾀하려는 저의일 가능성이 높다. 지금이라도 입증 자료가 있다면, 당장 내놓아라. 국민의 명령이다. KH그룹 부회장 조경식이 국회에 나와 이재명 죽이기를 폭로하면서 검찰개혁의 불쏘시개가 스스로 되려고 했다. KH그룹는 바로, 그가 회사에 입사한 적도, 급여를 받은 적도 없다고 말했다. 한 언론도 그의 정체성에 대해 이렇게 조사했다.

더불어민주당의 검찰개혁 '불쏘시개'가 된 '자칭' KH그룹 부회장 조경식 씨가 사기 전과만 9범인 것으로 확인됐다. 사기 외 절도와 장물취득, 변호사법 위반, 사문서위조 전과도 있는 것으로 나타났다. (매일신문, 2025. 9. 14.)

이것뿐만이 아니다. 조경식은 올해 초에 동거녀를 흉기로 폭행하기도 했다. 그리고 돈을 뜯어냈다. 이런 유의 사람에게서 정치적으로 유리한 증언을 들으려고 국회에 모셨다는 서영교는 또 어떤 유형의 인간상일까? 그는 조희대와 한덕수 등의 4인이 비밀 회동을 가졌다는 거악의 가짜뉴스도 확대 재생산했다. 부승찬도 맞장구쳤다. 물론 다 그런 건 아니지만, 운동권 출신과 군 출신은 생각이 굳어져 적과 동지의 논리에 익숙해져 있다고 해도, 이건 해도 너무 하다. 적과 동지 이전에 국민을 먼저 생각해야 한다. 국민의힘에서는 보다 못해 이 두 사람을 가리켜 '지라시하청 남매'라고 맹비난했다.

진실과 진리에 근거를 둔 정확한 언어는커녕 사악하고 간악하게 위조된 언어로써 세상의 질서를 어지럽히려는 정치인들이 설쳐대는 한, 바람직한 공동체의 실상을 구성하기란 무척 어려울 것이다. 찔러보기 식의 의혹 제기는 인권 침해다. 국민의 대표라고 해서 남의 인권을 함부로 침해해도 좋다면, 국회의 정치 언어는 시장의 우상으로부터 영원히 자유로울 수 없을 것이다. 그냥 시장의 우상이 아닌, 도떼기시장의 우상 말이다. 미국에서는 가짜뉴스를 두고 '페이크 뉴스(fake news)'라고 한다. 또 '페이크 스마일(fake smile)'라는 단어도 있다. 가짜 미소니까, 쓴웃음이다. 가짜뉴스는 씁쓸한 가짜 미소를 부른다.

나는 현금의 정치 언어에 대해 내 생각 그대로를 말하고 싶다. 실명까지 거론하면서 말이다. 법무부 장관 때처럼 '내 명(命)을 거역한다'는 식의 추미애, 상대의 말이 끝나면 '얻다 대고 감히……' 식의 김용민, 천방지축 '아니면 말고' 식의 서영교·최혁진 등이 국민의 진정한 대표에 걸맞게 언어를 순화해야 한다. 목소리 힘 좀 빼고, 조곤조곤하게.

이순신 어법을 배워라

나는 최근에 유튜브를 통해 대중을 대상으로 강의를 했다. 대상은 이순신 장군이 남긴 유일한 시조 한 편이었다. 이를테면 '한산섬 달 밝은 밤에……'로 시작하는 시조다. 초등학생들도 읽는 고전 작품이다. 그는 기질적으로 근심 걱정이 많았고, 체질적으로는 음식을 먹어도 소화가 잘되지 않았다. 어쩌다가 소주 한 잔씩은 했을 테다. 1595년 8월 15일 일기에, 으스름 달빛이 다락방을 비추니 잠을 이룰 수 없어 밤새도록 휘파람을 불면서 시를 읊조렸다, 라고 적었다. 이런 일들이 적지 않았을 것으로 보인다. 그는 1598년에 수군 본부가 있던 한산도에서 잠을 이루지 못했다. 이때 시조 한 수를 지었던 것으로 보인다. 정조 때 간행된『이충무공전서』에 이런 기록이 남아있다.

한산도(閑山島), 월명야(月明夜), 상수루(上戍樓),

무대도(撫大刀), 심수시(深愁時),

하처(何處), 일성강적(一聲羌笛), 경첨수(更添愁)

　우리가 잘 알고 있는 이순신의 시조를 한역한 것으로 충분히 짐작된다. 내용도 거의 비슷하다. 한산도 달 밝은 밤에 수루에 올라 큰 칼을 어루만지면서 깊이 시름할 때 어느 곳의 일성강적은 오히려 시름을 더하네. 호가(胡笳)니 강적이니 하는 것은 오랑캐 산 관악기를 가리킨다. 피리형이 아니라 나팔형이다. 이것은 진시황 때, 혹은 그 이전에 서역에서 유래된 악기다. 서역은 지금의 신장 위구르 자치주에서 우즈베키스탄에 이르는 중앙아시아 지역권에 속한다. 그래서 오랑캐를 의미하는 호(胡)니 강(羌)이니 한다. 일성강적(일성호가)를 두고, 다들 '한가락 피리 소리'라고 하지만, 이는 잘못된 해석이다.

　인용한 글이 보다시피 한문으로 기록되어 있지만, 본디 텍스트는 한글 시조라고 본다. 이것이 사람들의 입에서 입으로 구전되어 조선 후기의 시조집에 실리게 된 것이다. 이 시조의 제목을 「한산도 월명야」라고 부르는 것이 좋을 것 같다. 수루는 성을 지키는 누각(다락방)인데, 근현대의 용어로는 적정을 관측하는 '망루'다. 그럼, 시조의 원문을 살펴보자. 장별이 아닌 구별로 배행한다.

한산섬 달 밝은 밤에
수루에 혼자 앉아

긴 칼 옆에 차고
깊은 시름하던 차에

어디서 일성호가는

남의 애를 끊나니

이 시조에 관한 얘깃거리는 종장에 집중되어 있다. 앞서 말한 호가는 오랜 세월에 걸쳐 우리나라에 토착화되었다. 점잖은 국악 용어로는 '태평소'요 통속적인 명칭으로는 '날라리'다. 이것은 음의 높이가 높고, 음량이 크고, 음감은 맑고 가볍다. 언행이 가벼운 사람을 가리켜 날날리라고 하는 것도 음감의 가벼움에 기인한다. 깊은 밤중에 날날리를 부는 무명의 병사는 이순신 휘하의 나팔수다.

전투 의욕을 고취하기 위해 나팔을 불거나 큰 북을 친다. 지금의 야구장에서 누군가가 큰 나팔을 부는 것도 이런 이치다. 날라리 소리는 지금도 신민요풍의 트로트 가요에서 곧잘 이용되기도 한다. 날라리, 대금, 가야금 소리 등은 가장 한국적인 정서를 자극하는 악기인데, 특히 날라리는 비감을 자극한다.

남의 애를 끊다니?

이 시조의 화자는 이순신인데 왜 '나'의 애를 끊느냐고 말하지 아니하고, '남'의 애를 끊느냐고 했을까? 애는 간장의 토박이말이다. 그래서 애간장이라고도 한다. 애를 끊는다는 것은 극한의 슬픔을 가리키는 이른바 죽은 은유, 즉 관습적인 은유다. 한자어로는 단장(斷腸)이다. 대중가요의 제목 중에서도 '단장의 미아리고개'가 있지 않나?

이순신 장군은 미지의 병사에게 묻는다. 너는 내 마음을 어찌 알고, 하필이면 슬픈 곡조를 연주하느냐, 고. 왜 나의 애가 아니고, 남의 애인가? 시의 화자인 장군은 자기감정을 타자화한 것이다. 나와 남의 경계를 해체한 것이다. 말하자면 서정시의 최고 경지인 주객일체, 물아일여, 혼융여일이다. 장군은 한시도 적지 않게 지었다. 일기문, 보고문 등의 산문도 썼다. 무인으로서는 최고의 문인이었다.

오늘날 정치인들 중에서 자기감정을 객관화하고 타자화하는 이, 과연 몇 명이나 될까? 나의 감정과 남의 감정의 경계를 해체하면서 일체화시키려고 노력하는 이, 그 얼마일까? 자기감정을 객관화하고 타자화하지 못하기 때문에, 막말이 일상화되고, 가짜뉴스가 횡행하는 거다. 막말과 가짜뉴스가 정치 언어, 정치 문화로 자리를 잡고 있는 게 안타깝다.

최근에 심리학자이자 뇌과학자인 미국인 이선 크로스가 간행한 『감정의 과학』이 한국어판으로 번역되었다. 그는 감정을 가리켜 이성의 반대말이 아니라, 감정이 인지요 정보라고 본다. 감정이 가진 인지와 정보는 함부로 버릴 수 없다. 그는 감정전환법을 강조한다. 그에 의하면, 부정적인 감정을 벗어나려면, '나'를 '너'로 전환하는 순간의 상황을 객관적으로 직시해야 한다. 요컨대 자기감정을 이기려면 1인칭 시점이 아닌 2인칭 시점에서, 나를 봐야 한다. 이순신 장군이 나의 애가 아니고, 남의 애를 말한 것처럼. 이순신의 어법을 배워야 살풍경한 정치 언어를 순화시킬 수 있다.

최근의 일이다. 여당 국회의원들이 상대 당의 국회의원 보좌관의 실명을 거론하면서 공격하면, 210만 명의 조회수에 6천 넘는 악플로써 협공하는 지지자들이 음습한 익명 공간에서 설쳐댄다. 내란당 보좌관 눈깔 보소. 관상은 과학이다. 이들은 도대체 무엇을 얻으려고 이러나? 무명의 악대원 병사와도 감정적으로 소통하려고 한 이순신 장군의 인품을 과연 알고나 있을까?

여담 : 송희립과 송영길

이순신 장군은 부장들과도 늘 소통했다. 일방적인 명령보다 참모들의 조언에 늘 귀를 기울였다. 그의 리더십이 예사롭지 않음을 보여주는 대목이다. 특히 송희립과는 조일전쟁 7년 동안 생사고락을 함께했다. 송희립은 형 대립과 아우 정립과 더불어 이순신 부대의 일원으로 참전했다. 전남 고흥 출신의, 이 여산 송씨 3형제의 전공은 이루 말할 수가 없다. 송희립 장군은 이순신 장군이 노량해전에서 전사할 때도 지근의 위치에 있었다. 그는 전쟁이 끝난 후에 양산군수와 전라좌수사를 역임했고, 전쟁이 끝난 지 12년 후인 1610년에 세상을 떠났다. 그가 세상을 떠날 즈음에, 저승문 안팎에서 나라의 운명을 걱정했던 이순신 장군의 혼백을 애타게 찾았을 것이다.

더불어민주당 대표를 지냈던 송영길은 전남 고흥 출신으로서 송희립 장군의 후손이라고 알려져 있다. 내가 광주와 전남에 사는 지인들에게 팩트 체크를 의뢰해 보니, 그는 송희립 장군의 방계 후손이다. 3형제의 맏이인 송대립 장군의 직계 후손이라고 한다. 송대립은 도원수 권율의 휘하에 있었는데 권율 부대에서 백의종군하던 이순신과 만나 이순신이 3도 수군 통제사로서 다시 전열을 가다듬을 때 송대립이 합류한 것 같다. 그는 정찰 전문이었다.

어쨌든 송영길의 생김새를 보면, '압인지상(남을 압도하는 관상)'이요, 전형적인 '무골상'이다. 그의 6남매 중에서 4남매가 고시에 합격했다. 내가 알기로는 그의 아들도 판사로서 재임하고 있는 것으로 안다. 전남 지역의 새로운 명문가가 아닌가, 한다. 그가 일이 잘못되어 옥살이를 하다가 지금은 보석의 몸으로 풀려났지만, 언젠가는 정치를 재개하리라고 본다. 그가 다시 정치를 시작할 때, 보수 애국 세력의 후손답게 보수의 가치를 이해하는 진보 정치인으로서 거듭났으면, 한다.

어릿광대가 '찧고 까부는' 세상
―쓴웃음의 정치학

여러분, 안녕하십니까? 지금부터 연예인의 정치 성향에 관한 말씀을, 두서없이, 생각나는 대로 드릴까, 합니다. 연예인은 연희예술인에서 나온 말입니다. 요즘에 와서는 예능인이라고 하는 용어가 부쩍 많이 쓰이고 있습니다. 이른바 '엔터테이너'니 하는 외래어도 곧잘 쓰이고 있고요. 전통 사회에서는 광대(廣大)라고 불렀지요. 이 말은 신분제 사회에서는 멸칭이었지만, 지금의 예능인은 대중의 우상으로 선망되고 있는 직업이 아닌가요?

저에게는 연예인 하면 가장 먼저 떠오르는 이가 있어요. 멀리서 보면 희극이요, 가까이서 보면 비극이라고 말한 사람. 오래 살다 보면 오래 살수록 고개를 주억거리게 하는 어록이지요. 인생에서 희비극이나 행불행은 어차피 종이 한 장의 차이에 지나지 않지요. 그는 희극인 찰리 채플린입니다. 그가 살던 시대에 수많은 대중이 그를 열광했지만 우당탕하기만 했지만, 한편으로 사색의 깊은 맛이 없어서 비평가들로부터 비판을 당하기도 한 그의 코미디. 하지만 저는 '레트로(복고) 감성'으로써 그의 초기 영화가 세월이 지날수록 높은 평가를 받게 되리라고 예상합니다. 그의 코미디 영화는 「황금광 시대」와 「모던타임즈」와 「위대한 독재자」에 이르러 전무후무한 빛을 발휘합니다. 황금에의 욕망, 자본주의의 산업 구조, 전체주의와 정치권력 등의 문제에 대하여 비판적인 태도를 보여준 그는 한 시대의 진정한 광대였지요.

그가 훗날에 정치적 마녀사냥인 매카시즘의 선풍으로 인해 미국에서 추방되었잖아요? 하지만 정치적으로는 정치인 매카시가 예술인 채플린에게 잠시 이겼어도, 영원히 이긴 게 아니잖아요? 진정한 승자는 채플린의 희극 예술이에요. 지금 채플린을 기억하지, 누가 매카시를 기억합니까? 권력은 짧고, 예술은 깁니다.

희극 예술인뿐만 아니라 연예인 전체를 가리켜 광대라고 이릅니다. 지금의 배우와 가수까지 포함하는 개념이지요. 광대는 전통적으로 가면극, 인형극, 줄타기, 땅재주, 판소리 따위를 하던 직업적 예능인을 통틀어 가리키던 말입니다. 지금의 가수는 소리광대에, 오늘날 코미디언이나 개그맨은 희자(戱子)에, TV에 출연하는 탤런트는 글자 그대로 재인(才人)에 해당되었지요. 광대에서 재인에 이르기까지, 누가 보아도 멸칭의 어감을 주는 말들이에요. 하지만 성장하는 세대로부터, 광대에 해당하는 연희예술인은 오늘날에 가장 선망하는 직종으로 대접을 받습니다. 연예인의 인기는 하늘을 찌른다고 해도 과언이 아니지요.

광대는 정확한 어원이 알려 있지 않습니다. 하지만 넓고도 크다는 의미의 한자를 가지고 있지요. 넓은 광 자에, 큰 대 자. 실제로 연예인은 전 세계적으로 넓고도 큰 영향력을 가지고 있어요. BTS의 경우를 보십시오. 세계적으로 얼마나 넓고도 큰 영향력을 가지고 있습니까? 과거에는 광대를 두고서라도 가치의 경중을 나누곤 했지요. 공식적인 분류법은 아니지만, 큰광대와 새끼광대, 얼럭광대와 어릿광대, 어전광대와 또랑광대, 정작광대와 막간광대 등으로 나누어집니다. 앞엣것들은 앞엣것끼리, 뒤엣것은 뒤엣것끼리 서로 통하는 낱말들입니다.

지금의 광대인 엔터테이너 중에서도 희극인들이 정치적인 발언을 곧

잘 합니다. 배우는 극본에 따라 말하고 연기하고, 가수는 노랫말과 멜로디에 맞춰 노래하고, 연주자는 악보를 보고 연주하지만, 희극인은 상황에 따라 언술하거나 수용자의 요구에 따라 언행과 연행과 실행이 중시되지요. 시의성과 즉흥성은 기본이지요.

공길과 신불출의 차이

한자어로 배우는 배(俳)와 우(優)로 나누어진다고 해요. 배인은 희극배우요, 우인은 비극배우라고 해요. 내가 이것을 어디선가 보았는데, 기억이 잘 나지 않아요. 그런데 이 얘기가 과연 근거가 있냐, 하는 것이 문제예요. 영화「왕의 남자」에 나오는 공길은 역사적으로 실존 인물인데요, 실록인『연산군일기』에서는 그의 신분을 '우인(優人)'이라고 했어요. 그는 연산군 시대에 한낱 배우로서 할 말을 해서, 정치적인 비판 발언으로 인해 유배형을 당했지요. 실록에 적힌, 그에 관한 기사(기록)는 다음과 같습니다.

先是優人孔吉作老儒戲曰殿下爲堯舜之君我爲皋陶之臣堯舜不常有皋陶常得存又誦論語曰君君臣臣父父子子君不君臣不臣雖有粟吾得而食諸王以語涉不敬杖流遐方

—연산군일기, 1505. 12. 29.

공길은 임금 앞에서 연행하는 소위 어전광대입니다. 그 시대를 대표하는 최고 광대였겠지요. 그에 관한 기사는 실록에 딱 한 번 등장합니다. 위에 인용한 글 그대로입니다. 그가 늙은 선비 역을 맡아서 극중의 임금에게 말합니다. "전하는 요순이옵고, 신은 고요(皋陶)이옵니다. 이상적인 제왕인 요순은 늘 존재하지 않지만, 이상적인 신하인 고요는 언제든지 있습지요, 공자님이 『논어』에서 말하기를 임금은 임금다워야 하고, 신하는 신하다워야 하고……. 그렇지 아니하면, 곡식이 있어도 어찌 밥을 먹을 수 있으리까?" 재위 말기의 연산군은 공길의, 이 같은 언행 및 연행이 자신을 풍자한 것임을 알고, 불같이 화를 낸 후에 곤장을 쳐 유배를 보냈지요. 공길은 임금 앞에서 연기 한 번 잘못해 낭패를 당한 거죠.

이 비슷한 얘기는 신라 때도 있었습니다. 신라 경덕왕은 초라한 행색의 충담사를 불러서 향가 「안민가」를 짓게 합니다. 이 노래의 내용 역시 임금은 임금다워야 하고, 신하는 신하다워야 하고……입니다. 노래의 핵심적인 메시지는 '아아, 임금답게 신하답게 백성답게 한다면 나라가 태평할 것이옵니다(後句君如臣多支民隱如爲內尸等焉國惡太平恨音叱如).'에 있습니다. 뒤집어놓고 말하면, 작품의 주된 뜻은 경덕왕의 시대가 태평하진 못한 건 임금이 임금답지 못하고, 신하가 신하답지 못하고, 백성이 백성답지 못하다는 데 있었죠. 이 비판을 신라 경덕왕이 겸허하게 수용했지만, 폭군 연산군은 발작적으로 반응했지요. 이 대목에서 경덕왕과 연산군의 그릇 크기가 달랐다는 것을 잘 알 수가 있습니다.

요컨대 공길은 진정한 의미의 광대였습니다. 폭군의 면전에서 우회적인 비판을 감행할 수 있었음도 정작광대의 기개가 아니면 못할 일이었겠죠. 대부분의 어릿광대는 아첨의 언행 및 연행을 일삼았겠지요. 나는 실록의 기록자가 공길을 두고 '우인(優人)'이라고 한 사실에 주목합니다. 배우라는 말에서, 배(俳)가 희극배우, 우(優)가 비극배우라고 하는 사실은 (전혀 아니라고는 단정하지 못해도) 근거가 부족하다고 봅니다. 글자의 됨됨이, 즉 자원(字源)을 유추해 보면, 배는 익살꾼이요, 우는 느릿한 걸음걸이의 광대입니다. 한자 우(憂)는 근심, 걱정의 뜻을 가지지만 '더 낫다'의 의미도 부가됩니다. 이런 점에서 볼 때, 배는 어릿광대(새끼광대)요, 우는 얼럭광대(큰광대)입니다. 그러니까 권력에 대해 아첨하면 어릿광대요, 권력을 비판하면 얼럭광대입니다.

　실록이 공길을 가리켜 배인이라고 하지 않고, 우인이라고 표기한 것은 괜한 우연의 일치만은 아니라고, 저는 봅니다. 채플린이 히틀러라고 하는 절대 권력자를 비판했듯이, 실록 기록자는 폭군 연산군에 대한 광대 공길의 참(정작) 용기를 높이 산 거지요. 그의 성이 공(孔) 씨인지도 모르겠습니다. 만약 그랬다면, 그가 공자의 어록을 인용한 것에서 볼 수 있듯이, 비록 천민이었지만 그는 공자의 후예임에 대한 자긍심도 가졌을 겁니다.

　일제강점기와 해방기에 살았던 희극인 신불출은 그의 이름과 비슷이, 신출귀몰의, 불세출의 광대였지요. 그는 1905년에 개성에서 태어났습니다. 극단의 수습생으로 입단하기 위해 일찍 상경했대요. 뛰어난 말솜씨로 세태를 풍자하는 데 탁월한 재능이 있어, 세 치의 혓바닥으로 장안을 웃음의 도가니로 만들었다지요. 세종로의 부민관, 종로의 단성사, 을지로의 황금좌 등을 옮겨 다니면서 한 시대의 만담꾼으로 활약했다죠.

　그는 일제강점기에 일본 경찰의 감시를 받다가, 해방 후 새로운 세상을 맞이함으로써 마치 물 만난 물고기처럼 활동합니다. 이제 그의 혀는 좌익 성향의 정치적 발언들을 무수히 쏟아냅니다. 대중에게 소소한 일상의, 잗다란 웃음을 선사하는 혀가 아니라, 정치적 목적을 가진, 입 속의 검은 혀라고 하겠네요. 해방기의 좌우익은 친공과 반공, 친탁과 반탁으로 나누어졌습니다. 그때 남한 좌익의 책동은 북로당의 지령 아래, 치밀한 공작에 따라, 선전과 선동의 거센 바람을 타고 모든 것이 이루어졌습니다. 신불출 역시 언행이 독자적인 아이디어에서 나온 게 아니고, 또 그의 연행이 모의와 계략의 그물망 속에 미리 짜여 있었겠지요.

　태극기 중앙의 붉은빛은 이북 공산주의이고 파란색은 이남 파쇼예요. 이북은 하늘이요, 이남은 땅이에요. 하늘에서 비가 내리면 땅은 젖잖아요? 만약 저 태극기에 물을 뿌리면 어떻게 될까요? 빨간색 물이 쭈욱 흘러내려 파쇼를 뒤덮을 겁니다. 그 주변의 4괘는 승전국인 소련과 미국과 중국과 영국이에요. 남북으로 분단된 우리 민족은 숙명적으로 이 네 나라의 신탁통치를 받게 되어 있어요. 안 그래요?

이때 객석에 숨어 있던 우익 청년들이 동시에 무대 위에 뛰어올라 '태극기를 모독하지 말라!' 하면서 뭇매를 가합니다. 신불출은 여자 화장실로 도망치고, 무대에서는 좌우익 청년들이 난투극을 벌입니다. 애국 청년 몇몇이 그의 뒤를 쫓아가 치명타를 가하려고 했으나, 경찰이 출동하는 바람에 청중 속에 숨어듭니다. 태극기를 모독한 사건으로 인해, 그의 서울 공연은 끝이 납니다. 그는 감쪽같이 월북합니다. 그리고 한국전쟁이 발발하자 문화선전대의 책임자가 되어 서울에 재입성하게 되지요. 다시 인민군이 국군과 유엔군에 의해 밀리자, 우리는 평양을 점령합니다. 종군하던 반공학생들이 선무공작대로서 평양에 머물 때 수옥동 88번지 신불출의 집을 합숙소로 사용합니다. 다시 국군이 후퇴할 때는 학생들이 벽에다 글을 써 놓고 철수해요.

'신불출, 보아라! 너의 원수들이 왔다 간다.'

그는 전쟁 이후에 북한에서 최승희급의 예술인으로서 대접을 받았지만, 거듭되는 숙청의 정치 격랑의 선을 결국 넘지 못하고 1962년에 이르러 공직을 박탈당하고 협동농장으로 쫓겨나지요. 연산군 시대의 공길처럼, 그 역시 유배로써 인생의 종막에 이릅니다.

그러나 두 사람에게는 결정적인 차이가 있습니다.

공길이 정작광대라면, 신불출은 어릿광대였지요. 앞에서도 말했지만, 광대도 둘로 나누어져요. 새끼광대와 큰광대 말이에요. 새끼광대는 굉장히 오랜 연원을 가지고 있어요. 고려속요 「쌍화점」에 '삿기광대'란 낱말이 나옵니다. 새끼광대가 초장이나 막간에 등장해 여흥을 이어주면서 바람몰이 역할을 한다면, 정작광대는 무대나 마당의 본바탕을 장악해갑니다. 새끼광대를 두고 어릿광대라고 해요. 반면에 큰광대를 가리켜 얼럭광대나 정작광대라고 해요. 토박이말 '정작'은 주로 부사로 자주 쓰이는데, 여기에서는 요긴(要緊), 진짜를 가리키는 명사예요. 정작광대는 마당(무대)에 정작 나서야 할 광대지만 참고 기다릴 줄을 아는, 애증을 드러내지 않고, 관용하면서 기회를 살펴보는 큰광대예요.

정치 편향의 연예인들

현대 사회에서 어릿광대와 얼럭광대의 적례를 두고 유신 말기와 전두환 시대의 두 희극인의 경우를 들 수가 있습니다. 김희갑은 잘 알려진 바와 같이 박정희의 총애를 크게 받았지요. 그는 궁정동의 안가 모임의 큰광대였지만, 내용상 전형적인 궁중의 어릿광대 같은 존재였죠. 이 모임도 대소사가 있었다고 해요. 운명의 10 · 26은 소사(小事)였던 모양이에요. 그가 사회를 본 모임이 아니었기에 말이에요. 박정희가 그를 평소에 얼마나 믿었으면, 청와대에서 장영자와 비밀 맞선을 본 얘기도 했대요. 임자, 내가 말이지 이규광 처제와 청와대에서 만난 적이 있었는데, 나는 말이야 교태를 부리는 여자는 싫어. 그는 몇 년 후에 전두환이 레이건을 만나지 못해 안절부절못하고 있었을 때, 미국 교민 사회의 위문을 위해 공연을 하면서 외교의 바람잡이 역할을 했다고 해요. 희극인 김희갑은 인품이 좋은 사람이었지만, 두 권력에 봉사한 연예인인 건 사실이었지요.

반면에 이주일은 전두환 시대에 TV 출연이 허용되지 않았지요. 권력 아래의 신군부가 한 일로 알려져 있습니다. 대신에 그는 정치적으로 엄혹한 시기에 밤무대의 스타로 활약했어요. 전두환 정부는 한국 사회의 모습을, 민주주의의 거짓된 모습으로나마 보여주기 위해 통행금지부터 해제했어요. 이 덕분에 밤무대 산업이 번창해요. 카바레도 활성화되었고요. 대중가요도 왜색 '부루스'가 판을 쳤지요. 1980년대 주현미의 노래가 대체로 그랬어요. 이주일에 관해서라면, 구전에 의하면 이런 밤무대의 희언(戲言)이 있었다죠.

안녕하세요. 여러분들. 하늘 여기저기에 연들이 날고 있습니다. 하늘 높이 아름답게 펄럭입니다요. 이 연, 저 연이 있구요, 또 그 연도 있습지요. 턱이 긴 연도, 손이 큰 연도 있구요. 까짓것 머리까진 놈도 있다구요,

이것은 이순자와 장영자와 전두환을 풍자한 익살적인 희언이에요. 밤무대에 술 마시러 온 사람들은 박장대소를 했다지요. 여기에까지 감시의 눈길이 미칠 수가 없어서였겠죠. 정보력마저 전혀 예상치 못한 곳인 밤무대는 엄혹한 시대의 카타르시스 현장에 다름이 없었죠. 밤무대는 통금 해제와 밤무대의 모순이 만든 각별한 향유 공간이었지요. 엄혹한 시대인 겨울 공화국에 권력을 풍자한 것만을 두고 볼 때, 이주일은 시대의 어릿광대는 정녕 아니었죠. 그는 돈도 많이 벌었고, 또 번 돈을 사회를 위해 많이 쓴 것으로 알려져 있어요. 근데, 전두환이 권좌에서 물러난 이후에는 두 사람의 개인적인 친분이 확인되기도 해요.
이주일 이후에 연예인들이 정치적으로 민감한 발언을 삼간 측면이 없지 않았습니다. 2008년 광우병 파동 이후에 연예인들의 정치 발언이 사회적인 이슈가 되기 시작합니다. 이때 연예인들이 적잖이 동참했지요. 대표적인 발언은 영화배우 김민선의 발언이었지요. 광우병 소고기를 먹느니, 차라리 청산가리를 마시겠다나요, 어쨌다나요? 벌써 17년이 지나도 아직 광우병 피해 사례가 보고되지 않고 있지만, 이것을 두고 백 퍼센트 독극물인 청산가리로 비유한 것에 정치적인 의도가 개입되지 않았

다면 어떻게 달리 설명이 돼야 하나요? 이 청산가리는 집단 광기를 조장한 가짜뉴스라는 점에서 관동대지진 때 조선인이 우물에 독극물을 넣었다고 해 학살한 괴담과 비슷한 수준이라고 하겠습니다. 참으로 말조심해야 합니다.

정치인과 연예인의 합성어인 '폴리테이너'라고 하면 가장 먼저 떠오르는 이가 김제동이 아니겠어요? 그는 연예인 중에서도 막연하게 방송인으로 분류됩니다. 그를 두고 스탠드업 코미디언이라고도 불리기도 하지요. 노무현의 노제(路祭)에 사회를 본 이후에 급격히 정치적으로 편향화되었죠. 노제에 사회가 있다는 것도 좀 이상하네요. 그를 가리켜 토크쇼의 말솜씨가 뛰어나다는 호평도 있고, '입만 열면 거짓말'을 한다는 악평도 있습니다. 그에 관한 대표적인 거짓말 논쟁은 군인 시절에 4성 장군의 부인을 몰라보고 '아주머니'라고 했다가 13일간 영창에 갔다는 얘기. 참말을 입증하지 못해 모두 거짓말이 되는 것은 아니지만, 공인으로서 '웃자고 한 일에 죽자고 달려들면, 답이 없다.'라고 하는 논리로 자신을 방어해서는 안 된다고 봐요. 그는 2016년에 최순실 시국사건으로 인해 수십, 수백만의 인파가 촛불을 밝히면서 광화문으로 모여들 때 전방위로 활약합니다. 최순실의 진실 공방이 이어지고, 박근혜가 탄핵을 당하고, 조기 대선으로 문재인이 대통령이 되는 과정에서, 그의 거짓말은 없던 일이 되고 말았어요. 세인으로부터 관심도 멀어졌답니다. 태블릿PC가 그의 위기를 구했다는 얘기가 있지요.

미국인들은 거짓말에 대해 도덕적으로 엄격하대요. 뻔뻔한 거짓말쟁이 힐러리보다는, 천박한 막말꾼 트럼프를 더 선호한 것은 2016년 대선 결과에서 보면 잘 알 수가 있지요. 미국이 공정한 절차와 합리적인 수단을 소중하게 여기지만, 우리에게는 이보다 결과와 목적을 중시하는 경향이 있다는 얘기가 있습니다. 우리는 난세를 거쳐 살아오면서 일단 혼자서라도 살고 보자는 식의 심리가 앞섰지요. 우리도 이제 미국처럼 과정 중심의 생각 틀로 전환할 때가 아닌가, 합니다.

연예인의 정치 개입은 가면 갈수록 심화되고 있습니다. 왜 그런가, 하고 생각을 해 보게 되지요. 대중의 인기를 고려하면서 살아갈 수밖에 없는 연예인이 좋은 이미지를 위한 자기관리로 인해 다수의 힘 쪽으로 휩쓸려 가려고 하는 경향이 있는 게 아닌가, 해요. 연예인의 정치 개입은 비상계엄 직후인 작년 12월에 이르러 정점을 찍었습니다. 집회 현장 동참, 시국선언, 금전 기부, 집회 선결제 지원 등의 형태로 이루어졌지요. 여기에서 특이한 사실은 집회 현장에 연예인이 시위 군중을 위해 먹거리나 따뜻한 음료를 선결제로 지원하는 방식입니다.

어쨌든 연예인의 정치 개입은 표현의 자유로 존중됩니다만, 공인으로서 이에 따른 책임도 질 줄 알아야 합니다. 자신의 인기를 위해 시세의 흐름에 지나치게 영합하려고 하면, 속이 빤히 보이는 게 아닌가, 의심하게 돼요. 연예인들이 정치적인 한쪽으로 쏠리는 것은 썩 개운치가 않습니다. 정치적 올바름이야말로 현실의 귀환이 아닐까요? 오프라인 토크쇼를 할 때 부조리극에서나 엿볼 수 있는 초현실적인 블랙 유머를 느끼는 사람도 없지 않을 겁니다. 즐거운 웃음이 아니라, 쓴웃음 같은, 억지웃음 같은.

왜 연예인들의 정치 성향은 한쪽으로만 쏠릴까요? 나는 보수다, 라고 말하는 배우와 가수와 희극인은 극히 드물지요. 보수와 진보의 경계를 넘어서 현대사에서 가장 위대한 연예인은 주지하듯이 히틀러를 비판한 찰리 채플린과, 박애와 봉사의 오드리 헵번이 아닙니까? 우리식 표현이라면, 위대한 광대들입니다. 이들의 넓은 전파력, 큰 영향력은 온 세계를 울렸습니다. 정치 편향을 넘어선 인간미, 인류애가 대중의 마음속에 울림을 줍니다.

그런데 20여 년 전 즈음에 한류의 문을 활짝 연, 그래서 수백 명 외교관도 하지 못한 일을 한 배용준이나, 사회에 선한 영향력을 끼치기를 바란다고 한 BTS는 왜 정치 개입의 발언을 자제하고 있을까요?

　전통 사회의 얼럭광대는 권력을 풍자하고 조롱하기도 하였지만, 또 자신의 목숨을 보존해야 했습니다. 적어도 중립을 지켜야 할 때 나대지 않고 자중할 줄 아는 광대가 얼럭광대입니다. 반면에 세상의 변화에 민감하게 반응하면서 한쪽을 편들기 위해 '찧고 까부는' 광대가 바로 어릿광대입니다. 얼럭광대는 지도자적 품격의 광대예요. 최고의 재벌이 초청해도 거부할 줄 아는 가수, 건국 대통령 기념관을 세우겠다면 국민통합을 위해 수천억의 재산을 내놓겠다는 배우가 진짜 광대, 정작광대가 아닐까요? 이런 얼럭광대, 정작광대는 제 스스로 태어나는 것이 아니라, 우리 스스로가 만들어갑니다.

　연예인들, 방송인들, 문화예술인들 모두가 정치적인 진영논리에 빠져 다들 권력의 편에 선다면, 국민은 어찌 될까요? 정신적으로나, 물질적으로 황폐한 삶의 터전에 설 수밖에 없을 것입니다. 지금 우리는 어디에 있나요? 어릿광대만이 찧고 까불고 있는 세상에 있습니다. 막후에 모습을 드러내지 않고 있다가, 나라가 어려울 때, 정작 나타나야 할 때, 나는 시국을 선언하는 게 아니라, 국민통합을 원합니다, 라고 말하는 광대가 나타날 겁니다. 이 시대는 정작으로 나타나야 할 광대가 나타나지 않은 시대입니다.

　하지만, 이제 제 얘기의 결론을 내릴 시점이 된 것 같습니다. 정치 편향의 연예인이 언행이 경박해 '찧고 까부는' 어릿광대에 비유된다면, 국민 통합을 원하는 연예인은 정작광대, 즉 글자 그대로 '넓고도 큰' 뜻을 가슴에 품은 진짜 광대에 해당된다고 하겠습니다. 그럼, 제 얘기를 마치겠습니다. 들어주셔서 감사합니다.

선출권력의 상상계와 상징계

최근에 여당 측에서는 입만 열면 선출권력이다. 선출권력이 임명권력보다 우위에 놓인다는 논리야말로, 대통령에게 임명된 국무총리 위에 대통령이 있다는 점에서 틀림이나 흔들림이 없는 논리이다. 하지만 국회의원들이 선출권력이라고, 사법부의 수장인 대법원장까지 불러 이실직고하란 듯이, 또 국민이 보란 듯이, 무언가를 추궁해야 한다는 사실에는 좀 고개를 갸웃거리게 한다. 대법원장이 이 정도라면, 감사원장, 법원행정처장 등 다른 피감기관장들은 오죽이나 하겠나, 싶다. 지금 국회에서는 국정감사가 요란하게 진행 중인데, 수많은 사람들이 불려 나와 혼이 나고 있다. 한편으로는 그렇다. 국민의 대표면 국민의 대표지, 또 선출권력이면 선출권력이지, 국민의 대표라고, 또 선출권력이라고 누구를 국회에 오라 가라 하면서 자리에 세우거나 앉혀놓고 삿대질을 해대거나 고성을 질러도 되나, 싶다. 지금의 국회가 질이 낮은 건지, 질이 나쁜 건지 그 경계가 모호하다. 분명한 사실은 작금의 선출권력이 질이 그렇게 높지도, 질이 그다지 좋지도 않다는 것이다.

저질의 상상계

국정을 감사하고 있는 지금, 국회는 그야말로 난장이요, 아수라장이다. 국회가 이 정도의 수준이었나, 하는 생각은 예로부터 있어 온 경험이 반영된 것이기도 하지만, 지금과 같이 한겨울에 앙상한 가지만 남은 나목처럼 느껴지는 국회는 처음으로 경험하는 것 같다.

라캉의 이론에 따르면, 이른바 상상계다. 이것은 자아를 스스로 인식하지 못하고, 타자의 파편적 이미지를 통해 환상 속에서 온갖 것을 발견하려는 세계를 말한다. 이 세계에 나르시시즘과 자기기만이 넘쳐나는 것은 어쩔 수 없다. 마치 국회는 엄마 없이 못 사는 유아기의 유아와 같다. 생후 6개월에서 18개월까지의 유아에게는 엄마가 세상 그 자체다. 국회의 소위 선출권력이 권력 없이 못 사는 것은 마치 엄마 없이 못 사는 유아들이라면, 국회 회의장은 철모르는 상상계가 될 수밖에 없을 것이다. 외국의 한 라캉 연구가는 상상계를 가리켜 '망상적인 시도의 장'[1]이라고도 했는데, 이 개념은 우리 국회의 성격인 난장과 아수라장의 의미를 덧대거나 부가하는 적확한 표현일 성싶다.

작년 총선 때 해방 직후의 미군정 하에 이화여대생들이 미군에게 성상납을 했다고 주장한, 일반인보다 역사 지식이나 역사의식이 부족한 역사학자가 선출권력의 한 사람으로 국회에 들어섰다.

현직 경찰관이 윤석열 부부가 내란 자금을 마련하기 위해 마약 사업을 시작했다는 황당한 망상이 현실의 말처럼 들릴 수 있는 곳도 국회다. 이 말을 들은 상당수의 국회의원들이 쾌재를 불렀고, 대통령마저 크게 고무되었다. 마약 사업 수사는 백 아무개에게! 명령 체계를 무시한 위법의 특명으로 인해 당사자는 기고만장해 정신을 못 차린다. 정치경찰의 미

---

1 맬컴 보위 지음, 이종인 옮김, 『라캉』, 시공사, 2003, 140쪽.

래상을 슬며시 엿볼 수 있는 대목이다.

한 의원은 큰 소리로 말해야만 자신의 존재감을 발휘하고 있다고 착각하는 모양이다. 그는 친일과 전혀 무관한 대법원장의 면전에서 '조요토미 희대요시'[2]라고 하는 뜬금없는 조롱을 쏟아내고, 세상에 존재하지 아니하는 '나경원의 언니'를 소환하기도 한다. 이 헛다리 짚은 발언이 며칠 사이에 반복되는 것을 보아서, 그의 품위나 품격이 가짜뉴스의 상상계에 매몰되어 있거나, 상습적인 망상에 사로잡혀 있거나, 둘 중 하나의 경우에 포함된다고 할 수 있겠다.

요컨대 국회는 이와 같이 헛다리 짚는 모습을 더 이상 보여서는 안 된다. 상상계도 질의 높낮이가 있게 마련인데, 아무리 그래도, 저질의 상상력이 난무하는 데가 민의의 전당인 국회에서랴. 참 안타깝다. 민의의 전당이 난장, 막장, 아수라장, 망상적 시도의 장이 되어서야.

악질의 상징계

물론 국회는 상상계만 존재하지 않는다. 이보다 조금 엄숙한 세계인 상징계도 있다. 이 세계에는 구조화되어 있는 현상들의 질서가 엄존한다. 욕망이 구조화된 규범과 금기의 영역 위에, 지배적 위치의 사람들은 차마 범접조차 못할 권위의 표상을 세운다. 예컨대 전지전능하신 신의 뜻으로, 아버지의 이름으로, 국민의 명령으로, 라고 하는 권위의 표상 말이다. 작금의 선출권력은 모든 것을 '국민의 명령'으로 환원한다.

조금 전에 나는 우리의 정치 수준과 관련해 상상계의 질이 낮다고 했

---

2 대법원장 조희대와 임진왜란 최고 전범자 도요토미 히데요시를 합성한 패러디 조어. 두 사람의 사진과 그림도 합성했다. 일본에서 훔쳐 온 불상을 반환해야 한다고 결정한 대법원을 비판하기 위한 것인데, 조희대가 대법원장에 임명되기 이전의 일이었다.

는데, 한편으로는 상징계의 질도 나쁘다고 본다. 선출권력이 임명 권력에 대해 우위에 놓인다는 것도 국민의 명령이고, 계엄을 내란으로 규정하고, 내란을 종식하기 위해 윤석열 부부를 단죄하는 것도 국민의 명령이고, 검찰개혁과 사법개혁을 추진하는 것도, 국민의 명령이란다. 내란·단죄·입법 등의 단어야말로 지금 정권이 지닌, 지상과제의, 지선지미의 상징 언어다.

여기에서 가장 문제가 되는 것이 사법부를 겁박함으로써 이것의 독립성을 훼손하고, 마침내는 삼권을 장악하겠다는 의도의 성취라고 하겠다. 중세 유럽에 '3위1체'가 있음을 다들 들었겠지만, 현대 민주주의 국가에서의 '3권1체'라고 하는 개념은 아무도 들어볼 수조차 없었을 게다. 대법원의 대법관 수를 대폭으로 증원한다는 법안이 엊그제 발의되었다. 곧 세칭 '4심제'도 거론한다고 했다.

상징계는 고양이가 거울로 자신을 바라보면서 호랑이로 오인하는 것으로 비유될 수 있다. 지금의 선출권력이 자신들을 두고 호랑이로 과대평가하고 있다. 그러니, 무엇이든지 자신이 모든 것을 다 할 수 있다고 자신하는 것이다. 권위가 세워지는 만큼, 실상이 오인되는 만큼, 자유는 또 박탈된다.

지금 우리의 현실 정치나 정치 현실을 보면, 이것은 국민의 절반으로 하여금 숨이 막히게, 기가 막히게 한다. 네 면의 벽이 조금씩 좁혀오고 있다. 이 민주주의의 위기감 속에서 쾌재를 부르는 이들은 선출권력을 선출한 세력이다. 나는 이 세력을 반민주 세력이라고 본다. 이 세력의 정점에 '개딸'들이 있다. 이 시대의 개딸들은 신중국 문화혁명 때의 홍위병에 해당한다.

어찌 개딸 조무래기만 탓하랴. 엊그제 보도에 따르면, 헌법재판소장이 법원 재판도 헌소(憲訴) 대상에 포함돼야 한다는 취지의 발언을 했다.[3] 대법원판결도 뒤집을 수 있다는 것은 정치 재판의 길을 터주는 것에 다름 아니다. 숨이 막히고, 기가 막힌다. 권력의 논리에 입맛과 말맛을 맞추어줌으로써 퍽이나 미묘한 파장을 낳을 것이다. 이 난국에 말을 삼가야 한다. 최고 위치의 법조인이 저런 말을 함부로 해대니까, 국민이 나서서 앞으로 사법권 독립의 훼손을 막아야 한다는 것이다. 대법원의 최고 판결권은 헌법이 보장하고 있는바 엄연한 규범이요, 염연(恬然)한[4] 약속이다. 이 규범과 약속이 깨지면, 앞으로, 헌법재판소마저 선출권력 및 개딸들과 함께 손에 손을 마주 잡고, 서로 한데 엉겨 춤출 것이다.

　이런 시대 상황 속에서, 지식인들이 할 말을 해야 한다. 나라가 망하기 전에, 시대의 정직과 양심을 울리는 소중한 말들을 꺼내야 한다. 비유하건대, 말하는 행위는 숨 쉬는 것과 같다. 말마저 못 하면, 숨이 멎는다. 말결은 숨결이다. 말문이 막혀버린 구소련의 억압 체제하에서 쓴 반체제 작가 알렉산드로 솔제니친의 산문시 「숨 쉴 자유」 일부를 적어본다.

　　공기 속에 충만한 이 향그러운 내음을 무얼로 형언하랴. 내가 한껏 깊숙이 공기를 들여마시면 방향(芳香)은 온몸에 파고든다. ……이것이야말로 감옥이 우리한테서 빼앗아가는 단 하나의 가장 값진 자유라고 믿는다. 지금 내가 쉬고 있는 것 같이 마음껏 숨 쉬는 자유라고 믿는다. 지상의 어떠한 성찬(盛饌)도, 어떤 포도주도, 여인의 달콤한 키스도, 꽃들과 물기와 그리고 싱그러운 향기가 스며든 이 대기보다 달콤한 것은 내게 없다.[5]

　앞으로 3권이 하나로 모여 일체화되고 4심이 무슨 형태로든 실현되기만 하면, 이재명의 위법 역시 풀잎 위의 아침이슬처럼 사라져 버린다. 이런저런 뒷걱정을 남기지 않아서, 선출권력으로선 여간 깔끔하지가 않

---

3 조선일보, 2025. 10. 18. 참고.
4 욕심이 없이 마음이 흔들리지 아니하는 : 표준국어대사전, 참고.
5 『현대시학』, 1974. 5. 108~109쪽, 참고.

을 것 같다. 선출권력의 무소불위, 무소불능은 이처럼 한 사람을 위한 법까지 만들면서, 대한민국 전체를 송두리째 뒤흔들고야 만다. 뒤집어 놓고야 만다.

그러면 개인의 자유, 개개인의 자유가 시험대에 서게 된다. 권력이 사법을 장악하면, 독재 유사 체제로 한걸음 나아가거나, 저 중남미와 같은 '핑크 타이드'[6]에 빨려들거나 할 것이다.

또 그러면 향후, 때를 만난 선출권력은 저질의 야만 상태에서 악질의 부도덕 상태로 심화되어 갈 것이다. 간악한 저들은 우리를 저 밑도 끝도 없는 혼돈의 심연 속으로 향해, 퇴행의 나락으로 향해, 끌고 내려갈 것이다.

정당과 갱단

현대 정치는 정당 정치요, 대의 정치다. 고대 그리스의 폴리스, 즉 도시국가가 아니고선 직접민주주의를 실현할 수가 없다. 지금의 선출권력은 자신이 선출되었음도 부정한다. 이 모순을 설명할 길이 전혀 없다. 이들은 직접민주주의의 결과를 배경으로 한 당당한 혁명 세력으로 착각한다.

당(黨)과 갱(gang)은 무리를 이룬다는 점에서, 서로 통하는 개념이다. 당이 국리민복을 위해 활동하면 정당이 되고, 당이 당리당략을 추구하면 갱단이 된다. 국회의 공간을 대유하는 단어가 '마룻바닥'이다. 갱단

---

6 '핑크 타이드(pink tide)'는 글자 그대로 분홍 물결을 가리킨다. 급진 사회주의가 레드(적색) 타이드라면, 온건(연성) 사회주의는 핑크 타이드다. 1990년대 후반의 중남미 국가들이 온건 사회주의로 잇따라 좌경화되었다. 4반세기가 지나면서 좌파 포퓰리즘이 경제를 악화시키는 결과를 가져왔다. 지금은 연쇄적인 우경화의 조짐이 보여주고 있다는 점에서, 블루 타이드라고 하는 용어가 고개를 들기 시작하고 있다.

같은 당들이 서로 부딪치면 마룻바닥은 깽판이 되고 만다. 추미애 법사위원회는 국회에서도 가장 악명 높은 깽판 소집단이다. 돌이켜보면 선출권력이 마룻바닥에서 정상적인 의정 활동을 애최 했더라면, 군중 권력이 길바닥에 나와 생업에 종사할 여력을, 으라라차, 소모해야 할 이유가 있었을까?

라캉 이론으로 다시 돌아가 보면, 상상계는 이미지를 통해 세상을 인식하고, 상징계는 언어를 통해 세상을 인식한다. 그렇다면 실제계는 어떻게 세상을 인식하려 들까? 실재계에서는 객관적인 사실확인, 물(物) 자체, 진실 추구의 정신 등을 통해서 세상을 인식한다. 선출권력이 환각과 망상과 편견과 우상의 늪에서 벗어나 국리민복을 분명하게 지향해야 한다는 뚜렷한 동기와 지향점을 가질 때만이 실제계에서의 올바른 정치를 실현할 수 있다고, 나는 본다.

이제 선출권력은 자신들의 모습을 되돌아봐야 한다. 자신들이 더 이상 임명 권력의 상전이라고 생각하지 말고, 깽판을 치는 갱단처럼 굴지 말고, 저 '조요토미 희대요시'의 상상계를 넘어서야, 또 '국민의 명령'이라는 상징계로부터 빠져나와야 '국리민복'으로의 실제계로 향해 되돌아갈 수 있을 것 같다.

선량을 통해 본 선출권력

과거 한때, 국회의원을 두고 선량(選良)이라고 비유했지만, 지금은 이 말이 거의 쓰이지 않는다. 국어사전에도 국회의원의 별칭이라고 소개되어 있다. 뛰어난 인물로 뽑힌 사람이라는 점에서, 장차관 이상의 고위관료나, 각 분야의 전문성을 지닌 공공기관장, 선출된 지방단체장도 넓게 포함된다고 할 것이다. 한자로 이 선량은 선량(善良)으로 연상되며, 우리 전통 사회에서는 현량(賢良)이라고 이름되기도 했다. 나라의, 없어서는 안 될 인재요 엘리트인 선량은 보통 사람에 비해 특출나게 모범적인 사람이었다.

학식과 덕행이 이미 검증된 뛰어난 사람들인 선량을 제도화한 것은 지금으로부터 거의 2천 년 전의 시대인 한나라 때였다. 고대 중국에서 지방의 인재가 천거되어 중앙에서 일을 할 수 있는 기회를 부여했다. 과거의 선량과 가장 유사한 개념은 요즘 부쩍 자주 사용되고 있는 소위 '선출권력'이다. 국민이 선거를 통해 직접적, 또는 간접적으로 선출한 권력을 의미하며, 대한민국에서는 국회의원이 대표적인 사례라고 할 수 있다. 가려서 뽑은 뛰어난 인물이라는 점에서 과거의 선량과 지금의 선출권력은 서로 통하는 개념이다.

하지만 어감의 차이는 분명히 있다. 선량이 '현량방정(賢良方正)'이라고 해서 도덕성과 공정성이 강조되어 있다면, 선출권력은 국민이 선거를 통해 권력을 위임한 결과로서, 대표성과 책임성이 더욱 강조된다. 선량이 존경의 의미가 담긴 용어라면, 선출권력은 쟁점이 내포된 용어다. 이것을 두고, 최근에 부쩍 말이 많아졌다. 주권재민의 민(民)이 직접 선택한다고 해서 선출권력이 헌법이나 법률에 따라 임명되는 임명권력보다 권력의 우위에 놓이는 것은 전혀 아니다. 도리어, 선출권력과 임명권력이 서로 견제하면서 균형을 유지하는 것이 민주주의 시스템의 핵심 원리다.

얼마 전에 장관급의 방통위원회 위원장이었던 이진숙이 사실상 쫓겨난 직후에 경찰에 체포되었다. 재직할 때 공무원으로서 정치적 중립을 지키지 않은 발언 때문이었다나? 법원은 며칠 만에 체포영장을 기각했다. 그가 주장한 말에 의미가 없지 않아 보인다. 전과 22범의 행정부가 전과 0범의 자신에게 수갑을 채웠다고. 사람들이 모두 놀랐을 게다. 뭐라고, 국무회의 위원들의 전과 총량이 22범이나 돼? 물론 민주화 운동의 전과는 빼야 한다. 그래도 그렇지, 시정의 잡범과 뭐가 달라 하고, 놀란 사람들이 적지 않았을 게다.

장차관이건 국회의원이건 공공기관장이건 나라를 위해 일하는 사람들은 도덕적인 흠결이 없어야 한다. 우리나라 지자체 선거가 처음으로 도입되어 실시되던 1991년의 일이었다. 풀뿌리 민주주의라고 할 수 있는 도의원 선거도 있었다. 충청북도 도의원 등록 후보자 411명 중에서 194명이 전과자였다. 백분율로 따지면, 전체의 47%에 이른다. (『인사이더월드』, 1992, 2, 142쪽, 참고.) 거의 절반이었다. 이와 관련해서 이듬해에 '부도덕한 전과자들을 선량으로 뽑을 수 없다'라는 제목의 글이 발표되기도 했다. 이로부터 34년이 지난 지금까지도 전과자 얘기가 왜 나와야 하는지 모르겠다. 정치검찰이 그 '누군가(이재명)'에게 정치적인 치명타를 가하려고 했다는 증언의 '말씀'을 경청하기 위해, 최근에 국회의원들이 사기 전과만 9범인 사람을 국회에 불렀다. 한마디로 말해, 세상에 이런 블랙 코미디는 없다.

오늘날의 선출권력이 옛날의 제도에 못 미친다는 생각을 떨칠 수가 없다. 중국 한대(漢代)의 선량제나, 조선시대의 현량제가 오히려 지금보다 더 낫다. 나라의 인재가 현량방정하지 아니하면, 다시 말해, 나라 곳곳에 선량 대신에 잡배(雜輩)로 가득 채운다면, 베네수엘라로 향해 빠르게 가는 전용 비행기에 대한민국을 태우는 격이 될 것이다.

자유의 역설과 광장의 역설

나는 어느 날에 조금 시간을 내서 국립중앙도서관에서 책을 한가하게 읽었다. 나야말로 인문학을 공부하는 사람인데, 요즈음 왜 그렇게 사회 문제, 정치 문제에 관심을 가져야 하는지 모르겠다면서, 속으로 투덜거리고는 책 두 권을 선택했다. 하나는 대출을 신청했고, 다른 하나는 개가식 서재에서 뽑아 왔다. 제목은 각각 '자유의 역설'과 '광장의 역설'이었다. 다른 책을 봐야 했기에, 통독이 아니라 발췌독을 하기로 했다.

먼저 본 『자유의 역설』은 문학평론가 염무웅의 저서. 그는 독문학을 전공하는 교수이었지만 우리나라 문학의 현장비평가로서 이름이 더 잘 알려져 있었다. 나와의 인연은 전혀 없다. 30여 년 전에 공식적인 자리에서 내 이름을 대고 꾸벅 인사한 적이 있었다. 나는 열아홉의 나이인 1976년에 그가 막 간행한 얇은 비평집 『한국문학의 반성』(민음사)을 읽은 적이 있었다. 거의 반세기 전의 아련한 기억이지만, 이상(李箱)에 대한 비판적 시각이 신선했다. 그가 현실주의 비평가로서 대중에게 문명을 떨치기 시작할 무렵이었다.

그는 문학비평 이외의 시사적인 글을 쓰기도 했다. 2000년대 초반에서 2010년대 초반까지의, 비교적 짧은 글들을 모아 산문집의 형식으로 간행한 것이 바로 『자유의 역설』이었다. 내가 이 책에 손이 간 이유는 간결하면서도 뜻이 있어 보이는 제목에 있었다. 하지만 그는 꼭 집어서 '자유의 역설'의 뜻에 관해 굳이 말하지 않았다. 독자들이 알아서 판단하라는 얘기다. 그는 4 · 19 이후의 대학재학 시절에 자유의 공기가 캠퍼스에 넘쳤음을 느꼈다고 한다. 그는 이 시절에 얻은 자유의 자양분을 가지고 평생을 살았다. 그런데 그가 살아오면서 자유가 절대 가치가 아니라 상대 가치임을 성찰했다는 얘기다. 미국에서도 자유를 둘러싸고 보수와 진보가 개념 전쟁을 벌이고 있다고 했다. 그는 이라크를 침공한 부시 대통령이 가장 좋아한 낱말이 자유였다고 한다. 이 대목에 자유의 역설이 있다고, 그는 넌지시 지적한다. 그가 만약 최근에 이 책을 냈다면, 계엄(내란)을 일으킨 자가 가장 좋아하는 단어가 다름 아닌 자유라고 강변했을 것이다. 다음의 인용문은 그가 한겨레신문 2002년 11월 10일 자에 발표한 글의 일부이다. 지금으로부터 23년 전에 발표한 글이다.

　국민의 5% 정도 된다는 부유층은 하늘 무서운 줄 모른다는 듯이 공격적인 사치에 몰두하고 있다. 문제는 오늘의 다수 시민계급이 5% 부유층의 형태와 의식을 추종하면서 자신의 사회적 정체성을 옳게 투시하지 못하다는 데 있다.

　자본주의 사회라면 5% 정도의 부유층이 있게 마련이다. 심지어는 사회주의인 중국도 마찬가지다. 이들의 공격적인 사치에 대한 근거도 마련하지 않고, 입증할 자료도 없이 마구잡이 식의 주장만 하게 되면 해방 직후의 북한 사회에서 반동 지주를 척결하자는 것과 무엇이 다르냐, 하는 거다. 그의 글 행간에서 우리의 지나친 자유가 우리를 결국 이 꼴로 만들었다는 듯이 얼비쳐 오고 있다. 그의 저서 『자유의 역설』에서 자유의 역설이 빚어낸 참혹한 결과를 구체적으로 드러낸 부분이 많지는 않다. 딱 하나 굳이 골라내라면, 앞 인용문이 아닌가, 한다.

나는 그의 저서에서 다음의 글들을 주목했다.

그는 「천안함의 미로」(2010)에서 북한의 어뢰 공격을 믿을 수 없다고 대놓고 말하고 있다. 민관 합동 조사 결과에 의하면, 천안함의 격침 이유가 북한의 어뢰 공격 때문이라는 발표를 했지만, 의문을 해소하는 데 기여하기보다는 '우리'를 더 복잡한 의문의 미로로 인도하고 있다고 했다. 그럼, 어떻게 말해야 믿을 수 있나? 이때 우리는 누구인가? 아무리 보수와 진보를 갈라치기 한다고 해도, 그 우리는 국민의 일부에 지나지 않을 것이다. 이 일부는 우리나라 군이나 정권이 자행한 조작, 그러니까 자작극이라고 해야 의심의 여지도 없이 믿을 수 있을 것이다. 꼭 그런 믿음을 통해 얻을 수 있는 실익이 과연 무엇인지가 사뭇 궁금하다.

같은 해의 글 「명실(名實)이 어긋난 시대에」(2010)에서는 용산 철거민 참사에 대한 사회의 심각한 균열을 말하고 있다. 불을 질러 참사를 낸 철거민들을 가리켜 그가 테러리스트, 개발 이익에 눈먼 이익집단이 아니라 평범한 이웃이라는 지적에 대해서는 대부분의 사람들이 동의할 것이다. 그런데 염무웅의 말마따나 만약 그들이 시대의 의인이라고 한다면, 대법원이 왜 징역형을 확정했나가 문제다. 정의가 주관적, 선택적이라면, 법적 판단은 객관적, 실증적이다. 정치적 가치가 실정법 위반을 결코 넘어설 수 없다.

일본의 원전 결사대에 대한 불편한 진실을 어떻게 받아들여야 하나? 2011년에 일본의 쓰나미 재난은 뉴욕 쌍둥이빌딩 테러에 못지않은 충격이었다. 사고 현장에 투입된 결사대, 작업자 대부분은 처자식 없는 계약직 직원으로서 불과 1만 엔의 일당을 받은 사람들이라고 한다. 나도 과문한 탓에 이게 정확한 정보인지는 알 길이 없다. 그렇다고 치자. 문제는 생사의 갈림길에 선 그들을 보면서 계층 불평등을 자극하는 게 과연 온당하냐는 거다. 진실에 대한 문제는 초미의 현안을 극복한 다음에 놓여있다. 당면한 초미의 과제 앞에서 이러쿵저러쿵해도 되나? 그것이 궁금하다.

그의 「강정마을이 우리에게 뜻하는 것」(2011)은 자유의 역설을 최대한
으로 보여준 일을 소재로 한 글이다. 정치외교적으로는 꽤 민감한 문제
다. 제주도 강정마을의 해군기지 문제를 친미적 시각에서 봐야 하느냐,
친중국적 시각에서 봐야 하느냐가 쟁점인 듯하다. 나는 단호하게 말해
이것을 우리의 시각에서 봐야 한다고 본다. 이것은 명백하게도 한국 문
제인데 왜 친중국적 시각에서 봐야 하나? 진보 진영이 늘 얘기하는 그
'내재적 접근법'은 어디에 가 있나?

두 쪽 난 광장이 보인 부조리극

국제 분야의 전문 기자로서 2010년대 세계 도처에서 발생한 대규모
시위, 이를테면 2010년의 튀니지 청년의 분신자살에서부터 2020년 홍
콩의 '우산 운동'에 이르기까지의 일들을 취재한 빈센트 베빈스는 이 경
험을 바탕으로 해 한 권의 책을 냈다. 한국어판 제목은 '광장의 역설'이
다. 이 책에 우리나라의 상황도 짤막하게 소개되어 있다. 대부분의 대규
모 시위가 실패로 끝났다. 지도력 부재의 수평주의가 원인이라는 거다.
이에 비해 한국은 이것으로 인해 재미를 좀 보았다. 물론 제한적이긴 하
지만.

베빈스의 예외적 사례인 한국은 냉전의 최전선에서 탄생한 국가이었
기 때문에, 사회주의자 정적들과 경쟁할 필요도 없이 당파적 민주주의
만 지속적으로 실천해 왔다. 정치 개입이 일사불란한 까닭이다. 베빈스
는 반독재 시위와 상관없이 발생한 대규모 시위를 두고, 2008년 광우병
시위로 꼽았다. 그는 이 시위를 '대안 세계화 운동'의 일환으로 보았다.
베빈스의 관점이라면, 우리의 세 차례 대규모 시위는 외국 사례의 한계

인 수평주의를 넘어섰음을 반증한다.

광우병 파동 때로 돌아가 보자. 아닌 게 아니라, 나는 시위 군중들이 터무니없는 공포심을 자극하면서 이명박을 하야시키려고 했으나, 사실은 목적을 이루지 못했다고 본다. 지금도 광우병에 걸리지 않은 소고기를 안심하고 먹는다는 점에서, 그 당시의 시위 목적을 이루었다고 보는 사람이 많지만, 이렇게 생각하는 사람들은 정말 가슴에 양심의 손을 얹어야 한다. 정직함만이 현실을 타개할 수 있는 유일한 도덕적 힘이라서다. 정직함이 없이는 앞으로의 난국도 타개할 수 없을 것이다. 이 시위는 8년 후에 박근혜와 최순실의 불법적 관계를 항의하는 시위로 이어진다. 보수는 당이 분열하면서 스스로 와해되고 말았다.

베빈스는 2016년 대규모 시위가 대통령의 탄핵을 가져왔다는 점에서 '좁은 의미의 성공'이라고 규정한다. 하지만 그는 또 8년 후의 대규모 시위인 2024년 시위는 성공했다고 보기 어렵고 했다. 이 대목에서 그의 시각이 매우 뜻밖이라는 생각이 든다. 그 이유는 '악화일로의 불평등, 엘리트 중심의 권력, 부패'의 극복을 수행해야 하는데 문재인 정부도 성공을 거두지 못했고, 이재명 정부도 결코 쉽지만은 않을 것이라는 사실을 염두에 둔 것 같다. 한국 엘리트의 반발, 지정학적 현실, 전 지구적, 신자유주의적인 자본 체제 등을 이유로 제시하고 있다. 우선은 적절한 지적이 아닐 수 없다.

나는 이보다는 광장의 성격에 있다고 본다. 세 차례의 광장은 획일적이다. 권력의 하야가 목적이었다. 한 번은 실패했고, 두 번은 성공했다. 하지만 이 성공들은 연쇄적인 성공을 보장하지 못했다. 광장의 성격은 모두 동일하다. 군중이 모이고, 거리에 연희적 퍼포먼스가 이루어지고, 가짜 뉴스가 흩어진 낙엽처럼 광장을 휩쓸고 다닌다. 가장 부도덕한 가짜 뉴스의 예는 박근혜가 최순실의 아버지와 관계를 맺었고, 최순실의 이혼한 남편과도 관계를 맺었다는 것. 가짜 뉴스도 상식이 통해야 한다.

그런 관계라면 그와 최순실이 왜 가까운 사이여야 하나? 사생활의 비밀을 위해 멀리해야 되지 않겠나? 어쨌든 간에, 대통령이 두 번이나 탄핵이 된 데는 보수적인 당의 분열이 결정적이었다. 지금은 대통령들의 잘못된 나무가 눈에 들어오지만, 탄핵이 된 이후의 10여 년이 지난 연후의 후일담 및 정국(政局) 동향을 전체적으로 조망할 수 있는 숲이 눈에 들어와야 제대로 된 역사적 평가가 가능해진다. 미네르바의 금눈쇠올빼미는 어둑해질 저물녘의 박암(薄暗)에야 비로소 이성과 지혜의 날개를 펴기 시작한다.

무엇보다도 촛불혁명이 빛의 혁명이 되려면 대통령 탄핵 이후가 월등히 나아져야 한다. 문재인 정부는 그렇지 못했다. 이재명 정부는 검찰개혁이니 사법개혁이니 하면서 처음부터 삐걱대고 있다. 누구를 위한 개혁인가가 분명해야 하는데, 검찰개혁은 노무현 죽음에 대한 보복의 성격이 강하고, 사법개혁은 현직 대통령의 사법 리스크를 원천적으로 봉쇄하려는 의도가 뚜렷하다. 광장을 성취하고도 민주주의의 발전을 기약하지 못하면, 이 광장은 역설의 광장, 모순의 광장, 부조리의 광장이 될 수밖에 없다.

우리 촛불혁명의 한계는 비록 수평주의를 넘어설 수 있었지만 정치권의 권력의지와 연계되어 있어 순수한 시민 운동이 되지 못했다는 데 있다. 순수한 민주주의를 위한 사회 운동이 아니라, 첫 번째(2008)와 두 번째(2016)는 누군가를 퇴위시키려는, 세 번째(2024)는 누군가를 옹립하려는 저의로 인해 순수성을 가장한 비순수의 정치 운동으로 인식될 수밖에 없었다. 우리식의 광장의 역설이다.

나는 무엇보다도 2024년 이후의 광장이 더 문제적인 것은 대안 광장, 대항 광장이 등장했다는 데 우려하지 않을 수 없었다. 우리에게는 이제 광장의 땅이 두 쪽 나고 있다. 앞으로는 도심의 하늘도 두 쪽이 날 것이다. 두루 알다시피, 군중과 권력이 만나면 소위 '군중권력'이 된다. 군중은 권력에 맹종하고, 권력 또한 군중을 고무한다. 우리의 광장은 늘 채우면서 비워진다. 채움과 비움은 앞으로도 되풀이될 것이다. 채움과 비움, 성취와 좌절, 진실과 허위, 개혁과 반동의 틈새에는 늘 역설의 긴장감이 감돌 수밖에 없다.

우리 사회가 보여준바 길바닥 위의 분열상은 우리 자신의 암울한 자화상이다. 굳이 시비를 가리자면, 둘 다 옳은 것도, 둘 다 그른 것도 없다. 다 옳다는 데 더 이상 말을 해 무엇하랴. 의사소통은 의사소통의 가능성을 가진 사람들끼리 가능하며, 언어유희는 언어유희를 받아들이는 사람들과 즐거움을 공유한다. 거대한 무대가 되어버린 광장에는 아이돌이 스스로 어릿광대가 되어 돈을 펑펑 쓴다. 국회의원들이 드나드는 의사당 광장 앞에서, 군중은 노래한다. 국회에서, 뉴스공장에서는 소통과 불통이 첨예하게 날을 세우는 블랙 유머나, 기이한 것에 열광하는 막장 언어유희가 넘쳐 난다. 인간 조건의 본질적인, 존재론적인 모순을 보여주는 부조리극이 아닐 수 없다.

민주주의와 능력주의의 관련성

최근에 미국의 좌파 지식인인 마이클 샌델이 포럼 참석차 방한해 한겨레신문과 인터뷰를 가졌다. 그는 저서 『정의란 무엇인가』라는 밀리언셀러로 우리에게 잘 알려져 있다. 당해 신문 2025년 9월 14일 자에, 그의 인터뷰 기사문은 한 면을 거의 채웠다. 지면의 머리를 장식한 표제는 '민주주의의 위기…양극화·불평등 낳는 능력주의 폭정 끝내야'이다. 능력주의가 민주주의의 위기를 불러오고 있다는 뜻으로 바특이 다가온다. 미국의 능력주의 시스템 속에서 하버드대학교 종신교수로 재직하고 있는 그가 이런 말을 하는 것을 보니까, 흔히 쓰는 말로 '불편한 진실'이란 표현이 저절로 떠오르지 않을 수 없다.

그가 말한 민주주의의 적확한 의미는 무엇이었을까?

그는 영어로 '데모크라시'라고 했을 테다. 이것은 고대 그리스어로 '데모크라티아'에서 온 말이다. 이것은 한편으로 민주주의를 가리키며, 다른 한편으로 '민중정치'를 뜻한다. 짐작하건대 그가 말한 데모크라시는 이 대목에서 민중정치를 염두에 두고 말했을 것이다. 그러니까 능력주의는 민주주의의 위기라기보다 민중정치의 위기라고 보는 게 맞는다. 능력 중에는 타고난 생득의 능력도 있고, 노력을 통해 얻은 학습의 능력도 있다. 능력 그 자체가 문제라면, 누가 앞으로 노력하려고 하겠나? 앞에서 베빈스도 한국 사회의 문제 중의 하나를 가리켜 엘리트 중심의 권력등이라고 했는데, 최근의 대통령 일곱 명을 두고 보자. 두 명이 고졸 출신의 대통령이었으며, 그밖에는 고학생, 실향민 가정, 소년공 출신의 대통령이다. 샌델이 능력주의 폭정을 가리켜 무엇을 의미하고 있는지는 잘 모르겠지만, 더욱이 양극화와 불평등의 원인이 여기에 있다는 게 또 무엇을 의미하고 있는지도 잘 알 수 없다.

한마디로 말해, 양극화는 능력주의에 원인이 있는 게 아니라, 양극화를 늘 부추기고 있는 정치 세력의 탓에 생긴 사회 현상인 것이다. 또한 평등–불평등은 뜬구름 잡는 얘기에 지나지 않는다. 우리 사회의 문제점은 불평등에 있지 아니하고, 불공정에 있다고 하겠다. 모든 사람은 생긴 모습이 같지 않고 가지고 있는 능력도 각자 다른데, 어찌 평등하다고 할 수 있겠나? 반면에 공정–불공정의 문제는 현실을 개선하자는 얘기다.

용어라는 게 그때, 그때마다, 또 문맥에 따라서 서로 다르게 받아들이기도, 쓰이기도 한다. 예컨대 고대그리스어 '티라노스' 역시 때로 '참주(僭主)'로 번역되기도 하고, 때로는 '폭군'으로 번역되기도 한다. 샌델이 말한 평등은 동등이 아닌지 하는 생각의 여지가 남는다. 불평등한 것이 반드시 부동등(不同等)한 것은 아니다. 평등하다는 것이 하나의 이상적 상태를 지향하는 것임에 비해, 동등하다는 것은 기회를 똑같이 보장한다는 것을 의미한다. 어감의 차이를 적극적으로 고려할 때, 샌델이 말한 애초의 부동등이 번역 과정에서 불평등으로 해석된 게 아니냐고 조심스럽게 생각해 볼 수가 있다.

사회적 불평을 가진 사람들이 가지고 있는, 쉽사리 바꿀 수 없는, 뿌리 깊은 관념이 불평등이라면, 내게 유리하게 사회 시스템이 작동만 하게 되면 모든 게 공정하다고 인정할 수밖에 없는 유용한 개념이 바로 불공정이다. 우리 사회가 이 유용성을 살리고 되살려 나아가야 한다.

내가 이제껏 샌델의 인터뷰 내용에 대해 딴지를 걸었지만, 그가 제시한 대안 공동선의 개념에 대해선, 폭넓은 공감을 표하지 않을 수 없다. 부자에게 중과세할 게 아니라 '분배적 정의'를 넘어서, 사회적으로 존중을 받을 수 있도록 '기여적 정의'를 적극적으로 유도해야 한다. 이것이야말로 포괄적인 조건의 성숙한 사회가 품을 수 있는 분배 가치, 즉 평등성이라고 하겠다.

역사를 바꾼 가짜뉴스
—광장을 휩쓴 그해

이명박 정부가 출범하자마자 서울의 광장은 난리가 났었다. 석 달 열흘 동안 여기저기에서 촛불집회가 열려 통제 불능의 상태가 되고 말았다. 시작부터 촛불에 데고야 만 새 정부였다. 전무후무한 화상(火傷) 정부라고 할 수 있었다. 촛불집회의 도화선이 된 것은 MBC가 제작한 PD수첩 때문이었다. 2008년 4월 29일에, MBC는 '긴급 취재 미국산 쇠고기, 과연 광우병에서 안전한가?'를 방송했다. 과학적인 진실을 차치하고서더라도 사회적인 파장이 엄청나게 컸던 방송이었다. 방송의 주된 내용은 다음의 네 가지 사안이었다.

①주저앉은 소가 광우병에 걸릴 가능성이 크다.
②미국인 누가 인간광우병으로 사망했을 가능성이 크다.
③한국인이 광우병에 걸린 쇠고기를 먹으면 인간광우병 걸릴 확률은 14%다.
④정부는 이런 사실을 몰랐거나 알면서도 은폐, 축소했다.

이 방송이 나간 이후에 분노한 시민들이 들끓었다. 이때 촛불을 치켜든 시민들 중에서 거짓말을 참말로 알았다면 비교적 순수한 시민들이라고 하겠다. 한편 MBC의 보도가 거짓말임을 알고서도 다른 목적을 마음에 품고 거리를 휩쓴 시민이라면 정치적으로 불순한 시민들이라고 할 수 있다. 한 여배우는 미국산 쇠고기를 먹느니, 차라리 청산가리를 마시겠다고 했다. 연예인 등의 유명인의 한마디 말은 불 위에 기름을 붓는다. 이때부터 긴 시간의 재판이 벌어졌다. 결국에 MBC가 승리했다. 대법원은 표현의 자유에 방점을 찍었다.

거짓이 진실을 이긴 것이다.

하지만 대법원은 MBC 측의 무죄를 판결하면서도 문제가 된 보도가 '허위 보도'임을 적시했다. 허위 보도란, 다름이 아니라 가짜뉴스다. MBC도 문제의 보도에 대해 방송이 나간 지 3년 5개월 만에 공식적으로 사과했다. 그럼에도 찜찜하게도 개운치 못한 뒷맛을 남긴 것은 사법부가 피해자들의 명예를 회복시켜주지 못한 점이다. 아무리 표현의 자유가 기본권이라고 해도 이것이 피해자들의 인격권보다 더 우위에 두었다는 사실은 검증되지 못한 공익 목적과 개개인의 인권이 충돌할 여지를 남긴 것이다. 판례 변경을 하지 않는 한 앞으로도 여기에서 자유로울 수 없다. 표현의 자유에서 한 치도 벗어날 수 없다.

먹을 것을 놓고 장난치는 사람만큼 나쁜 사람이 없다고들 하는데, PD수첩 제작진 4명과 방송작가 등 5명이 그런 사람들이었다. 이들은 면죄부를 받았다. 명예훼손죄라고 해 봐야 대체로 벌금 백만 원에서 천만 원 정도다. 그러니까 사법부는 스스로도 거짓말을 했다고 인정한 MBC에 최소한의 벌금만을 부과하면 되는 것을 하지 않았다. 이것은 우리 사회의 치명적인 상징만을 남겼다는 얘기가 된다. 바꾸어 말하자면, 잔돈 몇 푼이라도 도덕성 상징의, 깔끔하고도 건전한 잣대가 된다.

없는 호랑이가 나타나다

모종의 의도와 나쁜 목적을 가지고 오늘날에 가짜뉴스가 증폭해가는 문제는 진술자의 표현의 자유가 피해자의 명예 보호에 우선한다는 대법원 선고(2011. 9. 2.) 및 판례와 무관치 않아 보인다. 광우병 전문 연구가들도 MBC가 제작한 PD수첩이 지나치게 과장되고 곡해된 정보가 전달되었다고 했다. 여기에 정치적인 의도가 개입되었다면 문제가 더욱 크다. MBC는 정치적인 의도가 전혀 없고, 공익을 위해서라고 한다. 숨어있는 정치적인 의도보다 계획서에 명기된 공익의 목적이 그런대로 입증하기가 용이하다. 이 때문에 그런 일이 벌어진 것 같다.

문제는 여기에서 그치지 않았다. 허위 사실을 공포하더라도 법원이 표현의 자유를 근거로 나를, 우리를 보호해 주더라는 그때의 선례가 천안함, 세월호, 정신병원 감금 부인, 줄리, 일본 오염수 등으로 이어져 왔다는 사실이다. 특히, 제2차 촛불 때는 박근혜에게 여성으로서 감내하기 어려울 정도로 추잡한 사생활에 관한, 입증되지 않는 풍문들이 광장을 휩쓸고 지나가도 속수무책이었다. 이런저런 사례들을 두고 보자면, 우리도 미국처럼, 표현의 자유를 핑계 삼아 '실행하는 악의 규칙(actual malice rule)'에 관련된 허위 사실에 대해서는 지나친 관용을 베풀어선 안 된다고 본다.

베이컨은 인간 정신을 사로잡는 편견이나 선입견을 가리켜 네 가지의 우상(이돌라 : idola)라고 했다. 이 네 가지 우상 중에서 언어와 실재를 동일시하거나 혼돈하면서 생겨난 우상인 '시장의 우상'은 작금의 가짜뉴스와 유사하다. 지금은 규모가 확대되어 시장의 우상이라고 하기가 좀 그렇다. 광장의 우상이라고 해야 한다. 광화문 광장의 우상이라고 해도 괜찮고, 인터넷 광장의 우상이라고 해도 무방하다. 베이컨이 말한 시장의 우상은 역사적으로 훨씬 이전인 중국의 한비자에게까지 거슬러 올라간

다. 세 사람이 합심하면 없는 호랑이도 만들어낸다는 '삼인성호(三人成虎)'
가 그것이다. 이 네 글자는 세 사람이 시장에 호랑이가 나타났다고 외치
면 나라님도 믿는다는 고사에서 유래되었다. 거짓말도 여러 사람이 해
대면, 다들 진실로 받아들인다는 것이다. 가짜뉴스의 폐해는 이미 기원
전의 상고에도 인식되었던 것 같다. 그렇지 않고서 이 넉 자 낱말이 생
겨났을 리가 없다.

없는 호랑이가 한비자 시대의 시장에 나타났듯이, 오지도 않은 광우
병이 2008년 서울의 광장에 초대되어 군중을 분노하게 한 것이다. 이
상상적 디스토피아의 시장과 광장은 진실과 거짓의 경계선을 허물어버
렸다. 여기에서 끝나지 않고 2010년대에 들어서 사사건건 가짜뉴스에
의해 진실의 영역이 잠식되어 갔다. 가장 대표적인 사례가 천안함을 둘
러싼 특정 세력들 간의 공방전이었다. 더불어민주당 정치인들이 남긴
문제의 어록들이 유가족의 마음에는 상처의 흔적으로 남아있다. 문제는
이들을 지지하는 일반인들도 덩달아 굳건히 믿고 있다는 사실이다.

①우리 측의 기뢰 격발이 아닌가?
②우리 측의 경계 실패에 책임이 있다.
③언론들의 집단 담합이 의심된다.
④폭침을 주장하는 언론은 가짜 언론이다.
⑤부하를 다 죽이고 무슨 낯짝으로……

천안함 유족들은 이 어록을 남긴 다섯 사람들을 가리켜 소위 '천안함
5적'이라고 규정했다. 의문의 제기와 음모론은 서로 다르고, 표현의 자
유와 망언(妄言)도 서로 다르다. 왜 이런 유의 '탈진실(post-truth)'의 발언
들이 특정 세력에서 되풀이되고 있나? 이른바 확증편향 때문이다. 무엇
이 확증편향인가? 이것은 원래 자신(들)이 가지고 있던 생각이나 신념을

확인하려는 경향을 의미한다. 쉽게 말해, 내가 혹은 우리가 믿고 싶은 것만 믿는다는 것이다. 광우병 파동, 4대강 사업, 천안함 폭침 등은 이명박 정부와 관련된 역사적인 일들이다. 이명박이 대통령에서 퇴임한 지도 한참 지났는데 지금도 이 일들이 쟁점으로 남아있다.

촛불 경험이 학습된 세대

지금으로부터 17년 전인 2008년의 촛불 시위대는 석 달 열흘 동안에 걸쳐 서울의 광장을 휩쓸고 다녔다. 이것이 국민의 안전보다는 정권 탈취가 목적이었다는 것은 '뇌 송송, 구멍 탁'이라는 선동의 언어에서도 잘 드러난다. 그때의 광우병 촛불 세대는 지금의 40대다. 2025년을 기준으로 한 지금의 40대는 광우병 집회의 중심에 있었다. 이 세대는 사실상 보수 대통령을 두 번이나 끌어내렸고, 문재인 정부와 이재명 정부를 탄생시키는 데 크게 기여한다. 이번 대선에서도 그들은 네 명 중의 세 명 꼴로 이재명을 지지했다. 그들은 호남 지역의 정치적 결집력에 버금가는 막강한 힘을 발휘하고 있다. 이들은 목적을 위해서라면 어떤 수단이나 방법을 가리지 않아도 된다는 사실을, 젊었을 적에 광우병 파동을 밝힌 촛불 경험에서부터 이미 학습된 세대다. 이들은 자기 세대가 두 번의 보수 정권을 몰락시킨 데 대한 자긍심이 무척 크겠지만, 자신들의 윤리의식이 몰락한 것에 대한 반성이 전혀 없는 세대, 우리 사회의 상흔이자 치명적인 상징인 광우병 파동에 대해 성찰이 전혀 없으면서, 도리어 기억을 향유하거나 재생하는 세대, 오죽하면 20대에 의해 묻지마 왼쪽으로 기우뚱하는 '좌(左)포티' 즉 좌경화 40대라고 비난이 되는 세대이기도 하다.

탈진실과 벌떼정신에 대하여

　최근 10년간에 걸쳐 전개된 우리나라 정치 상황을 살펴보면, 내 생각으로는 이를테면 '탈진실'과 '벌떼정신'으로 요약될 것 같다. 이 두 낱말은 국제적 수준의 신조어이기도 하다. 우리나라 사전에는 아직 등재되어 있지 않지만, 영어로는 공식적이거나 비공식적이거나 말 됨됨이로서 이미 인정을 받은 단어이다. 탈진실의 본딧말은 '포스트트루스(post-truth)'이고, 벌떼정신의 그것은 '하이브마인드(hive-mind)'다. 이에 관한 책도 우리나라에 5, 6년 전에 번역되기도 했다. 전자의 경우는 리 매킨타이어 지음의 한국어판인 『포스트트루스』(2019)이며, 후자의 경우는 세라 로즈 캐비너 지음의 한국어판인 『패거리 심리학』(2020)이다. 이 두 가지 책은 우리나라와 관련된 내용이 전혀 없으면서도 우리의 정치상황을 이해할 수 있는, 매우 유익한 정보들이 담겨져 있다.

인지편향과 확증편향

　옥스퍼드 영어사전은 2016년에 새 단어 '포스트트루스'를 등재한다고 밝혔다. 오늘날에 사실과 거짓의 경계가 모호해졌고, 사람들은 자신이 한 말에 대해 입증 책임을 지지 않으려고 한 것을 선정 배경으로 삼은 것 같다. 옥스퍼드 영어사전은 이 단어를 두고, 여론을 형성할 때 객관적인 사실보다 개인적인 신념과 감정에 호소하는 것이 더 큰 영향력을 발휘하는 현상이다, 라는 뜻으로 풀이했다. 축자적인 의미대로라면, 포스트트루스는 '진실 이후'가 되겠지만, 이 말뜻과는 직접적으로 관련이 없어 보인다. 진실이 무의미할 정도로 퇴색되었다는 것이 오히려 더 정확한 의미가 될 수 있다.

진실에 대한 의문의 제기는 이때까지 마치 진보 진영의 전유물처럼 여겨져 왔는데, 2008년 광우병 파동 이후에 문제가 된 사건들이 진실보다는 정치적인 의도에 의해 곡해된다는 사실로 조금씩 밝혀지자, 천안함, 줄리, 생태탕, 청담동, 일본 오염수, 이화영 회유 등에 있어서 보수주의자들이 진보주의자들과의 진실 게임에서 밀리지 않는 경향을 보여준 바 있었다. 탈진실은 그저 거짓말에 지나지 않는 것일까? 아니면 대안적 사실이 정말 존재하는 것일까? 철학자이며 논픽션 작가인 리 매킨타이어는 탈진실과 대안적 사실에 대해 물음을 제기한다. 그는 진실을 전복시키는 다양한 방식 중의 하나로 다음 하나를 제시하고 있다.

본인 의도와 관계없이 실수로 진실이 아닌 말을 내뱉는 경우를 생각해볼 수 있다. 이때 화자는 고의가 없었다는 점에서 '거짓말을 한 것'이 아니라 '거짓인 말을 발화'했을 뿐이다. (한국어판, 23쪽.)

세간에 권순일 판결로 유명해진 이재명의 발언은 진실과 거짓의 경계를 허물어버린 유명한 사례가 되었다. 2018년 지방선거 당시 경기도지사 후보 TV토론에서 김영환 바른미래당 후보가 이재명 민주당 후보에게 '형님을 정신병원에 입원시키려고 하셨죠? 보건소장 통해서 입원시

키려고 하셨죠?'라고 물었고, 이 후보는 '그런 일 없습니다.'라고 부인한
것이 대법원으로부터 사실상의 정치적 면죄부를 받아내기에 이르렀던
것이다.

　이재명이 아슬아슬하게 기사회생한 이 2020년 판결을 두고 세인들은
이해하지 못하겠다는 사람들이 상대적으로 많았을 것이다. 40% 안팎 정
도나 되는, 콘크리트처럼 견고한 지지자들은, 뭐 내 편이니까 괜찮다,
라고 했을 게 분명하다. 우리 사회가 지탱해온 에토스가 허물어져도, 거
짓말을 해도 허위사실이 아니라는 탈진실, 술은 마셨지만 음주운전이
아니라는 대안적 사실이 힘을 얻는 순간이었던 거다. 이때의 빌어먹을
김명수 대법원은 최소한의 법관으로서의 양심도 없었다. 대장동의 김만
배가 대법원을 오가면서 검은 혀와 검은 손이 바삐 움직이었을 것은 누
구나 다 아는 사실이 되고 말았다. 리 매킨타이어는 탈진실의 뿌리가
'인지편향(confirmation bias)'에 있다고 파악했다. 인간이 예상치 못한 불
편한 진실을 마주할 때 어떤 반응을 보이느냐 하는 것과 관련된다. 이
인지편향은 남녀도, 노소도, 빈부도, 좌우도 가리지 않는다. 트럼프를
지지하는 인터넷 괴물을 보면, 잘 알 수 있다. 특히 자신이 가졌던 본래
생각이나 신념을 확인하려는 경향의, 즉 믿고 싶은 것만 믿는다는 태도
의 확증편향은 탈진실의 위험을 부추긴 전위부대원들이었다.

　이런 말이 있다. 과문한 탓에, 내가 정확하게 잘 알 수 없지만, 진실이
바지도 입기 전에 거짓은 지구 저편에 가 있다, 라는 말이다. 거짓을 퍼
뜨리는 데 크게 기여한 정보통신 기술이다. 하지만 탈진실이 가짜뉴스
와 바로 직접적으로 연결되는 것은 아니다. 사람들이 어떻게 대응하느
냐에 따라 탈진실과 가짜뉴스가 불온한 동맹에 대해 대처할 수 있다. 누
군가에 의해 탈취될 지도 모를 세상의 진실을 방어해야 한다. 정보통신
기술이 진실을 알리는 데도 더없이 유용하다는 점에서는 앞과 마찬가지
다. 누가 음모론을 퍼뜨리는가를 잘 살펴보면, 사회적인 정견이 형성된

다. 음모론자가 바로 가짜뉴스의 주범이다.

패거리와 모럴 서클

여성 심리학자인 세리 로즈 캐버너의『하이브마인드』는 우리말로 옮겨졌을 때 제목이 '패거리 심리학'이었다. 이 책은 분열과 갈등을 조장하는 패거리 문화의 잘못된 집단 이기주의를 파헤친 것이다. 제목의 일부인 '하이브(hive)'의 뜻은 벌집 혹은 벌떼다. 여기에서의 '하이브'를 두고 벌집이라고 생각하는 사람들이 많다. 물론 틀린 말은 아니지만, 이런저런 문맥을 따져볼 때는 벌떼가 더 정확한 것 같다. 벌이나 개미의 군집성처럼 단일한 목적을 가지면서 결속을 다지는 사회문화적 현상이 다름아닌 하이브 마인드다. 긍정적인 용어로는 집단의식이나 집단지성 등으로 새겨지기도 하겠지만, 부정적으로는 이 '하이브마인드'가 맹종(盲從) 사고, 패거리적 사고방식 등으로 이해되는 개념이기도 하다.

지금 우리 사회에 보수 진영과 진보 진영이 엄존한다. 어느 쪽이 더 맹종 집단인가를 살펴보자. 윤석열을 방어하는 집단이 결속력이 강했나, 이재명을 방탄하는 집단이 결속력이 강했나를 보면 알 수 있다. 주지하듯이, 이재명의 일차적인 맹종 집단은 더불어민주당이다. 일극 체제가 형성되어 당내에 경쟁 세력이 허용되지 않았다. 여기에다 맹종 지지자들이 큰 원을 그리듯이 폭넓게 포진한다. 집단 교감의 벌떼는 드론처럼 세상을 내려다본다.

두루 알다시피, 인간의 공감은 하나의 울타리 안에서 이루어진다. 이 울타리는 좋은 의미에서 '모럴 서클'이요, 나쁜 표현이라면 패거리다. 이 울타리 속에 소속된 사람들은 사고와 행동, 습관뿐만 아니라, 세상을 인식하는 방식까지도 보조를 함께 맞추어간다. 온라인 커뮤니티에 소속된 사람들 사이에 뇌의 일치 성향을 보이는 것처럼 울타리 안의 사람들 역시 정서적으로나 이념적으로, 알게 모르게, 이른바 '신경동조(neural synchrony)'의 상태를 만들어간다. 이재명 지지자들은 그 나름의 '모럴 서클'을 가진다. 그의 맹목적인 지지자들을 가리켜 세칭 '개딸'과 '양아들'이라고 표현하곤 하는데 개혁의 딸이니 양심의 아들이니 하는 비유는 패거리에 있어서 도덕성의 지표가 된다.

윤석열 역시 벌떼를 거느리지 않는 건 아니었다. 수적으로 비교가 안 될 만큼의 열세이지만 벌집 지배력에 있어서도 여왕벌이 된 이재명에 비할 바가 못 된다. 그에게도 동조자, 지지자가 없었던 것은 아니지만, 그는 계엄 정국 6개월 동안에 무수한 배신자들을 경험하였을 것이다. 이재명에게 있어서 배신자라고 하는 이는 유동규 정도라고 하겠다.

세리 로즈 캐버너가 '하이브마인드'라고 한 제목의 패거리 심리학에서 패거리야말로 마침내 좀비(zombie)화될 수 있다는 우려를 내비치고 있음에 대해, 우리는 주목하지 않을 수 없다. 좀비는 아프리카 부두교 신앙의 전설에서 비롯된, 움직이는 시체 형태의 괴물이다. 좀비라고 하면, 사람들은 외계인 · 유령 · 흡혈귀 등을 연상한다. 좀비의 이미지도 시대에 따라 변화되기 마련이다. 외계인은 외국인 혐오를, 유령은 죽음과 내세에 대한 두려움을, 흡혈귀는 몸의 욕구에 대한 두려움을 상징하는지도 모른다. 코로나 이후 바이러스 '감염자(infected)'가 새로운 좀비라고 할 수 있다.

맹종 집단이 좀비화되는 것은 좀 그렇다고 하더라도, 앞으로 판사와 헌법재판관 중에서 패거리에 휩쓸리거나 그렇지 않는다고 하더라도 이것의 영향권의 늪에서 헤어나지 못하거나 하면서 권력에 '가스라이팅'되는 이들이 나온다면, 우리나라는 참으로 암담하기 짝이 없을 것이다. 영혼 없는 좀비 형의 법관의 탄생은 사법의 역사에 비겁한 법관으로 낙인이 찍히고야 말 것이다. 세리 로즈 캐버너 역시 지금에도 좀비가 여전히 인기몰이를 한다는 현상을 두고, 내남없이 패거리로 전락할지 모른다는 것에 대한 사람들의 두려움이 반영된 결과로 보기도 했다.

광장 및 극장의 우상

베이컨이 말한 네 가지 우상은 아직도 우리 사회에 유령처럼 흐릿하게 맴돌고 있다. 우리는 우상이란 이름의 저 허깨비와 싸우지 않으면 안 된다. 주먹다짐이 안 되면 드잡이 식으로라도 힘껏 싸워야 한다.

아스팔트 위에서 보여준 분열 사회가 고대의 부족처럼 대립하고 있는 것은 배타적인 종족의 우상이다. 세상을 바라보는 자기중심적인 관점은 색안경을 통해 세상을 바라는 것에 지나지 않는다. 그러다 보면 우물 안의 개구리처럼 패거리 벌떼는 좁은 벌통 안에서만 윙윙거린다. 이것이 바로 동굴의 우상이다. 사람들은 시장에서 뜬소문을 듣는다. 호랑이가 시장에 나타났다고 세 사람만 소리를 질러대도 나라님도 사실로 안다. 실재를 반영하지 못하는 언어의 한계랄까? 지금에 이르러서는 시장의 우상이 아니라, 광장의 우상이다. 가짜뉴스가 생성되는 온라인 광장이 문제다. 극장의 우상은 뭇사람들의 시선이 연극 무대로 향하게 하는 것. 김어준의 교통방송이나 뉴스공장 같은 것이 패거리 사람들의 눈과 귀를 끌어모은다. 이때 김어준은 우리 시대 최고의 배우가 되어 무대를 압도한다. 극장의 우상은 김어준의 예로서 충분하다.

지금은 눈이 한번 뒤집히면 진실도 탈진실이 되고, 벌떼정신에 넋을 놓으면 거짓도 진실로 왜곡되는 세상이다. 지금 우리가 이 세상에 살고 있나?

시의 외교적 자본에 대하여

　문학은 경국(經國)의 대사요, 불후(不朽)의 성사다. 문학이야말로 나라를 다스리는 큰 사업이요, 시들지 아니하는 왕성한 일이다. 이 어록을 남긴 이는 『삼국지연의』의 주인공의 한 사람으로 등장하는 조조의 아들인 조비다. 그의 공식적인 황제 명은 위나라의 문제(文帝)로 불린다. 그가 문학을 애호했다는 사실의 방증이 되기도 한다.

　문학은 나랏일과 깊이 관련된다. 문학 중에서도 시는 동서고금을 가리지 않고, 특히 외교 수단으로 곧잘 이용된다. 중국의 주은래가 그랬다. 외교는 '무소사'라고. 즉, 외교는 사소하지 아니한 일. 달리 말해, 외교에는 사소한 일이 없다는 뜻이기도 하다. 자잘한 일까지 신경을 쓰는 것이 외교라고 한다. 외교에 시가 등장하는 것은 동아시아의 전통이기도 했다. 신라 여왕이 당나라 황제에게 보낸 태평의 송가(頌歌)가 큰 외교의 성과를 거두어 훗날 삼국통일의 기틀을 마련하는 데 씨앗이 되었다. 고대 일본의 나라 시대인 8세기 중엽에 일본 최초의 한시집인 『회풍조』가 편찬되었다. 신라 사신을 위해 베푼 연회에서 쓴 시들이 여러 편 실려 있다. 이 책에는 일본을 대표하는 동시대의 승려가 입당하여 황태자를 만나 바친 찬시가 실려 있다.

壽共日月長,

德與天地久.

　인용한 것은 시의 마지막 두 행이다. 이 시를 쓴 승려 자사(慈師)는 구법승이면서 외교관이었다. 일본의 수뇌부와 이미 조율이 되었을 것이다. 이르되, 황태자의 수명은 일월처럼, 또 그의 덕망은 천지처럼 장구하다. 소국으로서 대국에 대한 아첨의 언사라기보다 의례적인 외교 레토릭이었다. 고대 이후에도 외교관들이 한시를 지어 서로 소통하는 일은 한자 문화권 동아시아 국제 사회의 오랜 전통이 되었다. 중국의 시진핑 주석 역시 최치원의 한시를 가지고 외교 행사 때 우리에게 덕담을 아끼지 않았다. 그는 최치원의 한시를 인용하면서 우리나라를 다음과 같이 찬양했다.

東國花開洞,

壺中別有天.

　여기에서 동쪽 나라의 화개동은 우리나라를 대유한 것이다. 최치원이 말한 화개동이 하동의 화개마을에서 쌍계사로 가는 골짜기, 즉 지금은 유명한 벚꽃 십리 길을 가리키고 있지만, 시진평은 아름다운 꽃이 피는 나라 한반도에 대한 외교적인 덕담으로 대신하고 있다. 또 이곳을 '호리병 속의 별천지'라고 했으니, 한술 더 뜬 두 겹의 은유 구조가 된다. 한국은 꽃이 피는 골짜기요, 게다가 천하의 낙원이다. 이것이 시진평이 의도한 바다. 그는 여러 차례 최치원을 언급했다고 한다. 또 그의 어록 중에는, 이런 것이 전해지고 있다.

　최치원 선생이 귀국하던 도중에 '돛을 달아서 바다에 배 띄우니 순풍이 만리를 날아가네.'라고 하는 시구를 남겼는데 오늘날 중한(中韓) 우호도 계속해서 생기와 활력을 발산하고 있습니다.

셍고르가 퐁피두에게 준 우정의 시

레오폴드 세다르 셍고르는 프랑스 식민지인 세네갈의 명문가 출신이었다. 젊었을 때 프랑스에서 초엘리트 교육을 받고, 흑인 최초의 프랑스어 교사로 강단에 섰다. 그는 프랑스어로 표기한 세계적 수준의 시인이었다. 세네갈은 지금도 식민 종주국의 언어였던 프랑스어를 공용어로 사용하고 있지만, 몇 가지 토착어를 공용어로 인정하고 있다. 셍고르는 신생 독립국 세네갈의 첫 번째 대통령이었다. 1960년에서부터 1980년에 이르기까지 20년 수개월 동안 대통령에 재임했다. 1979년에는 세네갈공화국 대통령으로서 우리나라를 방문하기도 했다. 그는 시인으로서 비록 노벨문학상을 수상하지 못했지만, 아프리카 문학을 세계화하는 데 기여한 첫 번째 문인이었다. 노벨문학상은 문학을 통해 '떼돈'을 번 작가를 기피하듯이, 그가 노벨문학상을 받지 못한 이유는 20년 동안의 대통령 재직에 있었던 게 아닌가, 한다.

내 나이 열아홉 살 때의 일이었다. 대학생 1학년 때의 초겨울이었다. 창간호에 이어 계간 『세계의 문학』 제2호를 구입했다. 시인 셍고르의 시편 두 편이 실려 있었다. 불문학자 김화영이 번역한 그의 시를 읽은 나는 형언할 수 없는 감동의 심연에 빠져들었다. 우리말로 번역된 외국 시를 읽고 이렇게 열광한 적은 늘그막의 지금까지도 없었다. 그 이후에는 민음사 시선집을 사서 읽고, 되읽었다. 젊은 나의 문학적 감수성에 흑인 시인 셍고르가 빚어낸 시심과, 삶의 열정과, '우주적 차원으로 승격된 에로티시즘의 열기'(김화영)가 속속들이 스며들었다.

　　옷 벗은 여인아, 검은 여인아.

　　단단한 살을 가진 잘 익은 과일, 검은 포도주의 어두운 황홀, 내 입에 서정을
실어주는 입이여.

　　해맑은 지평의 사반나, 동풍의 뜨거운 애무에 오열하는 사반나여.

　　승리자의 손가락 밑에 노호하는 조각된 탐탐북아, 팽팽한 탐탐북아,

　　그대 심각한 콘트랄토 저음은 애인의 드높은 정신의 노래.

　세고르의 「검은 여인」은 지금 읽어도 가슴이 뭉클해진다. 옷 벗은 검은 여인은 세네갈 민속춤을 추는 색정적인 무희다. 노출은 얼마큼 했겠지만 옷을 온전히 벗은 스트립쇼는 아닌 것 같다. 아랍 춤은 허리를 강조하며, 인도 춤은 어깨, 엉덩이, 다리의 세 곡선을 강조한다고 한다. 이에 비하면, 세네갈의 춤은 덜 에로틱하다. 굽힌 두 무릎에 의지해서 몸을 낮추고 머리는 약간 들어 올린 채, 등을 휜 자세로 '작은 북'의 리듬에 따라 춤을 추는데, 과문한 탓에 잘은 모르지만, 검정색 피부의 무희는 토착적인 리듬에 맞추어서 주로 엉덩이를 격렬하게 흔들어대는 것 같다. 옷 벗은 검은 여인은 허리와 엉덩이를 발작적으로 휘돌릴 것이다. 세고르는 토착신 '지모신(Great Mother)'에 대한 숭배의 원시적인 반응을, 춤추는 검은 여인을 통해 드러낸 것이라고 본다. 원초적 생명력의 고양이 이 시의 주제다.

　세고르 시의 전집은 그가 1979년에 방한한 시점에 맞춰 불문학자 이환에 의해 번역되었다. 외교적인 문제로 인해 일찌감치 시 전집이 완성된 것이다. 그는 방한 기간에 우리나라 문인들과도 만났다. 전집에 실린 그의 시 중에서, 내 눈길이 간 몇몇 시편 중에서 「평화의 기도」를 보자. 그는 식민 종주국인 프랑스에서 교육을 받은 식민지 지식인으로서 이에 대한 애증의 감정이 교차하고 있는 내용의, 산문처럼 긴 장시다. 일부를 인용한다. 전문의 15퍼센트 정도이다.

주여, 곧은 길 말하면서 구부러진 샛길로 걸어가는 프랑스를 용서하소서.

식탁에 소개한 나에게 내 **빵** 가져오라고 말하는 프랑스, 오른손으로 주고 왼손으로 반을 걷어가는 프랑스를.

정녕 주님, 점령자를 증오하면서 나에겐 그토록 엄숙히 점령을 강요하는 프랑스를 용서하소서.

영웅에게 자랑스러운 길 열어주면서 세네갈인은 용병으로 다루고 이들을 제국의 검은 축견(畜犬)으로 삼는 프랑스,

공화국이면서 큰 경영자들에게 나라를 위임하는 프랑스—

(······)

아아! 주님, 나의 기억에서 프랑스가 아닌 프랑스를 멀리하고, 프랑스의 얼굴 위에 그 왜소와 증오의 마스크를 멀리하소서.

내가 증오만을 느끼는 이 왜소와 증오의 마스크—나도 악을 증오할 수 있습니다.

정녕 프랑스에 대해서는 커다란 애착을 느끼고 있기 때문입니다.

장시 「평화의 기도」는 셍고르가 아직 2차대전이 끝나지 않은 1945년 1월에, 파리에서 쓴 시다. 서른아홉 살의 나이인 셍고르가 젊어서부터 절친한 벗이었던 조르주 퐁피두에게 헌정한 시다. 우정과 신뢰가 바탕이 되지 않으면, 이런 유의 시를 보내기가 쉽지 않았을 것이다.

세네갈이 프랑스 식민지에서 프랑스 연방제를 거쳐 온전히 독립했다. 셍고르는 신생독립국 세네갈공화국의 첫 번째 대통령으로서 20년에 걸쳐 재직할 때, 퐁피두는 드골 정권하의 총리로서 6년을 재임하였고, 대통령으로도 5년을 재직했다. 1974년에 예순두 살의 나이에 세상을 떠나기까지. 오랜 친구 사이인 두 사람이 양국의 지도자로서 11년 동안 좋은

외교관계를 유지해 온 것은 말할 것도 없다.

외교를 위한 옥타비오 파스, 윤동주

　대통령 박근혜의 스페인어 외교가 화제가 되기도 했다. 그는 스페인어에 유창한 것으로 잘 알려져 있다. 2014년 프란치스코 교황이 방한했을 때 '평화는 수고할만한 가치가 있는 선물이다(La paz es un regalo que merece la pena).'이라는 명언을 스페인어로 말하는 등 여러 차례 스페인어를 구사했다. 교황 역시 귀국하는 비행기 속에서 기자들에게 박 대통령의 스페인어는 완벽했다고 평가하기도 했다. 2015년의 중남미 4개국을 순방할 때도 스페인어 외교에 적극적이었다. 콜롬비아에서는 콜롬비아의 세계적인 문인 가브리엘 마르케스의 어록 '가슴을 가진 사람에게 망각은 어렵다(Olvidar es dificil para el que tiene corazon).'를 인용하기도 했다. 박근혜의 스페인어 외교는 2016년에 진가를 발휘했다. 멕시코를 공식적으로 방문한 박근혜는 한국·멕시코 자유무역협정 및 우리의 환태평양경제동반자협정 가입에 대한 멕시코 측의 지원 방안 등을 논의하기 위해 실무협의를 개최하기로 합의했다. 멕시코 대통령과의 공식 오찬에, 멕시코 시내 한 호텔에서 열린 비즈니스포럼에 참석해 유창한 스페인어를 구사했다고 한다. 특히 1990년 노벨문학상을 수상한 옥타비오 파스의 시가 입에 올려져 화제가 되었다.

　　사랑은 화살에서 나오는 것
　　우정은 만남으로 이루는 것

　인용문의 내용은 이렇다. 사랑의 감정이 첫눈에 반한 가운데서 생겨나기도 하지만 우정만은 오랜 시간에 걸친 교류를 통해 이루어진다는 것. 여기에서 말하는 교류는 시 원문의 잦은 교류, 즉 '인테르캄비오 프레쿠엔테(intercambio frecuente)'이다. 한국과 멕시코가 자주 만나서 외교적인 우의를 축적해야 한다는 뜻이다. 아시아 지역의 외교관이면서 국제적인 시인이었던 옥타비오 파스의 시 한 조각이 양국의 마음을 진심으로 울렸을 것이다.

윤동주의 시가 앞으로 외교의 수단으로 활용될 것 같다. 그의 시 중에서 거의 비평적으로 배제되어 왔지만 외교적으로 잘 이용된 사례가 몇 년 전에 있었다. 윤동주의 시편 「바람이 불어」는 1941년 6월 2일, 개인 원고지에 쓴 것이다. 연희전문학교 4학년 1학기의 일이었다. 이 시에서 '단 한 여자를 사랑한 일도 없다./시대를 슬퍼한 일도 없다.'가 주목을 받았을 뿐, 그렇게 주목의 대상이 된 시가 아니었다. 그런데 한국의 대통령인 윤석열이 영국의 국왕 찰스 3세를 찾아가 만났을 때의 회합에서, 찰스 3세는 제5연과 제6연을 낭독했다. 제4연이 문학적 가치를 지니지만, 외교적 수사에 있어서는 이 두 개의 연이 훨씬 더 실용적인 가치를 지닌 것으로, 양국의 외교관들이 간파한 것 같다.

바람이 자꾸 부는데
내 발이 반석 위에 섰다.

강물이 자꾸 흐르는데
내 발이 언덕 위에 섰다.

While the wind keeps blowing,
My feet stand upon a rock.

While the river keeps flowing,

　　My feet stand upon a hill.

　윤동주의 시가 영국 국왕의 입에 올려 환영사로 쓰인 이후에, 한국의 대통령은 셰익스피어의 명구로 화답했다. 사람들은 이것이 즉흥적인 일이 아니라 미리 연출된 일이며, 또 진심이 아니라 의례적인 일이라고 낮게 평가할 수도 있다. 심지어는 양국 스텝의 짜고 친 고스톱이 아닌가, 하겠지만, 중국의 총리였던 주은래의 말대로 '외교무소사'라고, 외교에는 사소한 일이 없다. 또 있어서도 안 된다. 자잘한, 잗다란 일까지 하나하나 신경을 써야 한다.

　윤동주 시인이 정작 자기 존재의 실존적인 기반으로서의 반석과 언덕바지를 비유의 보조관념으로 이용하였지만, 영국 국왕의 환영사를 볼 때, 찰스 3세가 한영 관계가 한국전쟁 이후에 오랫동안 반석 위에, 언덕바지 위에 올려있었음을 회고하는 차원에서 이 시를 인용한 것 같다. 바람이 불어도 강물이 흘러도 그 반석과 언덕바지는 흔들림이 없다. 시야말로 이처럼 외교의 자본이 되고 있음을, 우리는 충분히 알 수 있다.

　박근혜와 윤석열은 외교 문제에 관해 깊은 관심을 가지고, 세심하게 접근했다. 이들이 적극적인 외교 정책을 통해 외교적인 호응과 호감을 이끌어낸 것도 사실이지만, 국내의 정치에 문제를 일으켜 탄핵을 당했다. 우리 헌정사에서 탄핵을 당한 사례는 두 사람의 사례가 전부였다. 만약 이들의 외교가 내치(內治)의 안정 위에서 계속 이어졌다면 어땠을까, 하는 아쉬움이 남아있다. 아무리 멀리 있는 나라라도, 이른바 '아미고 파라 시엠프레(amigo para siempre)' 즉 영원한 벗이어야 한다. 노무현은 우리의 오랜 혈맹인 미국과 껄끄러웠고, 문재인은 일본에 대해 대놓고 반감을 표했다. 먼 나라건 이웃 나라건 간에, 적으로 생각하든 영원한 벗으로 여기든 간에, 모든 것이 마음먹기에 달려 있다.

헌법에 적힐 반듯한 우리말
—개헌안 전문(全文)을 읽고

나는 최근(2018)에 공개된 개헌안 전문을, 아무런 정치적인 고려도 없이 대학의 국어교육을 담당하는 교수의 입장에서 읽었다. 여기에서 말하는 개헌안이란, 문재인 대통령이 최근에 제출한 대한민국 헌법 개정안을 말한다. 우리 말글을 사랑하면서 또 이를 가르치고 있는 나로선 그 전문에서 무엔가 미흡함이 전해 느껴오고 있음을 솔직히 말하지 않을 수 없다. 결론부터 말하자면, 우리나라 헌법 전문에는 우리 말글의 반듯함과 자존심이 흠씬 묻어나지 않으면 안 된다고 본다. 그리고 누구나 가장 알기 쉽게 읽기 위해선, 그것은 가장 평이하게 쓰여야 한다. 초등학생들이 읽어서도 이해할 수 있는 말결이나 글의 흐름이 돼야 한다.

우선 기본 용어가 문제를 지닌다. 헌법을 말할 때 '전문(前文)'은 전문(全文)과 늘 충돌을 일으킨다. 앞의 전문은 머리글, 첫머리의 글, 들머리의 글 등으로 바꾸는 게 좋겠다. '총강(總綱)'은 또 뭔가? 생활 현장에서 멀어진 외계의 언어 같다. 국립국어원이 편찬한 방대한 표준국어대사전에도 없는 낱말이다. 이 오래되고 거슬리는 말을 두고 토박이말을 바탕으로 삼아 새로 만든 말 '모둠벼리'를 생각할 수 있지만, 이보다 '중심 내용'이나 '주된 부분'이라고 바꾸면, 뜻밖에도 문제가 쉬 해결된다.

헌법을 나타낸 글은 반듯하고 이치에 맞고 흠결이 없어야 한다. 가장 먼저 되살펴 보아야 할 문장은 제3조 ①에 관해서다. 이 문장은 매우 익숙하다. '대한민국의 영토는 한반도와 그 부속도서(附屬島嶼)로 한다.' 우리 국토에 관한 헌법적 규정이다. 너무 당연한 내용이기 때문에, 여기에는 문장 표현에 대한 반성적 사유가 틈입할 여지가 없었다. 이 표현은 제헌헌법에서부터 지금까지 70년 동안에 걸쳐 사용되어 왔다. 부속도서를 정확히 아는 국민은 몇 퍼센트나 될까? 무비판적인 관행의 오류랄까? 부속은 딸려 있음을 뜻하는 말이며, 도서는 큰 섬과 작은 섬을 가리키는 말이다. 부속도서라는 말은 우리에게 헌법 외에는 거의 사용되지 않는다. 일본은 열도이기 때문에 네 개의 큰 섬마다 많은 작은 섬들이 딸려 있다. 비교적 작은 오키나와만 해도 무수한 부속도서로 이루어져 있다. 일본적인 표현 관습이라는 의구심이 매우 짙은 용어를, 우리가 굳이 써야만 하나? 다음의 표현을 사용하지 않으면 안 되나? 대한민국의 영토는 한반도와 이에 딸린 크고 작은 섬들로 정한다.

이번의 개헌안 중에서 단연 핵심적인 사안은 제74조이다. 이렇게 쓰여 있다. '대통령의 임기는 4년으로 하되, 연이어 선출되는 경우에만 한 번 중임할 수 있다.' 이 문장은 사안의 중대성이 내포되었는데도 불구하고, 문장 구조의 불구성(不具性)을 지니고 있다. 주어와 목적어가 생략된 불완전한 문장, 즉 반편 같은 글이기 때문이다. 이런 중요한 문장은 의미와 논리의 완결성을 지향해야 한다. 내가 다음과 같이 고쳐 보았다. 대통령의 임기는 4년으로 하되, 대통령으로서 잇달아 뽑힌 이는 다시 한 번 그 직(職)을 맡을 수 있다. 문장이 완결성을 지니려면, 주어인 '이는'과 목적어인 '직을'을 동시에 꼭 드러내야 한다.

'자유와 권리는 헌법에 열거되지 않은 이유로 경시되지 않는다.'

내가 이 제40조 ①을 읽을 때, 나 같은 언어의 전문가도 문맥을 언뜻 이해하지 못했다. 몇 차례 되풀이하여 읽으니 겨우 말귀를 알아들었다.

쉽고도 적확한 문장 표현을 만들어내지 못했기 때문에, 마치 꼬인 실타래 같은 말이 되고 말았던 거다. 내가 수정한 글 틀이다. 자유와 권리는 헌법에 일일이 (혹은 하나하나) 열거되지 않는다고 해도 (결코) 가볍게 여길 수 없다.

대통령 개헌안의 전문을 보니, 표현의 일관성이 없는 경우가 적지 않았다. 정치적 중립성을 두고, 국군은 준수해야 하고, 공무원은 지켜야 한다? 준수하는 것과 지키는 것에 어떤 차이가 있는지 초안(草案) 작성의 실무자에게 묻고 싶다. 개헌안 전문에는 서로 같거나 비슷한 낱말인 '국민'과 '사람'이 함께 혼용되어 있다. 헌법에 있어서의 사람 개념의 새로운 도입. 매우 고무적인 일이다. 우리 생각의 기틀도 이처럼 한 단계 성숙했음을 반영한 것일까? 국가가 국민을 보호해야 한다는 것은 당연하다. 하지만 이 배타적인 명분에만 사로잡혀 넓게 사람 귀한 줄 모른다면, 그 국가는 종당 국가주의의 함정에 빠지게 마련이다. 우리나라에는 우리 국민만이 살아가지 않는다. 우리 살림에 보탬이 되는 다문화적인 이방인들도 적잖이 있다. 높은 차원의 '사람됨의 뜻'이라는 보편적인 인권이 우리에게 필요하다. 그런데 어떤 경우가 사람이며, 또 어떤 경우가 국민인가를 잘 나누어야 한다.

헌법의 전문(全文)에 전문(前文)이란 게 무척 중요한데, 새로 신설된 내용 중에는 이런 게 있다. '……국민생활의 균등한 향상과 지역 간 균형발전을 도모하고……' 굳이 이렇게 표현해도 되나 싶다. 한자어의 남용은 질식감을 느끼게 한다. 나 같으면 이렇게 말하고 싶다. 사람살이의 향상과 지역 간의 발전을 (골)고루 꾀하고……처럼 말이다. 균등과 균형을 '(골)고루'라는 고유어에다 한껍에 담을 수 있다는 점에서는 경제적이기도 하다.

대조나 대구의 표현에 있어서 짝이 잘 맞지 아니한 경우도 있다. 한 예를 든다면 제128조이다. 여기에 두 차례에 걸쳐 '…필요한 제한을 하거나 의무를 부과할 수 있다.'라는 표현이 나온다. 제한과 의무는 짝이 맞지만, '하다'와 '부과하다'는 뭔가 서로 어긋나 있다. 문장이 논리적이어야 한다면, '…필요하면 제한을 두거나 의무를 부과한다.'라고 해야 하지 않나?

좀 사소한 얘깃거리지만 내친 김에 할 말이 또 남아있다. 개헌안 전문에서 가장 많이 반복되는 어구는 '법률로 정하다' 유의 표현이다. 법률로 정하는 것인지, 법률이 정하는 것인지 하는 문제는 법학자들과 국어학자들이 함께 모여 토론할 필요가 있다. '권리를 가진다.'와 '의무를 진다.'라는 영어식의 표현에 관해서도 발상의 전환도 필요하지 않을까?

다음의 문장들을 함께 읽어보자. 모든 사람은 행복을 추구할 권리를 가진다. 모든 사람은 행복을 추구할 권리가 있다. 국회의원은 청렴해야 할 의무를 진다. 국회의원은 청렴해야 한다. 각자의 판단에 맡겨둔다.

지금의 헌법 정신이 국민에서 사람으로 바꾸어가는 추세에 놓여 있는 것이 사실이라면, 나는 국가라는 낱말에서 '나라'로 대체하는 것도 하나의 고려 대상이 될 수 있다고 본다. 또한, 헌법의 머리글에 우리 말글의 결 고운 꾸밈과 가없는 아름다움을, 우리 겨레붙이가 오래오래 살아온 가슴 벅찬 내력을 일깨우고 다잡아냄으로써, 이 땅의 성장하는 세대가 우리 생활 및 문화의 정체성을 느껍게 받아들이고, 또한 새로 고친 헌법의 머리글을 스스로 외울 수 있게 유도하는 것도 어떨까 하는 소견을 마지막으로 덧붙인다.

성사강도(省史江都)의 여름

　아내와 함께 강화도에서 3박4일을 머물다가 서울로 돌아왔다. 이 무더위에 일흔 나이를 앞두고 마니산을 등산했다. 단군로를 따라 올라가서 참성단에서 잠시 숨을 고른 후에 계단로를 따라 내려왔다. 어느 길이건 힘든 것은 마찬가지다. 지금도 종아리 근육에 힘을 주면 통증이 남아 있다. 나는 강화도에서 내내 역사를 생각했다. 아무리 생각해도 이 좁은 섬은 한국사의 축소판이라고 생각하지 않을 수 없다. 내가 쓰고 있는 이 글은 잡문이다. 이 글이 잡문이라고 생각하니, 제목이라도 격을 부여해야겠다는 다짐이 앞선다. 본래 이 글의 제목을 '강화도에서 역사를 생각하다'라고 정했다. 좀 길지만 적확한 제목이었다. 하지만 잡문의 촌티를 벗어나려면, 차라리 네 글자 한문 표현은 또 어떨까, 했다.

　성사강도…….

　살필 성(省) 자는 생각하다, 반성하다, 성찰하다 등의 뜻을 가진다. 역사의 교훈을 생각하는 일이 바로 역사를 성찰하는 일이 아니겠나? 강도(江都)는 강화도라고 하는 일반적인 땅이름에다 격을 높여준 지명이다. 두말할 것도 없이 도(都)는 도읍지이다. 그냥 옛 도읍지가 아닌 통일왕조의 옛 도읍지를 말한다. 평양과 공주와 부여는 통일왕조의 옛 도읍지가 아니기에, 굳이 '도' 자를 붙여주지 않는다. 통일신라의 수도인 경주와 고려왕조의 수도인 개성이 여기에 해당한다. 그래서 경주를 동도(東都)라고 하고, 개성을 송도(松都)라고 한다. 여기에서 추가되는 사실이 강화도를 두고 강도라고 한다는 것. 강화도가 38년간 고려왕조의 수도였기 때문이다. 단순한 임시수도를 넘는 대접을 받은 것이다.

마니산의 참성단이 언제 건립되었는지는 잘 알 수 없다. 하늘에 제사를 올리는 제천의식의 행사장인 것은 사실이며, 한편으로 고대의 산악숭배와도 관련이 있어 보인다. 1270년 이래 몇 차례 보수한 것을 보아 원형은 사라졌다고 보는 게 객관적인 사실에 부합한다. 세종실록 지리지는 참성단을 두고 단군이 하늘에 제사를 지내는 석단이라고 세상에 구전되어 온 사실을 기록해 두기도 했다. 이 사실 기록은 후세를 위해 썩 잘한 일이었다.

참성단 못지않은 사실도 있다. 고구려 소수림왕 때 우리나라에 불교가 북방 루트로서 처음 전래되었다. 이 무렵에 아도 화상이 강화도에 진종사(眞宗寺)를 연 것이 강화도 땅에 역사적인 터의 무늬를 처음 새긴 것이라고 평가된다. 아마 고구려의 멸망과 함께 이 고찰도 폐사가 되었을 것이다. 그 후 13세기 중반에 이르러서야 다시 터를 다져 오늘날의 전등사로 발전시켜 왔다. 지금도 전등사 주변에는 수백 년이 된 나무들이 빼곡해 마치 낙원의 숲을 이룬 것 같다.

강화도라고 하면 한마디로 말해 외침사(外侵史)의 역사 현장이라고 할 수 있다. 한국사에 있어서의 외침사는 고대의 한수당(漢隋唐)과 중근세의 원청왜(元淸倭)로 요약된다. 고대 중국의 국력이 강한 시대는 한나라와 당나라 때였다. 소위 '강한성당(强漢盛唐)'의 시대로 돌아가는 것이 지금의 중국몽이기도 하다. 한나라는 군사적으로 막강했으며, 당나라는 문화적으로 융성했다. 한나라 때 고조선이, 당나라 때는 고구려와 백제가 멸망했다. 우리는 당나라 군대를 오합지졸의 상징으로 여기지만 군사 강국인 고구려를 멸망시켰다. 여몽 전쟁과 병자호란은 주지하듯이 강화도와 밀접한 관계를 맺었다. 고려는 28년 동안 몽골과 전쟁을 벌였고, 38년 동안 강화도를 수도로 삼았다. 병자호란은 강화도가 무너져 가장 짧은 기간에 벌어진, 또 가장 피해가 큰 전쟁이 되고 말았다. 16세기 말에 7년 동안에 전쟁을 일으킨 왜가 국내의 정한론을 등에 업고 1875년에 일본이 운양호를 파견해 강화도를 침공한 이래 1910년 경술국치에 이르기까지, 우리는 일본 제국주의의 한반도 침탈 35년의 역사와 마주할 수밖에 없었다.

우리는 강화도를 통해 역사의 교훈을 얻을 수 있는 게 한두 가지가 아니다. 크게는 세 가지 정도다.

첫째는 몽골에게 끝까지 항전하자는 세력은 강화도에 거점을 둔 마지막 무인 세력이었음에 주목하자. 우리나라 사람이면, 학교 교육의 역사 시간을 통해 무신정권이란 말을 들어보았을 것이다. 무신은 왕권에 종속된 개념인데, 무신정권이란 말 자체가 모순 개념이다. 고려의 무인들은 꼭 백년(1170~1270)을 지배했다. 권력을 장악한 그들은 왕권에 종속되기는커녕 왕권을 능멸했다. 중립적인 표현인 무인정권이라고 하는 게 적절해 보인다. 이들이 마지막 정치적 기반으로 삼았던 강화도는 자주국방의 상징적 장소성을 지닌다. 대한민국 시대에도 무인 시대가 있었다. 박정희가 쿠데타를 일으킨 시점(始點)에서부터 문민정부를 세울 김영삼이 대통령에 당선된 종점에 이르기까지 꼭 30년이 걸렸다. 고려왕조의 무인 시대 100년과 대한민국의 무인 시대 30년은 결이 달랐다. 전자가 왕권을 견제한 시대라면, 후자는 민권을 억압한 시대다. 다만 뒤끝이 상반된다. 전자가 외세에 의해 의존적으로 종식되었다면, 후자는 국민의 선택에 의해 자발적으로 종식된 것이다.

둘째는 여몽 전쟁에서 고려가 28년 간의 장기전으로 맞섰는데, 병자호란은 조선이 왜 속전속결로 몇 달만에 당했느냐 하는 물음이다. 잘못된 인사가 역사의 엄중한 교훈을 남긴 것이다. 인조는 남한산성에서 버티면서 삼남 지역의 의병에 기대를 걸어보았지만 강화도가 무너짐으로써 자신의 가족들이 인질로 잡힌 마당에 어쩔 수 없이 항복하게 되었다. 강화도 수비의 막중한 전권은 임시직인 강도감찰사에게 부여되었다. 영의정 김류는 자신의 외아들 김경징을 천거했고, 인조가 이 인사를 수용했다. 김경징은 세자빈 강씨와 봉림대군 등의 임금 가족보다 자신의 집에 감추어놓은 금은보화를 먼저 배에 실었다. 그는 강화도가 금성철벽임을 믿고 아무런 대비도 하지 않은 채 매일 술판을 벌이다가 청나라 군대에 당한 것이다. 개인의 무능, 인사 참사는 망국의 나락에 빠뜨리고 만다. 나는 소설가로서 이 역사의 교훈에 관해 역사소설을 준비하고 있다.

셋째는 고작 250톤의 전투함과 수십 명의 일본 해군에게 강화도 초지진이 농락당한 운양호 사건에 대해서다. 이 때문에 이듬해인 1876년에 강화도 수호 조약을 맺어 불평등한 문호 개방의 길을 터줌으로써 일본 제국주의의 한반도 진출의 발판을 마련해준 것이다. 운양호 사건은 국방비를 우선으로 하지 못해 생긴 뼈저린 사건이다. 최근의 보도에 의하면, 작년에 대폭 삭감한 대통령실 특활비를 부활하는 대신에 국방비 905억을 삭감할 것이라고 한다. 이것이 사실이라면, 우리는 다시 운양호 사건으로 되돌아가는 수밖에 없다. 나는 강화도에서 한숨이 절로 나왔다. 송호근의 역사소설 「강화도」(2017)는 1876년의 시대 상황 속에서 무관으로서 외교 활동을 해온 신헌의 내면 풍경을 소재로 한 이야기다. 장편소설인 이것에서 단 한 문장을 뽑아낼 수 있다면, 다음의 문장이 바로 그것이다.

"나라와 조정의 안위가 여기 강화도에 달렸다."(50쪽)

거듭 말하지만, 강화도는 한국사의 축소판이었다. 우리는 강화도에서 역사의 교훈을 얻지 않을 수 없다. 이재명 정부는 19세기 말의 이른바 '위정척사' 세력에 진배없다. 자신들만이 정의로운 민주 세력이요, 그 반대편은 죄다 사악한 내란 세력이다. 시쳇말로 말하자면, 위정척사는 세칭 '내로남불'이다. 자신들이 쓰면 썩 유용한 특활비요, 남이 쓰면 막(마구) 유용된 혈세다. 6개월 전만 해도 특활비를 빼앗아버려 계엄의 원인을 제공해 놓고, (더 지나 봐야 알겠지만, 계엄의 선포를 유도해 놓고) 국방비를 특활비로 막 쓰겠다는 세력이 권력의 중심축을 새롭게 형성하고 있어도, 해야 할 말을 해야 하는 게 이 시대 식자(지식인)들의 도덕적 책무인데, 지금 이들은 어디에서 무얼 하고 있는지 전혀 알 수 없다.

자유의 정치적 의미

내가 오랫동안 생각해 온 가치 중의 하나가 이른바 '자유(自由)'라고 하는 낱말이었다. 나에게는 일생의 경험을 통해 얻은, 값어치 있는 추상명사의 목록이 있다. 이 중에서도 자유니, 사랑이니, 행복이니, 평화니, 건강이니 하는 것 등은 으뜸의 가치에 포함되는 낱말들이란 점에서, 내 인생의 주제어다.

내가 만약 일제강점기에 태어났거나 공산 치하에서 태어났다면, 정신적인 창조 활동을 하는 지금의 내가 존재했을까, 하고 생각을 해 본다. 아마도, 평생토록 어쩔 수 없는 일만 하고 살았을지도 모른다. 삶의 터전이 자유롭기에, 자신이 하는 일마저 자유롭게 선택할 수가 있는 데가 바로 자유 대한민국이다. 이렇게 말하는 나를 두고 누군가 '꼴통'이라고 한다면, 그들이야말로 '밥통'이다.

그건 그렇고, 대부분의 지식인들은 자유라고 하면 서구의 용어를 가져오는 과정에서 새로 만든 근대적 번역어로 오해하기도 했다. 하지만 이 낱말은 우리에게 오래전부터 사용해 온 자취가 남아있다. 내가 몇 년 전에 지방의 일간지에 발표한 칼럼에서, 최치원과 정약용의 시 가운데 이미 자유를 사용했음을 밝히기도 했다. 이 사실을 여기에서 되풀이해

다시금 밝혀도 적절할 것 같다.

최치원과 정약용의 자유

　자유와 부자유를 논할 때, 이 두 가지 개념은 어떤 차이가 있을까? 몸의 자유와 마음의 자유가 서로 다르기 때문에, 모호하게 느껴지기도 한다. 세상의 이런저런 일들이 모호할 때가 적지 않다. 자유와 부자유를 가르는 조건 중의 하나는 주체의 행위를 자기 원인에서 찾는가, 타자 원인에서 찾는가에 달려 있다. '자유'라고 하는 말됨됨이(조어)를 보자. 동양권에서의 이 단어는 글자 그대로 '스스로 말미암다'이다. 즉, 내 탓이요, 하고 생각할 때 자유롭다. 자꾸 남 탓을 하면, 마음이 자유롭지 못하다. 일반적으로, 자유는 영어 '프리덤'과 '리버티'의 근대적 번역어로 여겨왔다. 하지만 자유는 우리나라 문헌에서도 확인이 되듯이 오래전부터 써온 단어다. 내가 '한국고전종합DB'에다 이 단어를 검색해 보았더니, 무려 206종의 용례가 확인되었다. 우리의 옛 지식인들은 이 단어를 거의 일상으로 상용하는 수준이었다고 해도 과언이 아니었다.

　고운 최치원은 「바다 갈매기」라는 7언시를 지은 바 있다. 정황상으로 볼 때 부산 해운대에서 지은 것으로 추정된다. 그가 바닷가에서 살지 않은 중국에서 지었다고 생각되지 않는다. 지금도 겨울이면 동백섬 부근에 갈매기들이 어김없이 떼를 지어 배회한다. 내 도로명 주소지가 동백로여서 잘 안다. 그의 시에는 '출몰자유진외경(出沒自由塵外境)'이란 함축적인 7언이 담겨 있다. 갈매기가 '진'과 '외경'의 경계선에서 자유롭게 출몰한다는 뜻이다. 자신도 시쳇말로 야구장에 울려 퍼지는 '부산갈매기'가 되고 싶었던 걸까? 먼지를 가리키는 '진'은 속세요, 진의 바깥 경지를 가리키는 '외경'은 탈속이다. 세속과 탈속을 오가며 나타났다 사라지는 저 바다 갈매기를 쳐다보면서, 그는 진정한 자유를 향유했던 것이다. 최치원의 자유는 지금의 관념에서 볼 때, 무경계성, 혹은 탈경계성을 가리킨다는 점에서, 가장 높은 단계의 자유의 경지인 것이다.

다산 정약용은 강진 유배지 야산의, 솔바람이 부는 다산초당에서 긴 시를 썼다. 그저 겸손하게 유배인의 잡감을 담았다는 뜻의 제목인 「송풍루 잡시」는 무려 128행이나 되는 장시다. 두 행인 열네 자만 인용하자면, 산거무사불우유(山居無事不優游), 오매가언득자유(寤寐歌言得自由). 정약용은 자신의 유배생활을 이처럼 '산거(山居)'라고 했다. 산에 갇힌 자신의 생활은 그다지 일이 없다. 그는 18년 동안 유배생활을 했다. 이 긴 세월을 허송세월이 되지 않도록 방대한 분량을 저술하고 현지 제자들을 모아 가르쳤다. 물론 우유(優游), 넉넉히 놀 수 없다고 했으니, 행동의 제약은 있었으리라. 그렇지만 마음대로 잠을 잘 수도, 잠을 깰 수도 있고, 또한 언제라도 가언(歌言)이라. 노래할 수도, 말할 수도 있다. 이런 데서, 그는 자유를 느꼈으리라. 그는 음악에 조예가 있어 『악서고존』을 저술했듯이, 혼자서 심심풀이로 창을 한 것 같다. 평소에 과묵한 그도 제자들 앞에선 다언이었을 것. 열정적인 강학이 눈에 선하다. 그가 그토록 오랜 세월을 변방에 유배되었는데 포한과 분기가 왜 없었겠는가?

그는 개인적인 분기를 정신적인 자유로 승화함으로써 사마천의 경우처럼, 그의 경지처럼 말하자면 '발분(發奮)의 저술'를 성취할 수 있었다. 이때 발분의 저술은 분노를 발산하는 저술이 아니라, 분노를 억누르면서 새로운 창조적 에너지를 발산하는 저술을 말하는 것이다. 오늘날의 개념에서 볼 때 발분은 분발에 가까운 개념이라고 할 수 있다.

윤동주와 김수영의 자유

나는 비평가요, 국문학자다. 오랫동안 글을 읽고, 책을 써 왔다. 특히 현대문학을 주 전공으로 삼아왔다. 우리나라가 식민지와 38선과 전쟁과 후진성 등을 경험해 오는 과정에서 숱한 역사의 곡절을 겪어온 게 엄연한 사실이었다. 내 전공인 우리 문학 역시 이런저런 곡절로부터 멀찍이 떨어진 것은 아니었다. 나는 최근에 이르러 저서 『자유와 인권의 문학사』를 간행했다. 이 책은 1919년의 동인지 『창조』에서부터 1990년대 여성주의 문학에 이르기까지 자유의 개념이 투영된 바의 내력에 관해 비평적, 학구적인 틀을 구성해 보았다. 나는 이 기간 중에 활동한 앞 세대 숱한 문인들에게 경의를 표해 마지않는다. 그런데 이 책을 정리하고 있던 중에 12 · 3 계엄이 일어났다. 세상이 요동치고 있을 때 이 책은 출판의 과정을 겪었다. 무거운 마음으로 책을 간행했다.

책의 서문을 대신해 내 유튜브 강의에서 손질한 내용인 '윤동주와 김수영의 자유'에 관해서 비교한 생각의 조각들을 제시하기도 했다. 우리나라 시문학사를 대표하는 윤동주와 김수영은 나이가 고작 네 살 차이에 지나지 않는다. 이들이 동시대의 사람임에도 불구하고, 마치 다른 시대를 살았던 시인인 것처럼 여겨진다. 윤동주가 일제강점기의 시인이요, 김수영은 해방 이후의 시인이다. 윤동주가 민족주의자라면, 김수영은 자유주의자다. 윤동주는 민족주의에의 철저성으로 말미암아, 주지하듯이 후쿠오카 형무소에서 순국했다. 이에 반해 김수영은 거제도 포로수용소에서 친공도 반공도 택일하지 않은 중도적인, 어떤 의미에 있어선 유연한 처신으로 인해 민간 억류인으로서 석방될 수가 있었다. 윤동주는 평양의 숭실중학교에 재학할 때 격렬했던 신사참배거부운동에 동참한다. 평양 시내의 학생들이 연계되어 일경들과 집단 난투극을 벌였다는 증언들이 여기저기에 남아있다. 다음은 이 시기에 쓴 소년 윤동주의 습작이다. 제목은 '종달새'다.

> 종달새는 이른 봄날
> 질디 진 거리의 뒷골목이
> 싫더라.
> 명랑한 봄 하늘,
> 가벼운 두 나래를 펴서
> 요염한 봄노래가
> 좋더라.
> 그러나,
> 오늘도 구멍 뚫린 구두를 끌고,
> 훌렁훌렁 뒷거리 길로,
> 고기새끼 같이 헤매나니,
> 나래와 노래가 없음인가,
> 가슴이 답답하구나.

 이 시는 지금의 고등학교 학생에 해당하는 윤동주가 1936년 3월에 평양에서 쓴 시다. 한 시대의 '불평지기(不平之氣)'가 고스란히 담겨있다. 이 시는 그의 시대를 활짝 열어놓는 계기가 된다. 조선인 학생에게 신사참배를 강요하는 것은 구속이요, 억압이다. 그에게 있어서 종달새는 자유의 상징인 셈. 나래, 즉 날개가 없음은 실존적인 한계상황이며, 노래가 없음은 표현의 자유가 없다는 사실을 말하고 있다. 표현의 자유는 삶을 성찰하게 하며, 성찰하는 삶만이 살만한 가치가 있다.

 이로부터 14년이 지난 후에, 4·19 직후에 김수영 역시 종달새(노고지리)를 소재로 한 시를 신문 지상에 발표한다. 제목은 '푸른 하늘을'이다. 그는 4·19의 감격을 기념하고 있었다. 시의 내용 중에서 절반만 인용하면 다음과 같다.

> 자유를 위해서
> 비상하여 본 일이 있는
> 사람이면 알지
> 노고지리가
> 무엇을 보고
> 노래하는가를
> 어째서 자유에는
> 피의 냄새가 섞여 있는가를

이 시는 1960년 6월 15일에 쓰였지만, 그해 동아일보 7월 7일에 발표되었다. 종달새가 알에서 나오면 날기 위해, 즉 자유를 얻기 위해 오래 날갯짓을 하지 않으면 살쾡이 같은 들짐승에게 잡아먹힌다. 그래서 그는 자유에 피의 냄새가 섞여 있다고 말한다. 혁명은 단 한 번의 날갯짓으로 성취되는 게 아니다. 시민혁명으로서의 4·19의 미완성 및 한계가 잘 드러난 시라고 하겠다. 요컨대, 이름은 달라도 같은 새로부터 자유정신의 이미지를 투사한 윤동주와 김수영의 시를 통해, 우리는 역사 속의 실존 및 생존에 대한 우리의 문제의식을 확인할 수 있겠다.

윤석열의 몰락과, 그 이후

나는 세상에서 가장 부자유한 사람이 정치인가 아닌가 한다. 이유는 간명하다. 만날 남 탓만 해서다. 한 번 남 탓을 하면, 한도 끝도 없이 이어진다. 그 '내로남불'에서 이제는 벗어나야 한다. 자유민주주의가 서구적인 모델인 것은 사실이지만, 자유정신은 우리에게도 있었다. 권력을 탐하면, 자유롭지 못하다. 권력에서 소외된 최치원과 정약용이 왜 자유로웠는가를 생각해야 한다. 지금의 정부가 표방한 자유가, 모든 게 내 탓이요, 즉 자기 원인과 자기 책임에서 찾는 자유면 좋겠다.

자유라고 하는 개념에다, 생각 틀, 즉 사상의 프레임을 걸면, 이를테면 소위 자유주의가 된다. 물론 이것에는 다양한 함의가 있다. 오래되지 않은 일인 듯하다. 사적인 대화에서 나온 말인지 어디에서 읽은 글인지 잘 알 수 없지만, 샤르트르의 자유주의가 인권 자유주의라면, 윤석열의 자유주의는 시장 자유주의라는 것. 이걸 두고서 나는 일단 흥미로운 비교 및 유추로 받아들였다. 그만큼 자유주의를 이해하려는 개념적 패러다임이 다양하고 폭넓다는 걸 말해준다.

생각을 가다듬어 한 편의 글을 쓰고 생각과 생각의 틈새를 잇고 맺어서 한 권의 책을 이루어내는 일은 내게 필생의 업이다. 나의 여생에 이보다 더 뜻있는 일이 또 어디에 있겠나, 싶다. 책들이 하나하나 나올 때마다 책이란 것이 한낱 종이 묶음으로만 결국 남는 것이란 생각에서 쉽게 벗어날 수 없는 것이어서 참으로 허무하기까지 하지만, 그래도 책을 통해 인간과 문학의 가치, 인문 정신의 엄위(嚴威)를 성찰하는 기회를 가질 수 있다는 점에서 보람이 없지 않다.

자유를 부르짖던 윤석열은 몰락했다.

나는 윤석열이 정치적으로 몰락해도, 자유의 개념은 몰락되어선 안 된다고 생각한다. 그의 몰락은 우리 사회에서 보수의 몰락이기도 한 것인데, 보수의 잔존 세력은 이제 다시 자유의 개념을 정립해야 한다고 본다. 윤석열 식의 자유가 문제가 있다면 자유의 개념을 새롭게 재건해야 한다고 본다

그동안 자유주의는 국제적으로 영향력이 컸다. 자유무역과 민주주의의 확산이 나라와 나라 사이에 상호의존성을 높여 전쟁을 줄인 효과도

현대 세계사의 긍정적인 면이었다고 본다. 하지만 지금 세계는 자유주의와 권위주의가 첨예하게 대립해 있다. 권위주의 체제를 유지하고 있는 나라들, 이를테면 러시아, 중국, 이란, 북한 등이 지금에 직면하는 전쟁에 직, 간접적으로 얽어져 있다.

마무리 : 다자주의의 길

미국식의 자유주의가 중국을 누르거나 달랠 수 없다는 데서 알 수가 있듯이, 자유주의리고 하는 것은 아닌 게 아니라 한계에 다다르고 있다. 앞으로 세계 질서는 다자주의(multilateralism)로 재편될 가능성이 없지 않다. 강대국의 패권은 무력해지고, 나라와 나라는 동등, 인권, 호혜 등의 문제들이 그물망처럼 촘촘하게 얽혀질 것이다. 군사적으로나 경제적으로, 또 과학기술 분야에서의 위상에 대해 주목을 받고 있는 우리나라의 국제적인 역할도 결코 작지 않을 것으로 전망된다.

내 생각으로는 가장 바람직한 의미에 있어서 다자주의야말로 진정한 자유주의의 연장이 아닌가, 생각한다. 관점의 다양성을 인정하는 자유주의, 나와 다른 생각이 옳다고 인정해 줄 수 있는 여지가 있는 자유주의가 바로 다자주의가 아닌가, 생각해 본다. 트럼프가 재임 중에 다자주의를 거부하고, 미국 우선주의를 강하게 밀어붙인다고 해도, 트럼프 이후의 세계 상황은 무척이나 유동적이다. 우리는 이에 대처할 준비를 언제든지 해야 한다.

정치는 국경선에서 멈춰야 하지만, 외교와 문화는 국경선을 넘어서야 한다. 문화적으로는 우리가 이미 국경선을 넘어섰다. 특히 대중문화 분야에서, 저간에 국제적으로 뻗어가는 한류를 보듯이 말이다. 세계가 케이(K) 무엇 하면서 우리를 주시하고 있다. 우리나라의 정치, 외교도 국제적인 대열에 참여할 시점이 되었다고 본다. 우리는 이제 조붓한 민족주의에서 벗어나 너붓한 다자주의에 동참해야만 앞으로 성숙과 발전과 미래상을 기약할 것이다. 정치계는 오만해선 안 된다. '지금도 내란 중'이니 '국민의 명령'이니 말장난 타령을 할 때가 아니라고 본다.

일본이 잃어버린 것

나는 2006년의 가장 무더운 때에 도일했다. 한 대학에서 1년 동안 연구교수로 체류할 수 있었다. 한국에서 가지고 간 책 중에서 이런 게 있었다. 한국어판 제목 '부자 나라, 가난한 국민 일본'이었다. 그해 일본에 가니 '잃어버린 15년'이란 말이 나돌았다. 1991년은 일본의 버블경제가 붕괴되기 시작한 시점이었다. 부동산, 주식 등의 자산 거품이 꺼지기 시작했다. 이때부터 일본은 장기 불황이 시작되고, 사회적인 불안감도 확산되었다. 그 책의 원본 초판은 1994년에 간행되었다. 저자는 일본에 오래 거주한 네덜란드 언론인인 카렐 반 월프런이었다. 그 당시에 흔들리던 일본 사회의 문제점들을 거침없이 쏟아냈는데, 관료적 권위주의와 낮은 시민의식이 핵심으로 지적되었다. 책의 원제목은 '정치화된 사회의 허위적 현실'이었다.

1994년은 10개월 동안 권력을 상실한 자민당이 재집권하였고, 경제 회복을 위한 도쿄 선언이 있었고, 오에 겐자부로가 노벨문학상을 수상했다. 그가 행한 수상 연설문 제목은 '애매모호한 일본의 나'였다. 1968년의 가와바타 야스나리의 노벨문학상 수상연설문 제목인 '아름다운 일본의 나'에 대한 비판이기도 했다. 아름다운 일본은 일본 전통의 미의식,

예(芸)의 심미주의, 19세기 말 유럽의 일류(japonism) 열풍, 제국 일본의 욱일승천, 전후 일본의 고도성장 등인지 모른다. 하지만 겐자부로는 일본의 자폐성을 신비로 포장해서는 안 된다고 보았다. 일본의 아름다움과 추악성의 경계가 애매모호하다는 것. 월프런의 논리에 의거한다면, 일본이 아름다운 나라라는 환상이야말로 '허위적 현실(false reality)'에 지나지 않는다. 허위적 현실은 금방 고칠 수 있는 단순한 오해가 아니라, 너무 뿌리가 깊어 쉽게 바꿀 수 없는 현실을 두고 말하는 것이다. 한때 세계에서 가장 앞선 복지국가라고 자부한 구소련처럼, 지금도 노동자의 천국이라고 선전하는 북한처럼 말이다.

일본의 관료들은 샐러리맨이라는 대군에게 박차를 가하면 나라를 구름까지 끌고 올라갈 것으로 믿었다. 한때 실제로 그랬다. 장기침체가 지속되면서 그것이 아니라는 걸 알았다. 2010년대 일본에서는 '하산(下山)의 사상'이 휩쓸었다. 말을 바꾸자면, 일본인인 '우리'도 이제 탐욕의 정점으로부터 겸허하게 내려와야 한다, 라고 말이다. 일본에서는 '잃어버린 30년'(1990~2020)을 곧잘 쓰기도 했다. 이 경우에는 보통 1990년을 기점으로 삼기도 한다. 국민총생산액을 보자. 이 30년 동안에 중국은 37배 증가했다. 한국은 7.6배, 미국은 3.5배였다. 일본은 겨우 1.5배였다. 임금도 한 세대에 걸쳐 겨우 4.4%가 증가했을 뿐이다. 사실상 제자리걸음이었다. 젊은이들이 비정규직으로 내몰리거나, 은둔형 외톨이로 방안에 가두어졌다. 양지의 회사 인간은 줄어들고, 음지의 사회 인간이 증폭했다.

우리나라는 어떤가?

개헌으로써 87 체제가 정립되면서부터 5년 간격의 대통령 직선을 통해 민주화가 착착 진행되어 갔다. 민주화의 원년인 1987년은 절차적 민주주의가 실현되었다. 16년 만의 대통령 직선제가 부활했기 때문이다. 1992년은 문민정부를 출범시켰다. 건국 때부터 노태우 때까지 이어온 권위주의 체제는 와해됐다. 1997년은 평화적 정권 교체를 처음으로 이루었다. 건국 이후에 한 번도 경험하지 못한 사례였다. 노무현이 승리한 2002년은 시민적 참여의 가능성을 활짝 열었다. 이처럼 우리의 민주화는 단계적으로 이루어져 갔다.

하지만 나는 한국 민주화 과정에서 외형보다 특히 내실에 대해 의문을 품지 않을 수 없다. 삶을 구성하는 노동 현장의 민주화가 포함되어야 하는 구성적 시민사회의 형성이 과연 성공했는가를 우선적으로 성찰의 대상으로 삼지 않을 수 없다. 또 지금도 권위적이고 획일적인 시민운동이 민주적인 성격 및 절차를 가지는가를 되묻지 않을 수 없다. 당 지도부나 노조 지도부의 상명하달 수직적 조직 문화의 개입이 없는 시민 구성원의 수평적 참여가 우리의 정치 현실에서 과연 가능한가에 대해서도 의문을 던진다.

일본의 성장과 발전을 저해하는 조직은 두말할 나위도 없이 관료 사회와 우익 집단이다. 일본인들에게도 시민은 정치적 주체다. 월프런에 의하면, 일본에서도 시민 단체가 없는 게 아니다. 하지만 우리와 달리, 정치적으로 무력하단다. 지금도 그렇단 얘기가 있다. 그는 일본의 정치화된 사회가 일본인들을 울타리에 가두어놓은 시스템이라고 본다. 그는 일본인들에게, 시민으로서의 진정한 모임을 만들기를 권유한다. 그래야만 타성화된 무의식을 일깨워 의식화될 수 있다고 보고 있다. 지금으로부터 31년 전에 간행된 책이지만, 지금의 우리에게도, 일본인들에게도 건전한 시민의식이야말로 시민사회 발전의 척도가 될 수 있을 것이다.

일본은 정녕코 무엇을 잃어버렸나?

한동안 하늘 높은 줄 모르고 들뜬 욕망에 의해 전통 사회의, 검박하고도, 겸허한 마음씨를 잃어버렸다. 고도성장이 끝없이 유지될 것이라고 생각한 것도 잘못된 생각이었다. 무엇보다도 대외 관계에 있어서 겸허한 자세를 보이지 못한 게 문제였다.자신들을 되돌아보면서 반성할 것은 해야 하는데, 이러지 못한 낮은 수준의 역사의식도 일본인들에게는 족쇄가 된 것 같다.

부기 : 최근 일본에 대한 소회

일본의 정치인 다카이치 사나에가 자민당 총재에 피선되었다는 속보가 떴다. 특별한 변수가 없는 한, 일본은 최초의 여성 총리를 배출한다. 그렇다면, 일본은 새로운 역사를 쓴다. 일본 정치권에서 자유로울 수 없는 세습(世襲)의 이미지가 그녀에게 전혀 없다는 사실에서도, 즉 그녀가 정치적으로 자수성가를 해왔고, 이번 총재 경선에서 세습파인 고이즈미를 눌렀다는 점에서도 놀랍다. (우리에게 '그녀'는 약간 비하의 어감이 없지 않지만, 일본에서는 자연스런 지칭이다. 대부분 남성인 총리가 되면 '군(君)'이란 존칭을 쓰기도 하는데, 이는 우리와 달리 이름 다음에 따라오는 씨(氏), 선생님의 뉘앙스를 내포하고 있다.)

내가 일본에서 한해살이를 해봤지만, 일본은 우리의 젠더 감수성에 훨씬 미치지 못한다. 여성은 다소곳해야 한다는 전통적 여성관이 아직 뚜렷이 남아있는 것 같았다. 최근의 보도에 의하면, 한국 청년과 일본 처녀의 국제결혼이 급증하고 있다고 한다. 일본인의 결혼 비용은 우리보다 저렴하다. 우리의 경우는 여성이 남자 측의 가족 구성원이 된다는 의미가 뚜렷하기에, 신랑 측에서 더 경제적인 부담을 안고 있다는 게 사실이다. 유교 전통이 우리보다 약한 일본에는 그런 게 없다. 한국 청년의 입장에선 결혼 비용이 적게 들고, 일본 처녀의 입장에선 젠더 평등이 보장되는 결혼 문화에 대해 호감을 가지는 듯하다. 일본 여성은 결혼한 남편을 '주인(主人)'이라고 지칭하기도 하였는데, 이것은 남녀관계가 주종관계였음에 대한 잔영이기도 하다.

최초의 여성 총리를 목전에 두고 있는 일본이 부럽다. 다카이치 사나에는 지방대 출신의 여성이다. 이것의 의미가 심상찮아서다. 지방 소외의 가속화 현상과 여성혐오에 기댄 젠더 권력에서 허우적대는 우리로선 아득히 먼일처럼 느껴진다. 최근 10년 동안에 불고 있는 여혐의 정치적 선풍은 지금의 우리에게 본질인지, 본질을 흐리게 하는 것인지 애매모호하기만 하다. 우리도 일본처럼 애매모호해진다. 선악의 경계가 허물어진다.

세습의 이미지가 강한 박근혜의 실패 이후에, 소위 '비세습'이면서도, 지방대 출신인 두 번째 여성 대통령이 우리에게 당분간 가능할까? 누구나 아득한 먼일처럼 느껴질 것이다. 어쩌면 내 생애에 실현되지 못할 수도 있다. 작년에 우리의 국민 1인당 GDP가 일본을 추월했다고 하더라도, 국격의 차이는 하루아침에 지워지지 않는다. 여전히 현저하다. 이 현저한 느낌이나 인상은 2025년 10월 현재에, 과학 분야의 노벨상 수상자 수가 27대0에서 오는 것처럼.

제3부

인물 재조명

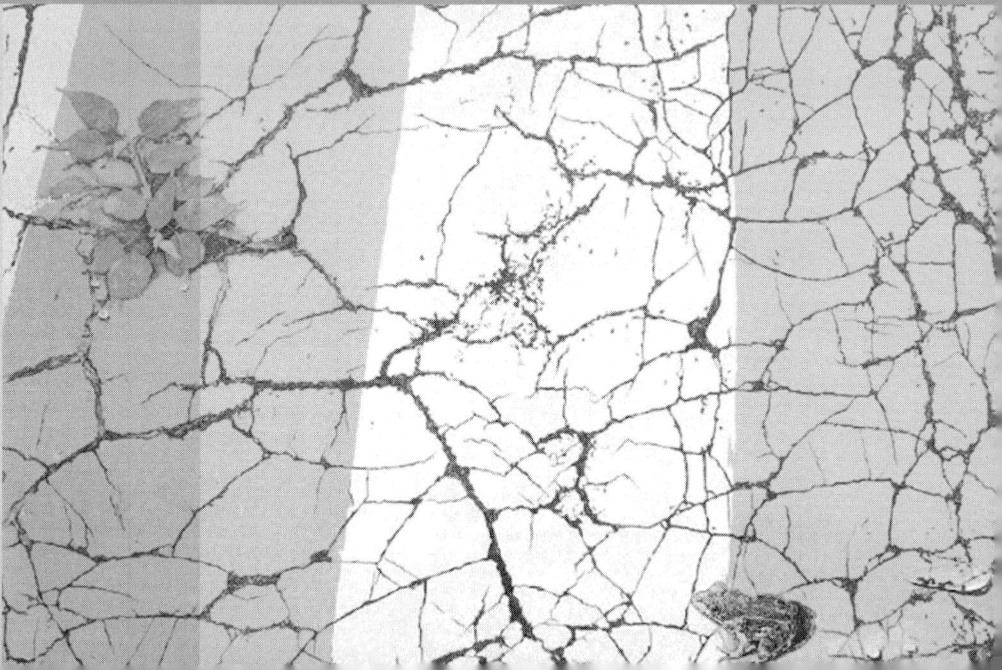

리영희 : 전환 시대의 논객

리영희의 명저 『전환 시대의 논리』(1974)를 최근에 다시 읽었다. 그리 긴 시간이 걸리지 않았다. 내가 이 책을 처음에 읽은 때는 1978년 상반 기였다. 이때 나는 서울의 한 대학교 국문과에 재학하고 있었다. 요즘 식의 나이로는 약관(弱冠), 스무 살이었다. 이때만 해도 지금의 '독파력' 과는 비교가 되지 않아, 띄엄띄엄, 겨우겨우 읽어 나갔다. 거의 반세기 만의 독서라고 해도, 새로운 책을 읽는 느낌이 다가왔다. 지금 읽어도, 고정관념을 깨는 독서 경험 같은 것이 이 책이 지닌 고유한 특장이 아닌 가, 생각된다.

이 책은 1970년에서부터 1973년에 이르기까지 주로 발표한 시사평론 들을 묶은 책이다. 초판은 1974년에 발간되었다. 내가 새로 읽은 책은 초판 반세기 후인 2014년 개정판이다. 초판으로부터 34쇄에 해당한다. 그는 초판 서문에서 이렇게 말했다. '나는 특히 중국 문제에 관해서 해설 자 이상을 자처해본 일이 없다.'[1] 그가 쓴 글들이 자신의 사상은 반드시 아니라는 사실을 미리 밝힌 셈이다. 그러니까 엄혹한 시기에, **빠져나갈**

---

[1] 리영희 평론집, 『전환 시대의 논리』, 창비, 2014, 8쪽.

구멍을 마련한 셈이라고 해도, 당시 지식인으로서 대단한 용기가 아닐 수 없다.

나는 1978년 7월부터 교사로서 재직하기 시작했다. 특수한 상황의 군 대체 복무의 개념과 비슷했다. 스물한 살의 나이가 된 시점부터였다. 이 때부터 5년 동안에 주말을 부산에서 보내고 월요일 새벽에 울산행 버스를 타고 갔다. 교사가 된 시점부터 전두환이 첫 번째 대통령이 되던 때까지 2년간은 거의 매주에 걸쳐 시사 주간지를 구입했다. 이 2년은 우리나라도 중국도 정치적인 격동기였다. 그 당시에 주간 시사지는 중국의 개혁개방에 대해 민감하게 반응하고 있었다. 내가『전환 시대의 논리』를 읽을 때만 해도 신중국의 과도기인 화국봉의 시대였다. 1979년이 되면서 등소평의 시대가 도래했고, 중국은 새롭게 격변했다. 이 책이 발간된 지 5년 후부터 책의 내용이 점차 낡아가기 시작했다. 그럼에도 불구하고, 이 책이 50년 이상이나 두루 읽히면서 고전의 반열에 오른 것은 아이러니가 아닐 수 없다. 우리나라 정치사상에 얼마나 친중국 세계관이 깊숙이 물들어 있나를 알 수 있는 대목이 아닐 수 없다.

전환 시대라는 용어는 시대의 변화를 감지한 언론인이자 논객인 리영희가 부여한 명칭이다. 하지만 그가 가치판단의 대상으로 삼고 있는 일들의 시대는 전환 시대만이 아니라 그 이전인 냉전 시대도 혼재되어 있다. 중국 근현대사와 베트남전쟁이 냉전 시대의 산물이라면, 일본의 재등장을 포함한 1970년대 초반의 동아시아 정치외교의 문제는 전환 시대 다음의 일이라고 하겠다. 대체로 보아서, 전환 시대의 시각을 가지고서 냉전 시대의 일을 비판한 것이 바로『전환 시대의 논리』라고 할 수 있겠는데, 어쨌든 리영희는 냉전 시대를 어떻게 보고 있나 하는 것을 살펴보는 것이 좋을 것 같다고, 나는 생각한다. 그는 냉전 시대를 두고, 흑과 백, 천사와 악마, 죽일 놈과 살릴 놈, 악과 선의 이치(二値)적 가치관으로만 판단하는 버릇이 생긴 시대라고 말한다.[2]

리영희는 편의상 1950년대를 냉전 시대라고 봤다. 우리나라의 경우에, 말하자면 '반공주의와 반공 전초를 유일한 국가 생존의 이데올로기로 내세우며 미국과의 혈맹관계가 영원한 형제애로 지속될 것이라는 사고'[3]가 지배하던 시대다. 그의 논리라면 이 사고는 적어도 노태우의 북방 외교 이전인 1980년대에까지 이어졌다. 시대가 안 맞다. 그는 1960년대를 전환 시대라고 했는데, 이때 냉전이 온전히 해소된 것은 아니다. 자신이 글을 쓰고 있는 시대를 전환 시대라고 본다면, 이 또한 시대가 안 맞다. 그가 1960년대에 적잖은 글을 썼겠지만, 『전환 시대의 논리』에 실려있는 글들, 그러니까 길거나 짧거나 간에 22편의 글이 모인 이 글들은 모두 1970년에서 1973년까지 4년에 걸쳐 발표된 글들이다. 그는 이 4년을 전환 시대라고 인식하고 있다는 사실이 도처에 깔려 있다. 또 이 4년을 가리켜 극동에서의 미중일(美中日) '앙땅뜨 모색의 시대'[4]라고도 했다. 소위 '앙탕트(entente)'는 이 대목에서 '화해'라고 하는 것이 좋겠다. 말이 화해지, 자국의 이익을 위해서라면 독재 정권의 지원도 서슴지 않는다는 미국식, 키신저식의 '현실 정치(realpolitik)'라고 하겠다.[5] 이 생각 틀은 지금도 유효하다. 트럼프와 김정은이 언제 돌발적으로 짝짜꿍을 맞출지 모를 일이다.

요컨대 리영희의 냉전 시대와 전환 시대와 모색 시대는 서로 뒤죽박죽이다. 이 혼재된 시간 감각이 시대의 착종(錯綜)을 불러일으키고 있다. 지금의 젊은 세대가 이 책을 읽고자 한다면, 이 점을 먼저 염두에 두고 읽어야 할 것이다.

---

2 같은 책, 355쪽, 참고.
3 같은 책, 251쪽.
4 같은 책, 251쪽.
5 「이응준의 과거에서 보내는 엽서 · 22」, 조선일보, 2025. 7. 10. 참고.

한 눈은 꾹 감고, 한 눈은 부릅뜨다

리영희의『전환 시대의 논리』는 중국 문제를 핵심 의제로 삼고 있다. 중국에 대한 평가를 위한 이치적(二値)적 사고는 단순한 선악관과 뚜렷한 흑백 논리에서 기인한다. 무척 역설적이게, 냉전을 비판한 그의 마음속만큼이나 내면화된 냉전적 사고는 없다. 냉전적 사고는 반드시 '밀리터리 멘탈리티'만을 의미하는 것이 아니다. 개인의 자유보다 전체주의적 결속을 내세우는 것이야말로 냉전적 사고다.

그에게 있어서의 대륙 중국과 자유중국은 선과 악을 상징한다. 그는 「권력의 역사와 민중의 역사」(1972)에서 국민당과 공산당의 도덕적 평가를 극단화한다. 국민 정부의 상층부가 초호화판 삶을 향유하는 대신에 공산당 간부들은 풍찬노숙의 삶을 살았다. 조금 나은 생활환경이라면 토굴 속이다. 중국 인민들이 누구의 편을 들겠느냐고, 그는 반문한다. 누가 인민의 정부이며, 누가 인민의 군대인가? 이 물음은 누가 해야 할 물음인가? 최소한, 대한민국의 언론인인 리영희가 해야 할 물음은 아니라고 본다. 그는 중국 공산당이 대륙을 통일한 것이 도덕적 무장이 확고하고 강력한 혁명 조직을 구축한 데서 보았다. 그에 의하면, 연안 시대의 도덕성이 신중국 건설의 토대가 된 것이다. 다음의 인용문을 보면, 그가 얼마나 전체주의적 생각 틀에 갇혀있는지를 알 수 있다.

> 연안시대적 인간형의 그 기본적인 강점은 철저한 평등 · 우애 · 동지애 · 자기 희생 · 전체에의 봉사 그리고 극단적인 절약이었다.[6]

리영희는 1970년대 초에 문화혁명에 대해서는 진행 중이라서 평가를

---

6 리영희 평론집, 앞의 책, 97쪽.

유보한다고 하면서도, 모택동 개인숭배에 대해서는 동의를 표했다. 그의 무오류성(infallibility) 때문이란다. 스탈린의 개인숭배에 비해 순수하고, 자연발생적이라고 한다. 참 모순적인 발상이다. 문화혁명의 야만성에 대해 눈을 꾹 감고, 모택동 사상의 문명성에 대해서는 눈을 부릅뜨고 있다. 그는 「싸하로프—동정과 반성」(1973)에서 소련의 반체제 지식인인 안드레이 사하로프가 모택동의 개인숭배에 대해 비판한 것에 민감하게 반응한다. 사하로프의 어록과 이에 대한 리영희의 평가를 나란히 실어 본다.

　　중국에서의 개인숭배 현상은 추악하고 괴기한 비극적인 모습으로 나타나고 있으며, 모택동은 스탈린이나 히틀러와 다름없는 존재이다. 홍위병은 나치의 돌격대처럼 보인다.[7]

　　소련의 반체제 지식인들이 지니는 큰 정신적 · 도덕적 약점의 하나는 서구 문명에 대한 도취와 열등감인 듯싶다.[8]

보는 바와 같이, 모택동 개인숭배에 대한 사하로프의 비판은 역사적, 도덕적인 정당성을 얻고 있음에도 불구하고, 리영희는 딴지를 걸고 있다. 그의 정신적 · 도덕적 약점의 하나인 좌파 이념에 대한 도취와 열등감은 어떻게 설명해야 하나? 자기 성찰이 없는 글은 믿을 수가 없다. 장개석이 관료, 군벌, 금융 및 산업 소유 계급, 지배 계급을 위한 반(反)영웅이며, 모택동은 중국의 기본 계급인 농민과 노동자를 위한 거룩한 영웅인데, 농민과 노동자가 개인숭배를 좀 하면 어때, 하는 것이 리영희의 시각인 것이다. 소련의 반체제 지식인 사하로프와 솔제니친은 그 당시

---

7 같은 책, 240쪽, 재인.
8 같은 책, 242쪽.

에 자유 진영의 스타였다. 리영희는 '조건반사의 토끼'를 말하곤 한다. 그들도 조건반사의 토끼라면, 이 토끼를 보고 지나가는 마소가 웃을 말을, 그가 한 셈이다.

　냉전 시대는 두 개의 가치가 첨예하게 충돌하는 시대다. 두 개의 가치를 놓고, 선악이라고 표현해도 좋고, 흑백이래도 관계가 없을 것이다. 궁극적인 탈냉전 시대는 인류의 이상이 실현될 미래다. 이 미래는 이미 오래된 미래다. 서양에서는 유토피아라고 했고, 동양에서는 이른바 대동(大同)이라고 했다. 두 개의 가치는 단일 가치에 의해 극복된다. 그러기 위해선 발상의 전환이 필요하다. 이것이 필요한 시대가 바로 전환 시대다. 그러면 리영희에게는 단일 가치의 체계가 실현되고, 또 완성될 시대는 어떤 시대일까? 그는 이 점에 대해 구체적으로 밝히지 않았다. 정치적으로 약점이 잡힐 일을 하지 않겠다는 의도를 반증한다. 하지만 그의 책을 통해 짐작은 충분히 할 수 있다. 그가 그토록 장개석과 자유중국[9]을 비난하고, 모택동과 중공(신중국)을 감싸고 도는 것을 보면, 단일 가치가 실현될 수 있는 시대는 마르크스레닌주의에 의거한 중국식 대동 이상 공동체가 실현될 시대일 수밖에 없다. 그의 사유, 사상은 그만큼 '좌(左)편향적'이라고 할 수 있다. 만약 그가 좌파라면, 극단주의 좌파가 아니라, 합리주의 좌파라고, 나는 보고 싶다. 내가 젊었을 때 관심을 적잖이 가졌던 사상가요, 소설이론가인 게오르크 루카치처럼 말이다. 지금의 대통령 이재명도 '억강부약의 대동 세상'을 기약했는데, 도대체 대동은 어떻게 실현되는가? 독재의 기반 없이는 성취될 수 없다는 암묵적인 합의를 전제로 해야 한다. 리영희가 대동사상과 개인숭배를 동일시한 것도 이 때문이다.

---

9 리영희는 자유중국이란 이름부터 잘못된 것이라고 보고 있다. 장개석이 본토에서 쫓겨와 대만에 정착한 시점에서부터 자신이 글을 쓰고 있는 1970년대 초반에 이르기까지 20년 이상이나 계엄령을 해제하고 있지 않은데, 무슨 놈의 자유중국이냐고 보고 있다.

대동의 사상은 많은 변화를 겪은 현재의 중국에서 민중 속에서 우러나오는 소위 '모택동 숭배'의 현상을 이해할 수 있는 근거가 된다.[10]

리영희는 보는 바와 같이 대동을 정치적 유일 체제의 강화를 위한 수단으로 인정하고 있다. 좌, 우파의 시각에 따라 이용되기도 하고, 또 악용되기도 하는 것이 바로 대동이다. 이재명도 리영희로부터 사상적 영향을 받았을 것이다. 그가 대통령 당선이 확실한 시점에서 시민들에게 연설했다. 억강부약의 대동 세상을 함께 만들어가자고. 리영희의 속마음처럼 독재 없이는 안 되는 게 대동 세상이라면, 이재명의 승리 선언은 나 독재 좀 하겠다고 하는 선언에 다름이 없다.

리영희는 대동사상이 중국의 전통 사상[11]이라고 했는데, 이것도 사실에 딱 부합하지 않는다. 우리나라도 실용적인 문제의식으로서의 대동론이 제기되었고, 법제화된 대동법이 만들어졌다. 19세기 초에 충남 연기군의 향회(鄕會)에서 반상이 마주 앉은 주민자치 회의가 있었다. 빈민의 부담을 부자가 떠맡는다는 것이 의제였다. 과문한 탓에, 성과가 어땠는지는 잘 모르겠지만, 이 '대동지역(大同之役)'이 상부에 보고되기도 했다. 조선 시대 위정자들이 이런 말을 곧잘 인용했다고 한다.

당신도 같은 의견이고 점괘도 부합하고 고관들과 서민들의 의견도 모두 같게 되면 이것을 대동이라 한다.[12]

대동 세상은 이념적으로나 제도적으로, 모택동의 개인숭배나 이재명의 3권 장악으로 이루어지는 게 아니다. 최대치의 국민적 합의가 아니

---

10 리영희 평론집, 앞의 책, 156쪽.
11 같은 책, 166쪽, 참고.
12 안병욱, 「대동사상의 어제와 오늘」, 한겨레신문, 2025. 6. 13. 재인.

고선 도저히 불가능하다. 이런 점에서 볼 때, 리영희 사상은 지금에 이르러 한계에 직면하고 있다고 봐야 할 것이다.

리영희의 중국에 관한 미래상이 딱 맞아떨어진 것도 있다. 이 점에서는 그의 지혜와 통찰력이 빛난다. 그는 「중국 지도 체제의 형성 과정」(1973)에서 중국 관료를 가리켜 '뷰로크라트(bureaucrat)'와 '테크노크라트(technocrat)'로 크게 나누어진다고 했다. 앞엣것을 행정 관료, 혹은 홍(紅)이라고 한다면, 뒤엣것은 기술 관료, 혹은 전(專)이라고 한다. 테크노크라트는 보수 성향이 강하다. 문화혁명 때 강경 세력으로부터 흑백백묘론자, 주자파[13]로 몰리면서 단죄되었다. 전의 이념은 정치와 엮이지 않은 채 오로지 먹고 사는 일에만 전념하고자 한다. 모택동 사후에, 기술관료는 개혁개방으로 다시 부상했다.

리영희는 '30년 내지 50년 후에는 테크노크라트 세력이 지배적이(지배하는 세상이—인용자) 될지도 모른다.'[14]고 예언했다. 30년 후는 2003년이요, 50년 후는 2023년이다. 등소평이 지목한 후계자 후진타오가 집권한 시기(2002~2012)을 염두에 두면, 이 예언은 적중했다고 보인다. 중국의 1인당 GDP을 살펴보자면, 2003년이 1289불이요, 2013년이 7020불이었다. 10년 만에 폭등한 것이다. 후진타오 집권 때의 일이다. 그는 차 상인의 아들로서 상인적 감각을 가지고 있었다. 게다가 테크노크라트의 산실인 청화대학교의 수리공정과를 나왔다.

그러나 2017년에 이르면, 중국의 지도층은 이과 출신에서 문과 출신으로 또 바뀐다. 다시 테크노크라트에서 뷰로크라트로 전환된 것이다. 시진핑은 이과 출신이지만 실용보다 이념에 한결 더 충실하고 있다. 후

---

13 흑묘백묘는 등소평이 주장한 내용이다. 검은 고양이 흰 고양이 가리지 않고 쥐만 잘 잡으면 된다는 뜻. 이념보다 실용을 강조한 말이다. 문화혁명 때 이 어록은 회색논리로 매도당했다. 주자파는 자본주의로 향해 달려가는 사람들이다. 홍위병들이 주자파를 공개적으로 망신을 주면서 폭행을 가했다.
14 리영희 평론집, 앞의 책, 194쪽.

진타오 시대의 기반은 소위 공청단이었다. 지금은 공청단, 상하이방이 정치적으로 몰락해 시진핑이 독주하는 시대라고 할 수 있다.

베트남전쟁사 보기와, 일본의 재등장

리영희는 1972년부터 두 해에 걸쳐 베트남전쟁(1945~1975)에 관한 논문을 두 차례 발표한다. 그는 이 전쟁의 성격을 가리켜 한마디로 말해 미국의 목적과 기만에 의해 자행된 전쟁이라고 규정하는 데 한 치의 양보도 없다.[15] 또, 이 전쟁 30년사의 분기점을 1956년으로 보았다. 한 해 전에 베트남공화국(1955~1975)이 출범하고, 그해에 베트남 주재의 프랑스군이 철수하고, 통일을 위한 총선이 합의되었지만 마침내 결렬됨으로써 인도차이나반도에서의 전쟁이 대규모로 확대된다. 리영희는 이 격변의 중심에 놓인 문제적 인물을 '고 딘 디엠'이라고 지목한다. 그는 지금의 표기법으로는 응오딘지엠(Ngo Dinh Diem : 1901~1963)[16]이다.

고 딘 디엠은 식민지 관료, 독립운동가, 베트남공화국 전신인 베트남국 수상, 그리고 베트남공화국의 초대 총통으로서의 삶을 살았다. 그는 국내에 대미 의존의 반공 독재 정권을 강력하게 구축했고, 베트남인들이 전통적으로 믿어온 국교인 불교를 탄압했다. 종교적 자유의 탄압에 저항한 한 승려가 감행한 분신자살(소신공양)이 군부 쿠데타를 스스로 불러온 도화선이 되었다고 한다. 그는 결국 그의 핵심지지 세력인 최정예 부대에 의해 피살되었던 것이다. 그가 10년 동안에 수상과 총통에 재임하면서 막강한 권력을 휘둘렀지만 충직한 부대의 쿠데타와 함께 죽음에

---

15 같은 책, 451쪽, 참고.
16 고 딘 디엠과 응오딘지엠의 로마자 표기는 같다. 베트남 인명 표기가 왜 이렇게 차이가 나는지에 대해선, 나 자신도 잘 모른다. 그의 한자식 이름은 오정염(吳廷琰)이라고 한다.

이름으로써 베트남의 공산화는 필연적인 수순을 밟게 된다. 그가 죽은 지 60년을 넘긴 지금의 시점에서 그에 대한 재평가와 반론은 서로 뒤섞여 있다.

리영희는 동아시아의 세 지도자들, 예컨대 대한민국의 이승만, 자유중국의 장개석, 베트남공화국(남베트남)의 고 딘 디엠이 냉전 시대에 거대한 악의 고리를 형성하고 있었다고 봤다. 그가 본 고 딘 디엠은 이런 사람이다.

(그가 농촌 현실을 무시하고, 농민지향적 농지 개혁에 실패한 것은) 중국 본토에서 밀려나게 된 장개석 정권의 시종일관된 실태의 재판이라 할 것이다.[17]

미국 정부 지도자들에 의해서 '베트남의 이승만'이라고 평가받은 남베트남의 통치자 고 딘 디엠은 바로 그 이름대로 이승만과 같은 운명을 밟았다. 이승만보다 더 철저했던 탓에 더 철저하게 나라를 망치고 더 처참한 죽음을 당한 차이가 있을 뿐이다.[18]

리영희는 베트남전쟁의 원죄를 미국으로 돌린다. 그의 시각에 의하면, 남베트남은 미국의 괴뢰일 따름이다. 우리는 그 당시의 남베트남, 즉 베트남공화국을 '자유월남'이라고 부르면서 군사적으로 지원했다. 미국에게는 사실상 남베트남은 골칫거리였다. 자유를 수호하지 않으면 동아시아가 잇따라 공산화된다는 도미노 이론 때문에 인도차이나반도 문제에 개입한 것이다.

반면에, 남베트남이 괴뢰일 수밖에 없다는 논리와 시각에 동화된 리영희의 대미관이 북한의 대미관과 무슨 차이가 있는가를, 나는 묻고 싶

---

17 리영희 평론집, 앞의 책, 376쪽.
18 같은 책, 400쪽.

다. 물론 미국에서 베트남 문제가 하나의 외교 쟁점이었다. 고 딘 디엠이 피살되기 직전인 1963년에 케네디 대통령은 민중의 지지가 없는 정권을 굳이 지지하거나, 지원해야 할 이유가 없다고 했고, 1967년 연두에 존슨 대통령은 지금 베트남의 공산화를 저지하지 않으면 세계는 훨씬 큰 대가를 치를 것이라고 예견했다.[19] 내가 이해할 수 없는 것은 조국의 공산화를 막으려는 남베트남의 애국적 열정에 관해서는 왜 리영희가 침묵하나, 하는 사실이다. 더욱이 그 당시에, 우리의 젊은 군인들이 자유 수호의 명분 아래 파병해 적잖이 죽어갔는데도 말이다.

나는 리영희가 냉전 시대의 반공 민족주의가 왜 악이면서 동시에 오류인지를 설명하지 못했다면, 그의 사상적 영향권에서 성장해 온, 그리고 지금 우리 사회를 지배하고 있는 86세대가 이에 대해, 또 이와 관련된 물음에 대해 대답해야 할 몫이라고 생각한다. 리영희는 「조건반사의 토끼」(1971)에서, 보수적 사고는 미신으로 더욱 강화된다고 했다.[20] 반공과 안보가 대한민국의 존망과 직결된 시대에, 20년 전 미국의 반지성주의적 매카시즘을, 20년 동안 유지한 대만의 계엄령을 비판한 것은 그렇게 적절해 보이지 않는다. 그러면 정신적인 무장을 해제라도 해야 하나? 그가 『전환 시대의 논리』를 간행한 이듬해에 남베트남이 패망했을 때, 마음속으로 '그것 봐, 내 말이 맞지?'라고 했을 것. 그러면서 표정 관리를 위해 손으로 입을 가리면서 쾌재(快哉)의 미소를 띄웠을 거다.

그가 반공주의와 분단 체제가 반공 이외의 가치나 진실을 말하지 못하는 언론과 지식인이 조건반사의 토끼처럼 길들여갔다고 파악하고 있지만, 1980년대 이래 리영희적인 도그마티즘이 86세대를 또 다른 조건반사의 토끼로 길을 들였다는 것은 역사의 아이러니가 아닐 수 없다. 그는

---

19 같은 책, 405~406쪽, 참고.
20 같은 책, 201쪽, 참고.

당시의 일본에도 눈을 돌리고 있다. 그는 「일본 재등장의 배경과 현실」 (1971)에서 일본이 적어도 당분간 미국의 '핵우산'에 의지해 비핵 최신화와 확장에 치중할 것[21]으로 보이지만, 앞으로는 어떻게 될지 모른다고 했다. 그는 이런 전망을 내놓는다.

> 막상 군비 개헌, 징병제도, 핵 문제 등이 이슈가 되어 선택을 강요당할 때 어떤 태도를 취하겠는가 하면, 역시 궁극적으로 체제 측에 가담한다고 보는 것이 일본 언론기관의 생리에 대한 전문가들의 지배적인 견해이다. (……) 70년대 중기에 일본이 개헌을 단행하고 징병제도로 옮기면서, 어쩌면 핵무기 생산으로 치닫는다 해서 별로 놀랄 필요는 없을 것 같은 전망이다.[22]

이 전망은 결국 헛다리 짚은 전망이 되고 말았다. 일본의 개헌과 핵무장은 5년 후가 아니라 50년이 지난 지금까지도 실현될 기미가 전혀 없다. 리영희의 우려는 일본의 초경제력인데, 일본은 지금에 이르러 잃어버린 30년도 되찾기가 힘겨워 보인다. 일본은 1970년에 국민총생산액이 우리에 비해 30.8배나 달했다. 올해(2025)의 추정치를 보면, 2.3배다. 일본의 인구가 우리보다 2.4배인 것을 감안해 보면, 실질적으로 경제력은 비슷해졌다. 1인당 GDP는 우리가 작년에 추월했다.

1970년 초 일본의 자위대가 제국 일본군의 화력이 세 배 증강했다고 해서 자위대의 정규군대화, 군사대국화, 핵무장화는 그의 우려처럼 구체화되지 않았다. 그 당시의 국제 정세는 체제와 반체제로 나누어졌다. 그 당시에 일본 사토 총리가 한국의 안보가 일본의 안보라고 말한 것은 체제 속의 편입을 의미한다. 그 당시에, 반미, 반체제 인물인 리영희가 그리 달갑게 볼 리가 없었다.

---

[21] 같은 책, 269쪽, 참고.
[22] 같은 책, 324쪽.

이제 반세기가 지났다. 젊었을 때 리영희의 『전환 시대의 논리』를 사상의 정전(正典), 이념의 바이블로 삼아온 86세대가 지금 대한민국을 지배하고 모든 것을 흔들어대고 있어, 머잖아 북중러 권위주의 체제에 맞서고 있는 한미일 다자주의 체제가 균열을 일으킬 조짐이 없지 않다.

리영희 읽기의 현재적 의미

리영희의 시사평론집 『전환 시대의 논리』는 54년 전에 간행된 책이지만 꾸준히 읽혀 왔다. 2006년에 쓴 그의 개정판 서문에서, 그는 이 책에 대한 감회를 밝히기도 했다. 한마디로 말해 '진리를 실증하는 30년'[23]이라고 자평했다. 물론 그 자신도 이처럼 자긍심을 가질 만하다. 한 세대를 공명케 한 책이요, 그 나름의 가치 있는 책임은 틀림없다. 지금의 현실과도 겹쳐 보이는 부분이 없지 않다. 가장 겹쳐 보이는 부분이 있다면, 다음에 인용된 것일 터다.

진실은 비판을 낳는다. 어떤 사회도 어떤 정부도 비판의 여지 없이 최선이거나 만능일 수는 없기 때문이다. 그럴수록 민주 제도는 진실—비판—개선의 끊임없는 과정을 걸어갈 수 있다. 진실이 알려지는 것을 두려워하는 사회체제나 정부는 반드시 비판에 견딜 수 없는 체제와 정부이다. 그러기에 비판을 봉쇄한다. 비판이 허용되지 않는 사회는 개선과 향상이 없고……[24]

2024년 말에 윤석열 정부는 사실상 몰락했다. 12·3 계엄은 자멸이었

---

23 같은 책, 5쪽.
24 같은 책, 27~28쪽.

다. 눈에 보이는 게 없었다. 누구에게나 눈에 보이는 자멸인데도 왜 했냐가 문제다. 진실이 알려지는 두려움 때문이었을까? 아니면, 비판을 봉쇄하기 위해서였을까? 이 무렵에, 김건희, 채상병, 명태균 등과 관련된 의혹이 많았다. 윤석열의 몰락의 과정이 박근혜에 비해 가벼웠지만, 결과는 더 처참했다. 대처한 방식이 근본적으로 문제가 있었기 때문이다.

리영희의 관점에서 보면, 윤석열의 몰락은 장개석의 정황과 유사하다. 중도를 흡수해 대권을 장악한 윤석열이 계엄을 감행함으로써 중도에게서 버림을 받은 것은, 장개석이 북벌을 완수하는 과정에서 도움을 받은 용공적인 민중을 내침으로써 민중으로부터 신의를 잃은 것을 떠올리기에 충분하다. 윤석열은 사람에게 충성하지 않는다는 점에서 권력에 맞서는 영웅으로 정치 무대에 등장했지만, 3년 만에 중도로부터 외면을 당했다.

장개석은 1929년에 정강산에 근거를 둔 모택동 세력을 공격함으로써 불모의 서북 변방인 연안까지 몰아내는 데 성공했다. 정강산에서 연안까지의 6천 마일 대이동은 역사상 유례없는 '대장정'이었다. 그럼에도 불구하고 모택동과 중국 공산당은 기사회생했다. 장개석도 모택동도 전혀 예상하지 않은 서안(西安) 사건 때문이다. 군벌 장학량 수하들이 회의를 위해 서안에 방문한 장개석을 체포해 감금해 버렸다. 그리고 국공 합작의 약속을 받아낸다.

리영희는 이 사건을 두고 '20세기 중국 정치사에서 가장 극적인 사건일 뿐 아니라, 극동 정세를 근본적으로 바꿔 놓은 중대한 전환점'[25]이라고 했다. 윤석열의 계엄 선포는 사법 리스크로 정치적인 명줄이 끊기기 직전의 이재명을 기사회생하게 해주었다. 무모한 자멸로 이어진 계엄 선포는 21세기 한국의 서안 사건으로 비유된다. 결과적으로 볼 때, 국민

---

[25] 같은 책, 129쪽.

은, 더 정확히 말해 중도는 도덕적인 흠집투성이의 이재명을 선택했던 거다. 이재명에게 있어서의 계엄은 신이 내린 선물이었다. 천재일우의 기회였다. 각종 의혹으로 도덕적인 치명상을 입은 그가 도덕 재무장의 기회를 얻은 것이다.

장개석이 계급적 요인에 의해 붕괴의 조짐을 보였다면, 윤석열은 사회구성적 요인의 변화를 겪음으로써 지지 기반을 상실한 것. 현상을 유지해야 할 윤석열과 보수가 현상을 타파해야 할 이재명과 진보에 의해 모든 것을 잃고 만다. 싸움에서 이길 수도 없었다. 보수 정치인들이 기득권 출신이거나 책상물림이지만, 운동권 출신의 정치인들은 사상의 전사(戰士)들이다. 장개석과 윤석열의 공통점도 짚고 넘어가지 않을 수 없다. 두 사람 다 주변의 충고나 건의를 받아들이지 않았다.

좌파, 유사 좌파, 왼쪽으로 기우뚱한 진보주의자들에게 소위 '사상의 은사'로서 숭배되어 온 리영희는 신흥종교의 교주 같은 존재였다. 그는 1980년대 이후에 무수한 전사들을 길러냈다. 그는 이 과정에서 이들에게 많은 것을 가르쳤겠지만, 다음의 두 가지 사실은 명백해 보인다.

첫째는 도덕적인 게 반드시 합리적인 것이 아니라는 사실. 이것은 한국 좌파의 암묵적인 믿음 내지 신념 체제와 같은 것이다. 그동안 일어났던 무수한 젠더 사건을 보라. 물론 대놓고 말은 못해도, 풍찬노숙의 활동가가 여자 한두 명 건드리는 게 뭐가 잘못된 거냐고 속으로 반문할 거다. 이들에겐 목적을 위해 수단이 언제나 정당화된다. 이에 열광하는 지지자들 역시 윤리의식이 마비된 경우가 없지 않다. 서울의 소리와 최재영 목사가 부도덕한 행위를 해도 박수를 보낸다. 그래 잘했다. 참 잘했어. 이재명의 부도덕한 의혹도 합리적인 것으로 둔갑해 해버린다. 자기 최면을 건 결과다.

둘째는 소위 '내재적 접근법'이다. 리영희는 중국 문제는 중국의 관점에서 바라봐야 한다고 강조해 마지않았다. 그는 모택동 개인숭배와 스탈린 개인숭배가 전혀 다르다고 한다.[26] 성격이라고 해도, 판단 기준이래도 좋다. 그런데 개인숭배도 순·불순으로 나누어진다는 데 기가 탁막힌다. 표현의 자유도 '대자보'에서 볼 수 있듯이, 중국식의 표현의 자유가 있단다. 그는 이 대목에서 서구 자본주의 언론관을 가지고 이것을 재단하지 말라고 주문한다.[27] 이 내재적 접근법은 주지하듯이 86세대의 전유물이 되고 말았다. 북한의 인권 상황을 비판하면 북한 내부의 문제는 북한의 관점에서 바라봐야 한다는 내재적 접근법을 운운한다.[28] 끊임없이 되풀이해 온 대응 방식이다. 최근에 문제가 된 유시민의 내재적 접근법은 궁예의 관심법이냐고, 비판된 적이 있다.

문화대혁명 50주년이 되던 해에, 한때 리영희의 추종자였다는, 국내의 한 언론인은 그에 대한 평가를 남기기도 했다. 글의 제목은 '그는 왜 중국을 가지 않았나'였다. 중국 전문가가 아닌 나도 십수 차례 중국을 다녀왔는데, 왜 그는 흔히 가는 중국을 가지 않았을까? 다음의 글을 따오면서, 이 글을 마무른다.

리영희는 중국이 개방되고도 한 번도 중국에 가지 않았던 것으로 알려졌다. (……) 사실이 그에게 불리하고, 때로는 불편하더라도 정직히 마주해야 한다. 중국을 방문하여 자신이 주장했던 인류 최초의 인간 개조 혁명의 현장을 직접 살펴보고, 그에 대한 정확한 평가를 다시 내려야만 했다. 그것이 정직한 지식인의 태도다. (……) 리영희는 진실과 마주하는 것이 두려웠을지도 모른다. 그는 문화대혁명의 전모를 파악하려는 시도는 처음부터 하지 않았을 것이다.[29]

---

26 같은 책, 112쪽, 참고.
27 같은 책, 115쪽, 참고.
28 조성관, 「조지 오웰과 리영희」, 『주간조선』, 2421호, 2016. 8. 22. 82쪽.
29 이동호, 「그는 왜 중국을 가지 않았나」, 같은 책, 15쪽.

황용주 : 역사 속의 숨은 존재

황용주(1918~2001)를 아는 사람은 그리 많지 않다. 대중적으로는 거의 알려져 있지 않은 인물이다. 그는 지방의 언론인 정도로 살았지만, 박정희의 친구로서 그의 사상적 조력자이기도 했다. 박정희 사후에 그의 전기 속에 의미 있는 인물로 등장하고는 했지만, 그는 여전히 역사 속의 숨은 존재다. 그는 식민지의 지방 관리였던 아버지와, 일자무식이면서, 단순한 씨족관 속에서 평생토록 김해 김씨를 '짐해 짐씨'로 알고 살았던 어머니 사이에 경남 밀양에서 태어났다. 역사적 인물로서 그와 비슷한 시기에 태어난 이가 있다면, 시인 윤동주다. 윤동주가 그보다 나흘 먼저 태어났다. 서로 만난 일이야 없었겠지만, 둘은 같은 시기의 도쿄 유학생이기도 했다. 윤동주의 릿쿄 대학과 황용주의 와세다 대학은 걸어서 갈 수 있을 만큼 거리도 가까웠다.

밀양은 여기에서 어릴 때 3년을 살았다는 소설가 이문열에 의해 변두리 혹은 일그러진 영웅이 부침하는 풍유적인 장소성, 또는 영화감독 이창동에 의해 한자의 기호적 의미대로 '비밀의 햇살(secret sunshine)'이 깃든 장소성으로 그려졌다. 그런데 현실의 이곳은 역사의 고비마다 전통을 이유로 근대화와 산업화를 외면하면서 스스로 고립을 불러왔다. 지금은 인구가 10만 명 이하로 떨어졌다. 지역 몰락의 위기에 처한 곳이다. 이곳은 보수적인 성향이 강한 곳이지만 근대 인물 중에서 진보적인, 심지어는 좌경화된 인물이 적지 않다는 것이 뜻밖이다. 예컨대 황상규, 김원봉, 윤세주, 안영달 등이 대표적인 경우다. 2013년에 황용주에 관한 평전을 집필하고 간행한, 서울대 법대 교수를 역임한 안경환도 법학자로서 이를테면 진보적인 지식인의 부류에 포함된다.

안경환은 인품이 좋은 분으로 두루 알려져 있다. 무엇보다 그의 문학적인 책 읽기는 경지에 이르렀다. 국문학자 김윤식의 방대한 저서를 가장 폭넓게 읽은 독자로 손꼽힌다. 특히 살아생전의 김윤식 등 문단인과의 인맥을 형성하였다. 나와도 몇 차례 만나기도 했다. 개인적인 만남이라기보다 소설가 이병주와 관련된 행사에서 만나 이런저런 대화를 몇 차례 나누기도 했던 것이다. 서로 간에 저서들도 교환하기도 했다. 그의 저서 『황용주 : 그와 박정희의 시대』는 내가 헌책방에서 우연히 구해 최근에 하루 만에, 단숨에, 흥미롭게 읽었다. 그의 집필 능력은 전문 작가 못지않다. 숱한 독자들에게 문학과 법학의 경계를 넘나드는 혜안을 제공해 주었다. 황용주에 대한 그의 시선은 보수와 진보의 틀을 넘어서 객관적으로 조명한 결과다. 그는 살아생전의 황용주를 동향인으로서 알고 지냈고, 가족으로부터 그가 평생 써온 일기를 제공 받아 한 개인의 삶을 재구성할 수 있었던 것이다. 책의 면수가 503쪽이나 달하니 일반인에게 잘 알려진 인물이라고 해도 꽤 미시적으로 접근한 경우라고 할 수 있다.

나 역시 부산 출신이기 때문에 부산일보 주필이요 박정희 친구인 황용주를 젊었을 때부터 그 이름 정도는 알았었다. 그는 대구사범학교 시절의 동기였던 군수기지사령관 박정희와 은밀히 쿠데타를 모의한 것으로 의심되는 인물이었다. 결정적인 증거는 없어도 정황상 지금도 다들 그렇게 알고 있다. 이런 점에서 그는 한 시대의 위험한 인물이었다.

만약 박정희를 주인공으로 한 역사소설이 쓰인다면, 과연 성공할 수 있을까? 비평가인 나로서는 실패하리라고 예견된다. 박정희는 역사소설의 인물로 적합하지 못하다. 대신에 사극의 인물로 적합하다. 사극의 주인공은 역할이 '집중적(intensive)'이다. 극중의 성격도 극단적이지 않으면 안 된다. 이들은 좁은 무대나 영화의 스크린 속에서 긴장이나 갈등, 신념이나 광기를 뿜어낸다. 반면에 역사소설의 주인공은 역할이 '포괄적(extensive)'이다. 작중의 성격도 중도적이다. 사극은 생의 본질을 탐색하지만, 역사소설은 사회적 문맥의 여러 관계를 이리저리 엮는다. 역사소설의 주인공은 본질적으로 중도적 인간이다.

요컨대 역사소설은 박정희 같은 세계사적 인물을 뒤로 물러서게 하고, 황용주 같은 조력자를 주인공으로 전면에 내세워야 한다. 후술하겠지만 그는 드라마틱한 인생 유전을 겪었고, 또 이념적으로도 냉온탕을 오간 사람이었다. 황용주를 주인공으로 한, 박정희에 관한 역사소설을 누군가가 쓴다면, 나는 성공할 수 있다고 본다, 이 대목에서 아쉬운 사실이 하나 있다. 안경환이 황용주에 대한 평전을 써야 했을 게 아니라, 그 '곤혹스러울 만큼 다층적인 인간'인 그를 주인공으로 한 역사소설을 썼다면 어땠을까, 한다. 사회학자 송호근이 역사소설들을 쓰고 있는 것처럼, 안경환의 평소 문필력을 보면 충분히 의미 있는 역사소설을 썼으리라고 본다, 그러면 지금부터 황용주가 어떤 인물인지를 살펴보자.

감각적 필치의 칼럼니스트

황용주의 생의 절정기는 부산일보 주필 시절이었다. 이 기간에 조봉암 사형, 3·15 부정선거, 4·19 시민혁명, 5·16 군사혁명이 있었다. 역사의 격동기였다. 그는 부산대학교 불문과 교수로 재직하고 있다가 신문사 사주 김지태에 의해 스카웃되었다. 그 당시에 신문사 필진의 대표자인 부산일보 주필이면 국립대학교 총장에 필적할 만큼 사회적 영향력이 있었다. 그가 칼럼니스트로서 글을 많이 남긴 기간은 부산일보 주필 시절(1958~1961)과, 부산일보 '춘추한필'의 주1회 고정 필자 시절(1977~1980)이 아닌가, 한다. 그의 칼럼들이 책으로 묶이지 않았기에 글 세계의 전모를 파악할 수 없지만, 안경환이 쓴 평전에 인용된 편모가 남아있다. 먼저 1958년에 쓴 두 편의 칼럼 일부를 보자.

10대들이 원색도 선명한 누드를 볼 때 가슴이 설레는 것은 자연의 개화처럼 귀한 것이라 하늘을 나는 신선도 계천(溪川)에서 빨래질하던 처녀의 새하얀 종아리에 곁눈질하다 그만 신통력을 잃고 지상에 떨어진 일이 있었다. 사실 사춘기 얘들을 데리고 다니다 난데없이 벌거벗은 나체나 키스신의 포스터에 부딪칠 경우 어색하기 짝이 없다. 그러나 어색한 느낌은 어른의 생리이지 10대의 무구한 감각에는 그것이 인생의 전부인 것처럼 선악 판단과 윤리 의식을 떠나서 하나의 실존이다.

이 글은 「키스에 시비가 붙는다」(부산일보, 1958. 9. 28.)의 일부이다. 그 당시의 기준에서 볼 때 상당히 앞서가는 논조이다. 선악과 계몽에 매몰된 전후 사회의 풍속에 일침을 가한 에세이다. 길거리 영화포스터의 키스신은 애최 문제가 되지 않는다는 거다. 신선도 곁눈질을 하다가 지상으로 추락한다는 비유적 표현은 참으로 참신하다. 10대 청소년이 선악과 윤리 이전에 성적인 관심과 호기심을 가진다는 것은 실존이라고 했다. 그 당시에 전 세계가 실존주의의 몸살을 앓고 있을 때였다. 여기에서 말하는 실존은 본능, 욕망, 존재감, 정체성, 심지어는 육체의 조건을 넘은 영성의 또 다른 개념이라고도 하겠다.

우리들이 여인을 사랑한다는 것은 그 여인을 사랑한다는 우리들 마음을 사랑

하는 것이 아닐까. 어느 날 저녁 불 밝은 광복동에서 우연히 애인을 만났다고
하자. 그 여인을 중심으로 해서 주변 풍경은 갑자기 환해진다. 그 여인의 빛남
에선가, 사랑하는 나의 마음에선가, 여인의 아름다움은 모든 여성이 가진 바로
그 자태(姿態)이다……이미지가 나지 않으면 '종아리', '목덜미', 혹은 자애로운
목소리, 그래도 부족이면 또 하나의 구체(具體)인 그녀들이 분비하는 점액(粘
液). 결국 우리를 사랑하는 모든 여인들이 있는데 사랑한다는 행위 안에는 언제
나 단 하나의 여인뿐.

이 글은 「여인의 고독」(부산일보, 1958. 11. 7.)의 일부이다. 발표 일자를 보
면 깊어가는 가을날이다. 가을의 정취에 알맞은, 격조 있는 칼럼이다.
문학적 향기가 드높은 수필 같다. 내가 지금 고희(古稀)를 향해 달려가고
있는데, 내가 태어날 무렵의 글 치고는 문식(文飾)의 향기가 적이 감돈다.
앞의 글 연장선상에 놓인다. 공통된 어휘는 여인의 '종아리'다.
　나도 들은 얘기가 있다. 거의 40년이 되어간다.
　결혼한 지 얼마 되지 않은 한 사내로부터 들은 얘기다. 낯모를 여자의
종아리만 보면 가슴이 설레고, 어떤 때는 눈이 뒤집힌다고. 이해가 좀
되지 않았다. 내가 속으로 생각했다. 자기 아내나 사랑할 일이지, 모르
는 여자의 종아리는 왜지? 이상 심리인가, 여겼다. 이에 비하면, 황용주
의 글은 전혀 다른 차원의 이야기가 아닌가, 한다. 여체의 곡선미에 대
한 심미적인 반응이다. 물론 그의 글에도 색깔이 있다. 이런 점에서 한
시대의 학병 세대로서 벗으로 친교를 맺은 소설가 이병주와도 글의 취
향이 유사하다.

　뜰의 매화나무도 버드나무의 꽃봉오리도 하루하루 달라진다. 용색을 갖추기
시작하는 것이다. 색조를 띄게 된다는 것을 보게 될 때 섹시해진다는 느낌을 동
시에 갖게 되는 것도 이상한 일이 아닐 수 없다. 우리들 한문이 섹스(sex)를 색

(色)으로 표의하고 있다는 사실은 동양 문화의 진수라고 할 것이다……동양의
마음은 섹스를 색으로 표현함으로써 문화화하고 있는 것이다.

황용주가 느지막 무렵에 쓴 글이다. 이 인용문은 칼럼 「봄맞이」(부산일보,
1979. 4. 10.)에서 따왔다. 한자문화권에서 섹스를 색(色)으로 표현한 것이
근대 이전인지 근대 이후인지 살펴봐야 하겠지만, 만약 후자라면 색은 섹
스라는 발음에서 가져 왔다고 보인다. 남자가 여자를 유독 밝히는 것을
두고 여색(女色)이라고 하고, 남자들끼리 '비역질'을 하는 것을 가리켜 남
색(男色)이라고 한다. 중국 영화의 제목에 '색정남녀'가 있으며, 에로티시
즘을 가리켜 색정주의로 번역한 경우도 있었다. 내 기억에 의하면 1980
년대에 '색(色)을 쓴다'라는 통속적인 표현이 있었다. 성욕과 관련해 '밝힌
다'는 의미로 쓰이던 말이었다. 1990년대 이후에는 내가 이 표현을 들어
본 적이 없다. 어쨌든 이 짧은 인용문을 두고 보면, 동서양을 넘나드는 황
용주에게 있어서의 교양의 폭과, 성찰의 깊이를 가늠할 수가 있다.
　그가 한 시대에 감각적인 필치를 구사하던 칼럼니스트임을, 우리는 알
수 있다. 일본에서 불문학을 공부한 그는 창작가의 꿈을 꾸었지만, 비문
학적인 작가로서 자신의 삶을 향유했다. 그 나름 글쓰기의 '주이상스'를
가지게 된 것이다. 그의 칼럼을 단편적으로 읽어보면 일회성 산문에도
시적인 율동감이 배어있다. 부산일보사에서 그의 칼럼 모음집을 간행하
기를 제안해본다. 신문의 역사도 신문의 미래상을 비추어주는 거울이
아니겠나 싶어서다.

사상의 냉온탕을 오고가다

황용주는 부산일보 주필을 맡은 이듬해인 1959년에 언론인의 자격으

로 마닐라로 향해 출장을 떠났다. 거기서 얼마 전에 주일 미국대사가 된 한 미국 정치인의 발표 내용을 경청한다. 그는 아시아의 문제는 아시아적 방식으로 풀어야 한다고 주장하고 있었다. 아시아는 민주주의에 앞서 먼저 기아에서 해방되어야 하고, 빈곤에서 탈피해야 한다. 이 얘기를 들은 황용주의 마음속에는 하나의 신념 체계가 형성된다. 안경환은 이렇게 설명하고 있다.

공산주의만 반대한다면 독재라는 비난을 감수하고서라도 강력한 정부의 주도 아래 경제개발을 리드해야 한다. 미국식 자본주의의 원리에 따라 민간 주도로 해서는 백년하청이다. (안경환, 『황용주 : 그와 박정희의 시대』, 324쪽.)

황용주는 1960년이 되자마자 박정희와 운명적으로 조우한다. 이 두 사람은 대구사범학교에 제4기 동기생으로 입학했다. 그 당시로서는 전국적인 수준의 엘리트들이었다. 조선인 학생 수는 아흔 명에 조금 미치지 못했다. 황용주는 상위 60% 속의 관비생으로, 박정희는 하위 40% 속의 사비생으로 입학했으니 신분이 좀 달랐다. 두 사람의 대구사범학교 시절 교우관계에 대해선 거의 알려진 게 없다. 본래부터 비사교적인 성격의 박정희는 동기생들과 거리를 유지하고 있었다. 자신의 동기 사회에서 주목을 받기 시작한 것은 그가 일본군 장교가 되면서부터라고 한다. 학창 시절에 마르크스주의자였던 황용주는 2년 만에 잘렸다. 박정희는 학교에 내야 할 돈을 내지 못해 방황하면서 하위권을 맴돌면서 5년 학업을 마쳐 겨우겨우 졸업했다고 한다. 두 사람이 종전 전에 도쿄에서 일본 육사와 와세다를 재학했을 때 만났는지의 여부는 확인이 안 된다. 부산일보 주필인 황용주와 부산 군수기지사령관인 박정희는 두 사람이 학창 시절에 특별히 교류가 없었지만 부산에서 반갑게 만났던 것이다.

그들의 부산 시절은 일생을 통해 이 두 사람의 관계망이 가장 촘촘히

엮여 있던 시절이었다. 미래의 꿈을 엮는 시기였을 터이다. 두 사람은 모두 술을 좋아했다. 황용주는 늘 박정희를 계몽하려고 했다. 박정희 역시 이런 황용주를 달갑게 생각하지 않았을 것이다. 두 사람은 술김에 입씨름도 자주 했다고 한다. 나는 안경환이 예로 제시한 세 장면을 이리저리 엮어서 하나의 극적 상황으로 재현해보기로 했다.

"장군이 군수품을 횡령하는 걸 본께 직업군인의 장래는 없어."

"여기 도덕적으로 멀쩡한 사람이 있으니, 걱정하지 마."

"세상이 뒤집어져야 해."

"어떤 식으로?"

"아시아 문제는 아시아적 방식으로 말이야. 니는 어떻게 생각해?"

"2·26 때 일본의 청년 장교들이 대단했어."

"뭐락카노? 그 놈들은 천황 절대주의자고, 낡은 국수주의자 아이가? 니가 정말 알고 하는 소리가, 모르고 하는 소리가? 제국 일본을 망친 놈들을!"

"니 생각은 어때?"

"강력한 통일 정부를 세워야 해!"

"그런 잠꼬대 같은 소리를 해쌓으니까, 글 쓰는 놈들은 믿을 수가 없어."

"지금 통일의 유일한 방법은 군인들이 들고 일어나야 해."

"뭐라꼬? 니, 지금 무신 말을 하노? 니, 참 위험한 놈이로구나!"

"친구 사이에 이런 말도 못해?"

"(자리를 박차고 일어나면서) 니 같은 놈과 함께 술을 못 하겠어."

두 사람 사이에 만약 이런 일이 종종 있었다면, 나는 그들의 철저한 위장술이라고 본다. 정말 내밀한 얘기를 할 때는 분위기부터 사뭇 달랐을 게다. 긴 안목에서 두 사람의 관계를 보자면, 황용주는 박정희의 숨은 이데올로그였다. 그는 총칼이나 권력을 잡고 있는 친구에게 군사혁명과 개발독재와 종신집권을 부추겼을 게 분명하다. 박정희가 군사혁명에 성공을 하고 국가재건의장으로 권좌에 올랐을 때 대통령 출마 여부를 놓고 고심이 많았다. 그가 출마할 것을 가장 앞장서서 종용한 이가 황용주였다. 박정희가 대통령이 되었을 때 그는 필화 사건에 휘말린다. 반공법 위반으로 위기에 처했다. 그가 쓴 문제의 글은 「강력한 통일 정부에의 의지」(『세대』, 1964, 11.)였다.

    8·15 해방이 미국의 군사 점령과 이 정권의 탄생 과정을 민주주의 의식의 저항 없이 받아들였다는 사실을 말해주는 것이기도 하다……민족적 민주주의란 표현은 한국적 민족주의를 말하는 것이며, 그것은 한반도에 있어서 통일된 독립 정부를 가지자는 주체 민족의 염원을 담고 있는 것이다.

야당에서도 김형욱조차 황용주를 좌경으로 보았다. 정치적인 발언이나 글은 코에 걸면 코걸이요, 귀에 걸면 귀걸이다. 정치적 의도에 따라 해석하면 그만이다. 이때 황용주는 벌거벗겨졌다. 대구사범학교 시절에 붉은 색깔로 잘린 일, 중국에 출전해서 종전을 맞이했을 때 김원봉 비서가 된 일, 평소 혁신계를 두둔한 일, 교원노조의 고문으로 추대된 일 등. 5·16 이후에 미국 대사관에서도 황용주를 좌익 성향의 인물로 지목을 했다. 철저한 반공주의자로서 5·16을 지지한 강원용 목사도 황용주를 위험한 인물로 봤다. 야당 의원 김영삼은 황용주의 글을 국회 차원에서 검증을 해야 한다고 주장했다. 김형욱은 황용주의 사상을 두고 친북 성향의 중립화 통일론이라고 잘라 말했다.

하지만 황용주의 민족적 민주주의는 경우에 따라 극우로 치닫기도 한다. 그의 사상은 일본에서 공부할 때 대부분의 교수들이 자유주의 사상을 가진 이들이었는데 세계사적으로 그 당시에 인민전선의 바람이 불어 반(反)파시즘을 위해 노동자와 농민과 중산층 지식인들이 결집했고, 자유주의와 사회주의가 일시적으로 제휴하기에 이른다. 박정희가 대통령 선거 때 첫 연설회장에서 서구 민주주의로는 안 된다고 했다. 여기에 황용주의 사상이 개입된 것이라고 본다

황용주의 민족적 민주주의는 유신 시대에 한국적 민주주의로 변형된다. 친북 성향이라기보다 극우 논리로 재무장하게 된 것이다. 그는 본인의 뜻과 상관이 없이 주변 사람들에 의해 사상적으로 좌와 우의 경계를 넘나들었다. 비유적으로 말해 냉온탕을 오간 것이다. 이런 점에서 볼 때, 그의 사상은 비유하건대 냉온탕의 사상인 것이다. 그런데 냉온탕의 사상이 극단을 오가는 것 같아도 단순하게 중도의 사상으로 변환되기도 한다. 냉수와 온수를 섞으면 금세 미지근해진다. 이 미지근함이 바로 중도이다. 마침내, 중도적 인물, 중도적 사상이 황용주의 삶에 방점이 찍히는 것은 아닐까?

내가 보기에는 모든 정치사상은 상대적이다. 정치가 권력으로부터 자유롭지 못하기 때문일 것이다. 민주주의 앞에 수식어가 붙으면, 대개가 환영이요 가짜라고 본다. 황용주의 민족적 민주주의나, 박정희의 한국적 민주주의나, 김일성-김정일의 우리식 사회주의는 따지고 보면 모두가 곡두(幻) 같은 것이요, 가짜다. 우리는 오랫동안 허깨비와 시름해온 것인지도 모른다. 지금도 마찬가지다. 일거에 척결하려는 것도, 지금도 내란 중이란 것도 곡두요, 허깨비인지 모른다. 무슨, 무슨 민주주의도, 검찰개혁이니 사법개혁이니 하는 것도 그때마다의 시대적인 정치 논리로 포장된 허울 좋은 유명론(唯名論)일 따름이다. 다만 황용주에게는 남을 설득하는 논리가 있었나, 보다. 한번은 장준하를 만나 허심탄회하게 얘기를 나누었다. 대체로 이런 말을 했다.

우리 모두 시대의 희생자다. 학교를 다니면서 학병으로 끌려가지 않았나? 1945년 가을의 상하이에서, 자네는 이철기를 우연히 찾아갔고, 나는 김원봉을

우연히 찾아가지 않았나? 모든 일이 우연히 일어났을 뿐인데, 일본에 반기를 든 우리가 왜 서로 적이 되어야 하나?

이 말을 들은 장준하의 눈에서 눈물이 글썽였다고 한다. 황용주의 혀가 장준하의 가슴을 울린 것이다. 장준하가 등산 길에서 죽었을 때, 그는 메모를 남긴다. 우리가 저승에서 다시 만나 손을 잡고 함께 울 수가 있을까? 그가 박정희가 죽은 후에 22년을 더 살고 죽었을 때 마지막으로 친구와 딸의 이름을 불렀다고 한다. 저승길이 놓인 꿈속에서 박정희를 보았는지 죽은 벗의 이름을 부른다. 정희야! 그리고 마지막으로 살아 있는 무남독녀 딸의 이름을 부른다. 란서야!

부인 이창희 이야기

황용주가 해로한 배우자는 이창희다. 여수 출신의 여인이다. 두 사람은 오사카에서 우연히 만났다. 그 당시로서는 흔치 않은 연애결혼이었다. 서로 처음으로 만났을 때 황용주가 지금의 고등학교인 중학교에 재학하고 있었고, 이창희는 젊고 아름답고 유능한 회사원이었다. 황용주가 와세다대학에 재학할 때 두 사람이 결혼했다. 그러니까 우연히 만나 인연을 맺은 영호남 부부다.

이병주의 소설 「관부연락선」에 의하면, 같은 말을 해도 교토 사람이 하면 사랑을 속삭이는 것 같고, 오사카 사람이 하면 시비를 거는 것 같다고 했다. 안경환의 평전에는 이런 말이 있다. 경상도 사내의 말에 쇳소리가 나고, 전라도 여자의 말소리에 살 내음이 흐른다고. 어쨌든 부부는 금슬이 좋게 해로했다. 시인 백석처럼 화려한 여성 편력이 부러운 것 같아도, 단 한 번의 연애, 단 한 번의 결혼, 그리고 해로가 사내로서 가장 행복한 인생이다.

한 시대에 신사의 이미지가 넘치던 영화배우 김진규가 황용주의 딸 란서에게 자신의 엄마인 이창희에 대해 이런 말을 했단다.

해방 직후 어느 날이었다. 서울에서 공연을 마치고 부산행 기차를 탔는데 기차 속에 믿을 수 없을 정도로 아름다운 여성이 앉아 있었다. 순간 내 숨이 탁 막히고 주변 공기조차 정지하는 기분이었다. 도대체 이 세상에 저렇게 아름다운 여성이 있나 싶어 나도 모르게 정중한 인사를 건넸지……후일 그 여인이 네 아버지의 부인인 줄 알고 이런 분 정도가 되어야 이 여인을 부인으로 삼을 수 있겠구나, 하며 고개 숙인 적이 있어.

황용주와 김진규도 서로 잘 아는 사이인 것 같다. 그가 부산일보 주필로 있을 때 김진규는 부일영화제에서 3년 연속으로 남우주연상을 받았다. 1960년대 초기가 배우로서 가장 절정기였음을 알 수 있다. 이 무렵에 영화「오발탄」의 주인공으로도 연기했다. 반면에 딸이 본 아버지의 이미지는 무엇이었을까? 불문학을 전공한 아버지, 불란서에서 따온 이름인 란서, 프랑스에 유학을 가서 프랑스 남자의 청혼을 받고 가정을 이룬 무남독녀 딸은 아버지 황용주를 두고 이렇게 말했다. 영화배우 장 가뱅의 휴머니즘과 카리스마가 꼭 내 아버지를 닮았다.

반세기 전의 윤필용 사건

윤필용 사건이 일어난 지도 이제 반세기가 되었다. 냉정한 역사 평가가 있어야 하는데 아무도 관심을 두는 사람이 없다. 이 사건은 유신 시대 초기에 파생 권력을 놓고 충돌, 격돌한 대표적인 사례다. 건국 이후의 정치사에서 변곡점이 될 만한 사건이다. 한마디로 말해 이 사건은 그 당시의 서울신문사 사장인 신범식의 농간 및 조작으로부터 시작되었다. 그가 내뱉은 한마디 말은 얽히고설킨 역사극의 서막을 연 어록이 되고 있다. 각하의 후계를 논하는 자들(세력)이 있습니다. 박정희가 그랬다. 누군가? 밝히기는 좀 그렇습니다. 경호실장인 박종규가 권총을 들이대면서 누군지를 말하라고 윽박질렀다. 사실은 박종규와 신범식의 자작극이었다. 이들이 짜고 친 고스톱이었다.

7·4 공동성명의 주역인 중앙정보부장 이후락은 북한도 인정한 남한의 제2인자였다. 박종규가 이 꼴을 못 보겠다는 것이었다. 그가 권력 제2인자 좌(座)를 놓고 양보를 하지 않겠다는 결기를 보인 것이 바로 이 사건의 본질이다.

이후락 · 윤필용 · 손영길은 A그룹이라고 할 수 있다. A그룹의 리더였던 이후락은 천부적인 정보 감각을 바탕으로 유신체제를 기획하고 또 설계했다. 자신이 권력을 꿈꾸기보다 일종의 권력 디자이너로 처신했다. 그와 호형호제하던 수도경비사령관 윤필용은 군부의 실력자였다. 그 당시에 박정희가 가장 신임한 군인이었다. 그는 6·25와 월남전에 잔뼈가 굵은 야전 전문가였다. 매우 아이러니컬하게도, 그는 정치에 발을 들여놓지 않고서도 정치의 희생양이 된 직업군인이었다. 민감한 정치군인이었던 전두환·노태우에 비할 때, 싹수나 결이 달랐던 전형적인 무골이었다고나 할까? 손영길은 윤필용의 참모장이었다. 이후락의 고향 후배이기도 했다. 준수한 용모와 지도자 역량으로 인해 육사 11기의 선두 주자로 늘 떠올랐다. A그룹 3인방의 출신 성분도 다들 좋았다. 이후락의 집안은 울산의 유력한 재지 세력이었다. 윤필용의 경우 역시 청도의 토착 부농이었다. 손영길의 아버지는 일제 때 울산 군수를 지냈다.

한편 A그룹에 맞서는 박종규·강창성·전두환은 B그룹의 중심인물이라고 할 수 있다. 이후락에 대한 박종규의, 윤필용에 대한 강창성의, 손영길에 대한 전두환의 열등감이 가지던 힘의 총합이 B그룹을 형성하게 된 것 같다. 특히 박종규는 전두환의 후견인이었다. 둘의 돈독한 관계는 세간에 잘 알려졌었다. 강창성 역시 동기생 윤필용을 견제하기 위해선 전략적 제휴를 위해 박종규와 전두환의 라인을 충분히 감지했으리라고 본다.

두 그룹의 출신 성분은 확연히 달랐다. A그룹이 기득권층이라면, B그룹은 자수성가형이라고 할 수 있다. 박종규의 아버지가 가족을 이끌고 도일해 일본에서 오래 산 것을 보면, 노동자인 것으로 추정된다. 강창성이 포천의 빈농이요, 전두환이 합천 빈농이었다는 사실은 두루 알려진 바와 같다. 두 그룹의 갈등은 사회심리학적으로 볼 때 계층 갈등이라고도 볼 수도 있다. B그룹 3인방의 무의식에는 열등감이나 사회 불평등에 대한 분노가 내면화되었을 것이고, 이 열등감, 분노의 에너지가 권력욕, 권력의지로 나타나지 않을 수 없었다. 이들에게는 인지적 편향성이 강하고, 또 절차를 무시하려는 성향도 강했을 것이다.

　김충식의 방대한 저서 『남산의 부장들』(2012)에, 윤필용 사건이 이후락과 박종규의 대결 구도라는 일반론에 대해 좀 다른 가설이 등장한다. 손영길과 전두환의 대결 구도로 좁혀 들어갈 수 있다는 시각이 없지 않다는 것. 이 가설이 먹혀들게 하려면 그 당시에 한낱 준장에 불과한 전두환의 역할이 입증되어야 한다. 이 무렵에 전두환이 박종규에게 선을 대고 있었고, 박정희에게 직접 보고하는 위치에 있었다고 한다. 한번은 전두환이 박정희에게 군부의 실력자인 윤필용을 비판하는 보고를 한 적이 있었다고 한다. 이때 박정희는 그에게 싸움질에 끼어들지 말고 일이나 잘 하라고 했다고 한다.

　보안사령부는 박정희의 명령에 따라 군부 내 불순세력을 역모로 간주하면서 엄격한 수사를 강행했다. 관련자들은 모두 어안이 벙벙했을 거다. 소문에 의하면, 이후락이 박정희 앞에서 무릎을 꿇고 눈물을 흘리면서 결백을 호소했다고 하는데, 개연성이 없지 않다고 보인다. 윤필용과 손영길 등의 엘리트 군인들이 보안사령부에 끌려가 고문을 당하고 있을 때, 꾀돌이인 이후락은 보안사령부를 뒷조사해 휘발유 횡령을 적발해낸다. 복수가 시작되었다. 민간의 정보기관인 중앙정보부는 군의 보안사령부를 수사하지 못한다. 수사는 헌병대로 이첩되었다. A그룹 3인방을 추종하던 이 중에 지성한이 있었다. 그는 사건 당시에 육군중앙범죄수사단장(대령)이었다. 그는 영문도 모른 채 끌려가 고초를 당했다. 윤필용 사건의 관련자 중에서 지금 유일하게 생존하고 있다. 그는 국회의원이었던 지상욱의 아버지요, 영화배우였던 심은하의 시아버지다. 휘발유 횡령 사건이 발생하자 헌병대가 보안사령부의 제2인자인 장군을 잡아가서 마대를 씌워놓고 집단 폭행을 가했다. 헌병대원들이 보안대 장군을 얼마나 때렸는지 온몸이 부어 마대가 벗겨지지 않을 정도였다고 한다. 마치 자신들의 상관인 지성한이 당한 것을 복수라도 하는 것처럼. 보안사령관 강창성이 책임을 지고 물러났다. 윤필용 사건을 가장 정확하게 바라본 이는 김형욱이었다. 그는 미국으로 망명한 후에, 그의 회고록에서 이렇게 썼다.

　　(윤필용 사건은) 서로가 생존을 위해서 짓밟고, 짓밟히고, 얻어맞고 다시 때리는 정치적 석기시대의 유혈극이었다. (『김형욱회고록 · 3』, 1988, 177쪽.)

　김형욱이 윤필용 사건의 정곡을 찌른 것이다. 이것만큼 간요하면서도 적확한 역사적 평가는 다시금 없을 것 같다. 윤필용 사건은 정치적으로 볼 때 석기시대의 일이나 다를 바 없었다. 여기에서 짚고 넘어가야 할 사실이 있다. 이 사건을 수사할 때의, 보안사령부 요원들의 악행은 상상을 초월한다. 관련자 10명은 계란으로써 바위를 치는 항소를 포기했지만, 육군 소장인 김진규만은 용기를 내어서 항소했다. 그는 법정에서 그들의 사악한 성 고문을 폭로했다. 자신의 결백보다는 천인공노할 인권유린을 세상에 알리기 위해서였다. 신범식의 농간이 이처럼 수많은, 무고한 피해자들을 양산시켰던 것이다. 권력 투쟁이 오로지 총구에서 나온다는 말이 있지만, 이 경우는 시정잡인의 입속 검은 혓바닥에서 나온 거라고 하겠다.

　윤필용 사건 이후에 박정희와 이후락의 관계도 급격히 냉랭해졌다. 박정희는 늘 마주 앉았던 이후락을 부르지 않았다. 불안해진 이후락은 과잉된 충성심을 보이기 위해 김대중 납치 사건을 일으키고야 말았다. 이것이 심각한 외교적인 문제가 되었다. 일본 내의 재일교포 사회에서도 반(反)박정희 정서의 파고가 드높았다. 이것은 육영수 피살의 직접적인 원인이 되기도 했다. 박종규는 경호 책임을 지고, 야인이 되었다. 박정희는 무지막지한 권력욕의 차지철과, 한번 중용하고는 내친, 윤필용과 대립각을 세우고 있던 김재규를 다시 불러들였다. 박종규의 빈자리를 차지철로 채우고, 이후락의 빈자리를 김재규로 채운 셈이다. 말하자면, 그 자신이 자신의 비극적인 운명을 자초한 것이었다. 충직한 이들을 내치고, 시한폭탄 같은 차지철과 반골의 김재규를 중용한 대가라고 할 수 있다.

결과론적으로 볼 때 윤필용 사건의 최후 승자는 전두환이었다. 그는 이 사건으로 불거진 하나회의 실체가 드러나 위기에 빠졌지만 잘 선방하였다. 박정희와 박종규가 그의 뒤를 봐주지 않았겠냐 하는 걸 짐작케 한다. 군부 내의 사조직인 저 하나회를 도려내지 못했기에, 6년 후에 발생한 12·12사태가 가능했던 것이다. 이 사태로 말미암아 한낱 소장에 불과했던 한 민감한 정치군인이 한 나라의 실권자가 되었던 거다. 국민은 둔감했다. 계몽되지 않았다. 그리고 1980년의 일들이 벌어졌다. 정권을 잡은 이가 개헌을 해 새로운 공화국을 열었다. 박정희의 유신체제가 한 시인에 의해 '겨울 공화국'으로 비유된 바 있었지만, 전두환의 제5공화국은 한술 더 뜬 형국이었다. 이를테면, 낭자한 핏자국 위에 세운 엄동(嚴冬)의 공화국이라고 할 수 있었다.

부기

윤필용 사건 당시에 윤필용의 비서실장이었던 정봉화는 영문도 모른 상태에서 군복을 벗었다. 여기저기에 직장을 알아봤지만 권력에 밉게 보이지 않으려고 그를 채용하려는 회사가 없었다. 극심한 생활고에 시달린 그는 제1공수여단장인 전두환으로부터 부름을 받았다. 혹시나 전 선배가 직장을 알선해주려나? 그는 기대를 가졌을 것이다. 그를 보자마자, 전두환의 말에는 욕설과 꾸지람이 난무했다. 직장을 구걸하러 다니는 일이 육사 출신의 명예를 더럽힌다면서. 그냥 굶어 죽어라고 하는 말인지? 누가 보든 말든, 그는 울면서 군부대를 빠져나왔다. 그 후 얼마 되지 않아서 여름철에 대천해수욕장에서 장사를 하려고 했다. 해수욕장의 일부를 군인들이 점하여 해양 훈련을 하고 있다는 말을 듣고, 책임자인 제9공수여단장 노태우를 찾아갔다. 노태우는 그를 보자마자 두 손을 꼭 잡고 따뜻하게 위로의 말을 건넨다. 얼마나 고생이 많으냐고. 그 덕분에 두 달에 걸쳐 장사를 잘 했다고 한다. 그 당시의 전두환과 노태우의 성정을 잘 볼 수 있는 일화다.

이철승을 위한 변명
―사쿠라와 썩은 준치

   우리나라의 주요 정치인 중에서 이철승만큼 저평가된 인물은 없을 것이다. 그를 둘러싼 편견도 만만찮다. 신민당이 1970년에 대선 후보를 뽑을 때 김대중과 김영삼이 주역이었다면, 그는 조역에 그치고 말았다. 이 구도는 향후 30년 이상 굳어졌다. 한때 그의 정치적 라이벌이기도 한 양김(兩金)이 대통령이 되는 등 국민 정치인으로서 승승장구했지만, 그는 이 틈새에서 존재감을 전혀 발휘하지 못하고 역사 속으로 사라졌다. 그가 1970년대 후반에 제1야당인 신민당 대표로서 2년 8개월을 재임하면서 활동한 것이 정치적인 절정기라고 할 수 있었다. 하지만 아이러니컬하게도, 그 시기는 그가 소위 '사쿠라'로 의심을 받는 시기였기도 하다. 그는 종생토록 사쿠라 시비로부터 자유로울 수가 없었다. 무엇이 사쿠라인가? 일본어로 벚꽃을 두고 사쿠라, 라고 하는데 이 대목에서는 식용 말고기를 말한다. 이 경우의 사쿠라는 어감이 아주 안 좋다. 요즘 자주 쓰는 말로 하자면, 정치적 배신자인 '수박'을 의미한다. 내가 2001년에 지방 신문의 칼럼에 사쿠라에 관한 글을 이미 쓴 적이 있었다. 그때 쓴 글에서 다음을 인용하기로 한다.

일본에서의 말고기 식용의 전통은, 육회인 '마사시(馬刺し)'와 전골인 '사쿠라 나베'로 대표된다. 그런데 말고기 식용 문화가 오늘날에 고급의 요리로 인정되고 있지만 옛날에는 어디까지나 쇠고기의 대용(代用) 식품에 지나지 않았다. 옛날에 일본에서는 쇠고기와 육질이 비슷한 말고기를 쇠고기에 섞어서 판매하는 일들이 많았다. 진짜와 가짜를 섞어서 진짜인 양 가장한 것을 두고 이때부터 '사쿠라'라는 말이 생겨나게 되었다. 이 말은 벚꽃을 가리키는 낱말과 발음이 같지만 서로 간에 뜻은 전혀 다르다. 우리나라에서는 한때, 낮에 야당 투사를 자처하면서 밤에 정치권력에 야합하는 지조 없는 정상배(政商輩)를 가리켜 사쿠라라고 불렀다. (졸저, 『꽃을 보면서 재채기라도 하고 싶다』, 비즈프라임, 2008, 71쪽.)

이철승은 2011년에 '대한민국과 나' 라는 제목의, 두 권짜리 회고록을 남긴다. 자신의 정치적 인생을 정리하기 위함이었다. 그가 신민당 대표 시절에 세칭 사쿠라로 몰린 내력에 대해서도 담담하게 회고하고 있다. 그는 1975년에 월남이 패망하자 처음으로 '중도통합론'을 구상했다. 이것이 그를 사쿠라로 비판하게 된 빌미를 제공했다. 그는 1977년 4월 11일 외신기자 회견에서, 중도통합론이 자유와 안보가 균형을 이룰 수 있도록 추구하는 굽힐 수 없는 소신이라고 밝혔다. 신민당 당내에서도 '선명성'의 잣대에 따라 그것은 정치 노선의 쟁점을 불러일으켰다. 중도통합론이 당론인가, 당 대표 개인의 정치철학인가를 놓고 당내에서 격론이 벌어졌다. 이 무렵에 까마귀 날자 배 떨어진다고 대통령 박정희로부터 의례적인 친서를 받게 됨으로써, 그는 더욱 사쿠라로 오해를 받게 된다.

그런데 이철승이 정말 사쿠라였나? 물론 논란의 여지가 많다. 한편으로 생각할 때 국가안보를 주장한 이를 사쿠라라고 치부한다면, 어느 국민이 국가안보의 가치를 소중하게 여기겠나, 싶다. 나는 신민당의 후신인 지금의 더불어민주당 사람들에게 묻고 싶다. 이철승 같은 애국자가

있으면, 당당히 나서보라고. 우리가 국익보다 당파적 이익에 매몰된 것
이 아닌지를 자성할 사람이 있다면, 당당히 나서보라고 말하고 싶다.

　　나의 미일 순방 외교까지 다시 도마에 올라 '초당 외교'가 아니라 '청부 외교'
라는 음해를 받게 되었다. 그러나 나는 국가보다 당, 당보다 개인에 철저한 반
대파 철새들이 떠드는 소리를 무시하고 이러한 오해와 음해에 흔들리지 않았
다. 나는 박정희 대통령과 어떤 접촉이나 거래를 한 일이 없어 떳떳한 입장이었
다. 내가 박정희 대통령이나 여당의 사주에 따라 미일 순방 외교에 나섰단 말인
가? 나는 그동안 국회에서 줄곧 국방위원과 국방위원장직을 수행한 전력도 있
고, 정당이나 국회의원 개인 차원의 이익이나 명분을 위해 움직인 사람이 아니
기에 설령 나를 '사쿠라'로 몰아붙여도 이제 와서 신념을 바꾸고 국익을 버릴 수
는 없는 일이었다. 안보가 얼마나 중요하며, 특히 남북한이 분단된 상황에서 건
국 이후 주한미군이 대한민국의 안보에서 차지하는 역할이 얼마나 큰 것인지
누구보다 잘 알고 있던 나로서는 정치적 이해를 떠나 대한민국 건국 과정에 앞
장섰던 사람으로서 국가 존망을 먼저 생각하지 않을 수 없(었)다. (이철승, 『대
한민국과 나(2)』, 114~115쪽.)

　　인용한 부분이 정치인 이철승에 관한 한 가장 중요한 내용이 아닌가
한다. 그때의 사쿠라와 지금의 수박은 어떻게 다른가? 그때의 사쿠라는
중도통합론이라는 노선에서 비롯되었다. 그때의 사쿠라가 정치사상의
결과라면, 지금의 수박이라고 하는 것은 사람에 대한 충성의 정도다. 지
금이 어떤 시대인가? 수박이 보수와의 내통이기보다는 한 개인의 의중
에 맞고 안 맞음에 따라 달려 있으면, 앞으로의 수박은 충성 경쟁의 양
상으로 나아가지 않을 수 없다.
　　김대중만 해도 반일, 반미는 생각조차 하지 않았다. 노무현이 대선 유
세 중에, 반미를 하면 좀 어때, 했고, 문재인의 주변인들은 토착왜구 운

운하면서 반일을 노골적으로 부추겼다. 이재명 정부는 은근슬쩍 반미, 친중국을 지향한다. 세칭 '셰셰(謝謝)' 외교가 이를 잘 말해준다. 최근에는 한 숟가락 더 떠서, 외국군(미군)이 없으면 자주국방이 안 된다는 건 굴종적 사고다, 라고 하는 무책임한 말이 나오고 있다. 북한으로부터 102차례의 지령을 받으면서 간첩 활동을 해 9년 6개월의 대법원 확정판결을 받은 민노총 간부에 대해, 더불어민주당은 더 이상 침묵해서도 안 된다. 아닌 것은 아니라고 하고, 비판할 것은 비판해야 한다. 이 얘기가 무슨 얘기냐 하면, 이철승의 정치적 인생에 있어서 사쿠라 시비가 결코 본질이 아니라는 얘기다.

소년 이철승이 전주북중(전주고)에 재학하고 있을 때다. 5학년 졸업반이었다. 하급생들에게 한글이 야만인들이 쓴 부호라고 말하곤 하던, 중일전쟁 참전의 상이군인인 노다(野田) 선생이 있었다. 수업 시간에 (훗날 세브란스 의전을 졸업한) 친구 송경진이 노다 선생에게 반항적인 어투로 질문을 하자 목검을 가지고 와 사정없이 내리쳤다. 그 옆에 있던 소년 이철승이 그를 번쩍 들어 내동댕이쳤다. 한글이 야만인이 쓰는 부호라고 했다면서. 그럼, 당신들이 쓰는 '가나(仮名)'는 뭐냐? 어원상으로, 가나는 진짜 글인 한자에 대해 '가짜 글'의 의미를 지닌다. 그가 이를 두고 한 말인 것 같다. 그는 운동이 만능이었다. 퇴학 직전에 내몰렸다. 농구부 지도교사 야마다(山田) 선생과, 경성제대 조선어문과 출신의 정학모 선생이 그를 적극적으로 옹호함으로써 겨우 졸업은 할 수가 있었다. 교사를 폭행한 그를 받아줄 상급학교가 아무 데도 없었다. 보성전문학교가 이 기개 있는 소년을 품었다.

일제 말에 그는 학병으로 끌려갔다. 종전과 함께 천신만고 끝에 귀국했고, 해방 후에 보성전문학교가 고려대학으로 승격되자, 학교 측은 보성전문학교 출신을 편입 시험을 통해 고려대학으로 입학하게 했다. 그는 고려대학생이 되었다. 학생들도 좌우파로 나누어져 사회가 극심한 혼란에 빠졌다. 그는 우파 학생들의 집결 단체인 전국학생총연맹 대표 의장을 맡았다. 그에겐 목숨을 건 선택이었다. 1947년 3·1절 때 행사도 좌우로 갈렸다. 좌파 학생들과 우파 학생들이 남대문 주변에서 우연하게 만나 격한 충돌을 일으켰다. 좌파 학생들이 총격을 가해 우파 학생 두 명이 즉사했다. 미군정도 사태의 심각성을 알고, 양쪽 대표 학생을 체포하려고 했다. 이철승은 전국학생총연맹 관훈동 본부와 가까운, 반공 동지의 김창희 집에 숨어들었다. 여기에서 열흘 이상을 잠복했다. 김창희는 경성여의전에 재학하고 있었다. 이것이 인연이 되어 두 사람은 훗날 부부가 되어 백년해로했다. 김창희의 어머니도 그 당시에 열렬한 애국(반공) 부인이었다고 한다.

　이철승이 제1야당 대표로 재임할 때 우리나라는 주한미군 철수의 위기에 몰리고 있었다. 카터 대통령의 선거 공약이었기 때문이다. 이에 대해 그는 적극적인 반대 의사를 천명했다. 그의 중도통합론은 미군 철수 반대로 이어진 것이다. 그의 초당적 외교는 미국 상원 의장인 험프리도 감동했을 정도였다. 그는 1978년 말에, 당 대표로서 제10대 총선을 진두지휘했다. 만년 야당인 신민당이 집권당 공화당을 처음으로 이긴다. 의석수보다 지지율이었다. 지지율 승리 1.1%는 10개월 후인 부마(釜馬) 사태의 민심에도 적잖은 영향을 끼친다.

　박정희의 암살과 전두환의 등장으로 인해 새로운 난세가 이어졌다. 겨울 공화국 유신은 더 엄혹한 겨울 공화국 5공을 불렀다. 정치가 실종한 시대는 지속되었다. 1985년에 접어들면서 비로소 민심의 변화가 감지되기 시작했다. 이철승은 고향 전주에서 제12대 총선에 출마해 48.19% 득표율로 국회의원에 당선했다. 7선이었다. 1988년 제13대에는 김대중의 황색 바람에 견뎌내지 못하고, 9.73% 득표율로 3위로 낙선했다. 그에 대한 지지율이 3년 만에 무려 40% 가깝게 떨어진 것이다. 그는 이때 미련도 없이 정계를 떠났다. 내 기억이 얼마나 정확한지 모르겠지만, 그의 정치 구호는 1985년에 '미워도 다시 한 번'이었고, 1988년에는 '썩어도 준치'였다. 이게 자충수가 되고 말았다. 경쟁자들은 너도나도 그를 보고 '썩은 준치'라고 조롱했다. 까마득한 정계의 후배들이 말이다.

이철승의 정치 인생은 사쿠라에서 썩은 준치로 이어지는 이미지의 여정이라고 해도 과언이 아니다. 차지철이나 중앙정보부와의 밀월 관계는 어디까지나 의혹일 뿐이지, 아무런 증거도 남아있지 않다. 다들 그를 사쿠라니, 썩은 준치니 하면서 부정적인 이미지로 기억하거나, 이를 덧칠하고 있지만, 그는 식민지 시대에 기개가 있던 열혈 소년이었고, 해방 후에는 서울 거리를 누비면서 '반공, 반탁'을 부르짖던 학생 리더였고, 1970년대 후반에 미군 철수를 강력하게 반대한 야당 지도자였다. 좋은 의미에서의, 이런 이미지들, 저런 일들이 민중의 기억으로부터 온데간데없이 사라져 버린 자리에 왜말 찌꺼기인 사쿠라만 남아있다. 실로 안타까운 일이 아닐 수가 없다. 그는 이미지와의 싸움에서, 이미지가 실상이 아니라면 가짜와의 싸움에서 패배한 것이다.

또랑광대와 어전광대

표준국어대사전에 의하면, 광대는 가면극, 인형극, 줄타기, 땅재주, 판소리 따위를 하던 직업적 예능인을 통틀어 가리키는 용어다. 신분제 사회에서 지체가 낮아 오랫동안 멸칭으로 쓰였다. 지금은 연희예술인, 이를 줄여 연예인이라고 하면, 전 세계적으로 가장 선망을 받는 직업이다. 광대(廣大)는 넓은 광 자에 큰 대 자인데 어원이 정확하지 않다. 다만 축자적인 의미대로라면, 연예인의 전파력과 영향력은 넓고도 크다. BTS, 영화 「기생충」의 봉준호, '오겜'의 이정재, 로제 등의, 세계에 대한 전파력과 영향력은 엄청나다. 글자 그대로 광대다. 이제 광대는 월드 클래스 슈퍼스타에서 가무와 연행의 마에스트로까지 포함하는 개념으로 확장되고 있다.

광대란 용어로부터 파생된 하위 개념은 무수히도 많다. 이를테면, 큰 광대와 새끼광대, 얼럭광대와 어릿광대, 막전광대와 정작광대, 궁중광대(court jester)와 유랑광대, 소리광대와 줄광대 등이 그 예다. 이 중에서도 궁중광대, 유랑광대와 유사한 개념은 '어전(御前)광대'와 '또랑광대'다. 어전광대는 제왕이나 영주, 그 밖의 권력자들 앞에서 가무나 연행을 일삼는 대중예술인을 말한다. 어전광대는 동시대 최고의 광대다. 평범한,

그러니까 그렇고 그런 광대 수백 명 중의 한 명이다. 연산군 앞의 공길, 대원군 앞의 박유전, 고종 앞의 김창환 등이 대표적인 어전광대다. 반면에 대부분의 광대는 또랑광대다. 돌팔이라고 하는 말이 있다. 돌아다니면서 의술을 파는 생계형 의료인을 두고 돌팔이라고 하듯이, 돌아다니면서 예능을 파는 생계형 광대가 또랑광대다. 내가 생각하기에, 또랑은 '떠돌아다니는'을 뜻하는 '떠돌앙'에서 온 말인 것 같다. 영화 「서편제」(1994)에서 또랑광대의 삶을 볼 수 있다. 혈연이 아닌 관계로 결연된 소리꾼 가족 구성원인 부자녀(父子女) 세 명은 여기저기 옮겨 다니는 처지였다. 하지만 아들은 도망가고 남은 부녀가 유랑 예인의 삶의 쓸쓸한 정조 속에서 한(恨)의 미학을 집요하게 추구한다. 기예의 경지가 최고 수준에 이르면, 어전광대요, 아직 그 경지에 이르지 못하면 또랑광대다.

우리나라 사람이면 가수인 A와 B를 모르는 사람은 아무도 없다. 이들은 나이가 다섯 살 차인, 가요계의 선후배들이다. 서로 친분이 있다는 얘기는 들어보지 못했다. 서로는 다른 성격의 음악을 추구해 동시대에 가인(歌人)으로서 일가를 이루었던 것은 사실이다.

가수의 데뷔는 극장 쇼 무대나 밤무대에서의 경력과 무관하다. 음반을 내고 방송에 출연해야 데뷔로 인정된다. 명문 S대 성악과 학생으로서 미8군과 밤무대를 전전하던 A는 달랑 번안가요 하나로 유명해졌다. 입심 좋고 튀는 행동거지도 인기의 요인이 되었다. 1968년 말에 정식으로 가수로 입문했으나 1년 반 만에 노래 하나 잘못 불러 군대에 강제로 끌려갔다. 육군본부에 배치되어 공식적으로는 육군합창단원으로 활동했고, 비공식적으로는 장성들 파티에 동원되는 군인 가수로 활동을 이어갔다. 어느 날 갑자기 예고도 없이 대통령이 장성들과 육군본부 식당에서 저녁을 했단다. 이때에도 무대 위에서 그는 노래했다. 박정희의 세칭 18번인 「황성 옛터」를 부르는데 중간에 가사를 까먹었다. 당황한 나머지 「각설이타령」을 불렀다나, 어쨌다나. 이것도 문제가 되었다. 헌병대에 불러가서 수사관들에게 노랫말에서 '작년에 왔던 각설이 죽지도 않고 또 왔네.'에서의 각설이가 누구를 은유한 것이냐고 다그침을 당했단다. A가 몇 년 전에 종편에 출연하여 이런 말을 남겼다.

"임금님 앞에서 광대가 노래를 부르는 일이 얼마나 심리적 압박을 받는지 겪어보지 못한 사람들은 몰라요."

충분히 이해된다. 그는 그때 20대 중반의 나이였다. 게다가 군인 가수의 신분이지 않은가? 그는 그때까지 또랑광대였던 것이다.

이에 비하면 B의 이야기는 대조적이다. 지금부터 내가 하는 얘기는 알려지지 않은 얘기다. 나는 십수 년 전에 대중가요계의 원로 한 분과 만나 술과 식사를 두 차례 함께하기도 했다. 이 분은 그로부터 몇 년 후에 작고했다. 그 분의 옛이야기를 적잖이 들었다. 가장 기억에 남는 것은 1981년 두 번째로 대통령이 된 전두환의 부름을 받고 안가에 갔던 일이었다. 전두환은 각계각층의 사람들을 안가에 초치해 식사를 하면서 얘기를 나누었다고 한다. B를 포함하여 대중가요계 사람들 예닐곱 명이 동참했는데 자신이 나이가 많아 대통령 방문단장 역할을 했단다. 참석자들이 술과 식사를 함께하면서 전두환은 대중가요계의 어려움을 직접 들었단다. 참석자들도 표현의 자유를 완화해 달라고 건의했다. 술이 오가면서 약간 분위기가 좋아지자 당시에 스타덤에 오르면서 팬덤을 형성하고 있던 B가 기타 반주로 대통령을 위한 노래를 부르기로 되어 있었다. 이 모든 각본은 장세동이가 사전에 기획했다.

"각하. 오늘 밤에 각하를 위해 노래 한 곡을 준비했습니다."

"그래. 해 보게나."

B는 체구가 작아도 주량은 폭발적이었다고 한다. 맥주잔에 양주를 그득 부어 안주도 없이 단숨에 마시고는 전두환이 젊은 시절에 좋아했다는 노래「해 같은 내 마음」을 연습해 온 대로 불렀다. 물론 장세동이 시킨 각본대로 부른 노래였을 것이다. B 역시 악보를 구해 연습을 많이 하

였을 것이다. B의 절창은 예상대로였다. 내가 만난 그 원로가 나에게 그랬다.

"송 교수. 지근에서 B의 노래를 들은 각하가 얼마나 감동했는지 눈에는 뜨거운 두 줄기 눈물이 넘쳐 흘렀소."

그가 부른「해 같은 내 마음」은 가수 남인수가 1949년의 음반에 녹음한 대중가요다. 어느 정도 대중적 인기가 있었던 노래인지는 알 수 없다. 노랫말이 3절로 되었지만 제1절만 인용하면 다음과 같다. 노래의 화자는 고향을 떠나온 사람이다. 인생의 난관을 겪은 다음에 성공해서 끝내 귀향하겠다는 사나이의 굳은 의지를 표명한 노래다.

사나이 가는 길 앞에 웃음만이 있을쏘냐
결심하고 가는 길 가로막는 폭풍이 어이 없으랴
푸른 희망을 가슴에 움켜 안고 떠나온 정든 고향을
내 다시 돌아갈 땐 열 구비 도는 길마다
꽃잎을 날려 보리라.

젊은 시절의 전두환은 이 노래를 즐겨 불렀을 것이다. 그가 노래를 들으면서 눈물을 흘릴 만큼이나, 당대 최고의 가수였던 B의 노래에 온전히 감정적으로 동화됐던 것 같다. 물론 사람들은 이 눈물에 대해 '악어의 눈물'이라고 악평할 수도 있을 것이다. 대마초 사건으로 인해 고초를 겪고 명산대천을 돌아다니면서 전통 방식으로 득음해 우뚝 선 30대 초반의 B는 권력자의 심금을 울리고, 눈물을 흐르게 할 만큼 시대의 가인으로 거듭난 것이었다. 전두환 앞의 B는 어전광대에 다름이 없었을 것이다. 겪어보지 못한 사람은 전혀 알 길 없다는 그 엄청난 스트레스를 양주 큰 잔으로 물리쳤다. 장세동은 행사를 마친 후에 안가의 마당에서 B의 어깨를 툭툭 치면서, 격려했다고 한다. "자네, 오늘 수고가 많았어,"

남인수의 「해 같은 내 마음」은 유튜브에 들어가면 쉽게 들을 수가 있다.

부기 : 대통령의 애창곡들

역대 대통령의 애창곡들이 사랑방 얘깃거리가 된다. 권력자의 노래들은 그 시대의 성격을 어렴풋이 담고 있다. 대중가요 속에도 사람의 감정과 세상의 모습을 함축한다.

이승만은 노래를 별로 좋아하지 않았지만, 간혹 「희망가」를 흥얼거리곤 했다. 이 노래는 본디 영미권 찬송가였는데 일본을 거쳐 일제강점기에 번안가요로 이 땅에 정착했다. 최초의 버전은 가수 채규엽이 부른 1921년 음반 버전이라고 한다. 제목이 다양했지만, 지금은 「희망가」로 통일되었다. 나라 잃은 식민지 백성의 허무적 인정세태를 담고 있으면서도, 노랫말의 마지막에 이르러 청년 계몽의 의도가 반영되어 있다.

노래를 가장 좋아한 대통령은 박정희이며, 노래를 가장 좋아하지 않은 대통령은 최규하로 알려져 있다. 박정희는 일제강점기에 사범학교를 나왔기에, 폭넓은 교양 교육을 받았다. 그가 기본적인 연주나 작사와 작곡을 할 수 있었던 것도 소년 시절의 사범교육에 기인한다. 그의 애창곡은 여러 가지로 알려 있는데, 이 중에서 남인수의 「낙화유수」(1941)를 꼽지 않을 수 없다. 내가 1990년대 초에 방송된 한 TV 드라마에서 군인 시절의 그가 이 노래를 부르는 장면을 보았다. 그런데 3박자 왈츠를 2박자 군가(軍歌)로 변형한 것이었다. 북한이 제작한 TV 드라마인 「민족과 운명」에서도 박정희 역을 맡은 인민배우 김윤홍이 소위 '각하의 18번'인 이 노래를 부른다. 용모나 목소리가 박정희를 연상시키는 면이 있다. 노래하는 이 장면만은 유튜브를 통해 쉽게 감상할 수 있다.

전두환이 군인이 된 이후에는 애창곡이 「방랑시인 김삿갓」이었다. 그가 사석에서 이 노래를 자주 불렀다고 한다. 노래의 성격이 정치군인과 전혀 다른 이미지를 보여준다. 정치군인 전두환이 방랑시인 김삿갓에게서 동일시를 추구했다는 것은 일종의 사기다. 좋게 말한다면, 엄격한 자기관리 내지 철저한 위장술이다. 그만큼 그는 주도면밀한 삶을 살았던 것이다.

역대 대통령의 애창곡이라고 하면, 노태우의 「베사메 무초」, 김대중의 「목포의 눈물」, 노무현의 「상록수」, 이명박의 「사랑이여」(유심초) 등이 유명하다. 이 중에서 노무현의 「상록수」가 지닌 의미는 각별하다. 이 노래는 한국의 밥 딜런이라고 비유되는 김민기가 작사하고, 작곡한 노래다. 제목인 '상록수'는 유신 시대의 진보적 청년들의 연대, 희망의 기표로 사용된 기둥 말이다. 대통령 노무현뿐만 아니라, 민주당계 정치인들 사이에서도 두루 회자해 온 애창곡이다.

우리들 가진 것 비록 적어도
손에 손 맞잡고 눈물 흘리니
우리 나갈 길 멀고 험해도
깨치고 나아가 끝내 이기리라.

노랫말이 예사롭지 않다. 무력한 시대를 딛고 일어설 수 있는 힘이 엿보인다. 이 노래와 성격이 유사한 것으로, 김민기가 작곡하고 양희은이 노래한 「아침 이슬」도 있었다. 이 노래는 일반 국민뿐만 아니라, 역대 대통령들도 좋아한 노래다. 이 노래를 좋아한 대통령은 노태우, 김영삼, 노무현으로 알려져 있다. 비록 지나치기 쉬운 노래라고 해도 노래로서 사회적으로 연대할 수 있고, 구성원끼리 일체감을 공유할 수 있다. 노래의 사회학, 가요의 정치 논리는 결코 간과하기 쉬운 것은 아니라고 본다.

레이건의 리더십과 의사소통

　짐작건대 1984년 말의 일이었던 것 같다. 지금으로부터 40년이 넘은 시점이다. 내가 신문의 한 구석에서 보았다. 레이건 대통령이 재선에 도전할 때 라디오 연설을 앞두고 마이크 테스트를 하고 있었다. "국민 여러분, 러시아(소련) 전투기가 우리 영공을 침범하고 있습니다. 제가 이것을 격추시키겠습니다." 무언가 일이 잘못되어 이것이 생방송되고 말았다. 난리가 났다. 큰 방송 사고였다. 민주당에서는 사람이 농담하는 것을 보면, 그 사람의 수준을 알 수 있다, 했다. 그의 유머 감각이 오히려 사고를 친 것이다. 이 구석진 보도가 어떻게 마무리가 된지 알 수 없다. 내 생각으로는 그가 이 정도의 말을 했을 것이라고 본다.

　"죄송합니다. 수준이 있는 국민이라면, 제가 라디오 연설의 긴장을 풀기 위해 잠시 농담한 것으로 이해했을 겁니다. 앞으로는 정말 말조심하겠습니다."

　레이건 행정부가 출범한 시점은 1981년 1월이었다. 이때만 해도 앞으로 꼭 10년 이후인 1991년 1월에 소련 공산주의가 해체되고 인류가 핵전쟁의 공포로부터 벗어날 것이라고 생각한 사람은 단 한 사람도 없었다. 그는 지미 카터의 초라한 성적표의 반사 이익으로 대통령에 당선되었다. 대통령으로서도 고령의 나이였다. 다들 반신반의했지만 결과적으로는 외교와 경제에서 크게 성공을 거두었다. 그의 시대는 세상을 바꾸는 위대한 리더십을 발휘한 시대라고 할 수 있다.

그는 미국의 성공한 역대 대통령인 링컨, 루스벨트, 케네디의 뒤를 이었다. 이들과 어깨를 나란히 한다는 역사적 평가가 있다. 그 이후의 미국 대통령들 중에서 그만한 대통령이 없다는 것이 대체적인 중론이다. 그의 재임 기간은 우리나라의 전두환의 그것과 거의 일치한다. 그러니까 1980년대는 최선의 미국 대통령과 최악의 한국 대통령이 공존하던 시대였던 것이다.

주정뱅이 아버지 밑에서 불우하게 성장한 레이건은 어릴 때 읽은 책한 권이 그의 인생을 바꾸고 말았다. 주정뱅이 아버지 밑에서 어렵게 성장하는 한 소년의 이야기인 소설 「우델의 인쇄공」이었다. 이 소설의 작가는 헤럴드 벨 라이트였다. 그는 대통령에 재임할 때 라이트의 며느리에게 편지를 썼다. 다음의 인용문은 편지 내용의 일부분이다.

> 소설 「우델의 인쇄공」은 성경 다음으로 내 인생의 항로를 바꾸어놓은 책입니다. 당신의 시아버지는 지금 이 순간까지 애써 걸어가고 있는 나로 하여금 내 인생의 길을 바르게 걸어가게 하고 있습니다. 나는 그에게 언제나 감사하는 마음을 가지고 있습니다.
>
> —최병구 지음, 『레이건의 리더십』, 김&정, 2007, 26쪽, 참고.

책 한 권이, 영화 한 편이 한 사람의 인생에서 극적인 전환점이 되는 경우는 무수히 많다. 레이건의 인생에도 큰 영향력을 준 것은 소년이 읽는 소설이었다. 동화책보다는 더 현실주의의 내용으로 구성된 문학 작품인 것 같다. 문학이 세상을 바꾼 것이다.

그는 성장해서는 영화배우로서 사회에 진출했다. 아마추어 연극배우였던 어머니의 유전자 덕분이 아닌가 한다. 데뷔작은 「사랑은 전파를 타고(Love is on the Air)」였다고 한다. 그가 영화배우로서 입문했을 무렵에 영화계는 온통 좌파 일색이었다. 그는 이런 분위기 속에서 자유와 반공의 사상적 신념을 보여주었다. 그는 A급 배우로서 발돋움할 수 없었다. 그가 만년 B급 배우로 살아가느니, 차라리 인생의 방향을 바꾸어보려고 생각했을 거다. 정계에 입문해 정치인으로 살아가는 것. 바꾸어서 크게 성공했다. 긴 세월에 걸쳐, 그는 주지사로서, 대통령으로서 입신을 한 것이다.

지미 카터의 4년은 미국이 대공황 이후 최악의 상황에 빠져 있었다. 하지만 레이건이 집권하면서 재임 8년 중에서 7년 8개월 간 경제가 연속적으로 성장했다. 그의 경제적 성취를 두고 세칭 '레이거노믹스'라고 한다. 이 표현과 더불어 그의 꼬리에 따라다니는 언표는 '위대한 커뮤니케이터'다. 그는 정치적 의사소통의 달인이었던 것이다. 배우로서의 연기력도 바탕이 되었을 테지만, 무엇보다 타고난 성품이 진솔했을 것이다. 상대방에게 내 말을 믿게 만드는 일은 여간 어려운 일이 아니다. 마음이 닫혀 있으면, 대화나 협상이 더 이상 진전되지 않는다.

입에서만 나오는 말은 상대의 마음을 움직이지 못한다. 좋은 언변을 갖추려면, 입보다 머리, 머리보다 얼굴 표정, 얼굴 표정보다 가슴에서 우러나오는 말이 아니어선 안 된다. 레이건의 말의 힘은 가슴에 있는 것이 아닐까? 게다가 그는 발음도 정확하고, 메시지 전달 방식도 좋았을 것이다. 그의 말은 단형, 평이, 유머, 비유, 겸손 등을 수반했을 것이다.

그가 말한바 '악의 제국'인 소련 공산주의가 와해되기까지 그의 진솔한 설득과 대화가 상대의 평화적인 변화를 유도했고, 실제의 변화를 이끌어낸 것으로 알려져 있다. 그가 대통령에 재임한 8년 동안 9천 여 통의 편지를 썼다. 자고로 제왕과 정치인들은 시와 연설과 수사법을 의사소통의 수단으로 이용했지만, 그는 사적인 편지글로 소통의 광범위한 길을 텄던 것이다. 초인적인 글쓰기요, 경이의 소통 방식이 아닐 수 없다.

인간 호소카와 모리히토

센노리큐는 살아생전부터 지금까지 일본에서 다인(茶人)을 넘어 성인으로까지 숭배되고 있다. 그는 일본 다도의 창시자이다. 또한, 세속의 명리보다 금욕주의적인 와비차(侘び茶) 사상을 정립한 인물로서 현재 우리나라의 다인들 사이에도 잘 알려져 있다. 그가 권력자인 도요토미 히데요시의 눈 밖에 나서 오사카 남부에 위치한 신흥도시 사카이에 추방되었다. 그가 추방되었을 때 강나루에까지 나와서 배웅을 하던 사람은 겨우 두 사람뿐이었다. 한 사람은 후루타 오리베요, 다른 한 사람은 호소카와 산사이(細川三濟)였다. (다인으로서의 이름이 '산사이'지만, 무장으로서의 이름은 '다다오키'다.) 둘 다 그의 제자였다. 수많은 지인들과 제자들은 권력자에게 눈치가 보일까, 두려워 강둑까지 배웅하러 가지 않았다.

도요토미 히데요시가 죽고, 권력이 도쿠가와 이에야스로 넘어갔다. 조선 원정을 떠난 무장들 중에서 시마즈 요시히로 가문 빼고 모두 몰락했다. 조선에 출병을 하지 않은 호소카와 다다오키는 도쿠가와 막부의 평화 시대를 여는 데 기여했다는 점에서 소영주에서 대영주로 신분이 상승했다. 특히 도자기에 무척 관심이 많았던 다다오키는 전쟁통에 일본에 끌려온 후에 가라쓰에서 도자기를 굽고 있던, 경남 사천 출신의 사기장 김존해(金尊楷)를 초빙해 어용 명장으로 크게 대접을 해주었다. 1622년 호구 조사 기록을 보면, 주민 65명, 야키모노시(도공) 8명, 우리코(판매원) 10명, 말 7두, 소 1두라고 한다. 웬만한 무가(武家) 부럽지 않은 인원과 재산이 김존해의 관장하에 있었던 거다.

호소카와 가문의 직계 후손 중에서 가장 유명한 인물은 전직 총리였던 호소카와 모리히토다. 그는 지금도 고령의 나이지만 생존하고 있다. 학교를 다닐 때 반골 기질이 강해 학업에 순응하지 못했다. 낙제를 면치 못해 상급 학년을 진급하지 못했지만, 개인적인 독서에 대한 열정만은 누구 못지않았다. 그는 정치인으로 구마모토현 지사를 8년간 역임하고 총리가 되었다. 1993년에, 38년 동안 정권을 유지해 온 자민당을 쓰러뜨린 그는 난세의 영웅으로 등극했지만, 8개월 후에 스스로 총리직에서 물러났다. 그는 한국의 식민지 통치를 사과한 최초의 총리였다. 이 사실만으로도 그는 총리로서 정치적인 소임을 다했다고 본다. 그리고 회갑의 나이에 정계를 은퇴한 그는 인간적인 진가를 유감없이 발휘할 수 있었다.

정치에 더 이상 미련을 두지 않고, 제 하고 싶은 대로 살았다. 아사히 신문사 기자를 했듯이, 그는 시와 산문을 쓰는 문필가로 저술 활동을 했고, 서예가로서, 또 유화 작가로서도 활동했다. 멀티아티스트인 그는 도예가로서의 명성이 가장 자자하다. 우리나라의 이후락도 정계를 은퇴한 후에 도예가로서 살았지만, 그가 한결 드높은 예술적인 성취도에 이른 것 같다. 앞에서 말했듯이, 그의 선조 호소카와 산사이는 센노리큐의 제자다. 한 시대를 풍미한 다인으로서 다완의 가치를 알았던 인물이었다. 그가 소장한 이도(井戶)를 두고 세칭 '호소카와 이도'라고 불린다. 일본의 국보 '기자에몬 이도'에 버금가는 가치를 지닌 기물이다. 경남 지역에서 생산된 이도는 16세기의 연질 백자로 된 찻사발이지만 조선에서 막사발로 쓰였다. 임진왜란을 일으킨 원인 중의 하나가 조선의 사기장을 납치

하는 데 있었기에, 이것을 두고 도자기 전쟁이라고도 한다. 호소카와 모리히토는 선조가 소장한 이도를 재현하기 위해 노력을 다하고 정성을 기울였다.

벌써 20년이 지난 일이다. 나는 산청의 도예가 민영기의 가마에 찾아가서 그를 만났다. 그는 고려다완의 최고 전문가인 하야시야 세이조의 제자로서 일본에서 도예 공부를 해 다완 생산 명장으로서 일가를 이루었다. 그가 나에게 말하기를, 수행원도 없이 찾아온 호소카와 전 총리를 김해 공항에서 맞이해 산청의 도자기 가마로 모시고 왔다고 한다. 몇 날 며칠 동안 함께 숙식하면서 도자기를 구웠다고 한다. 전직 총리의 행보는 일반인과 다름이 없었다. 뿐만 아니라, 사천의 사기장 김남진과도 교분이 깊었던 것으로 잘 알려져 있다. 그는 공들여 만든 다완을 자신과 인연이 있는 사람들에게 선물로 보내기도 했다. 특히 유럽의 대통령, 총리들에게 인연을 소중히 여기면서 말이다.

십수 년 전에 어떤 글에서 봤다. 여름날에 한국 대학생들이 구마모토성 인근의 넓은 터에 날도 저뭇해져 캠프를 쳐야 하는데 저택의 출입문에 초인종 벨을 눌렀다고 한다. 일본어를 서툴게나마 할 줄 아는 한 학생이 기모노 차림으로 문 밖으로 나온 연세 지긋한 안주인 부인에게, 만약 폐가 되지 않는다면 여기에 캠프를 칠 수 있느냐고 물었다고 한다. 부인은 흔쾌히 허락을 해주더란 거였다. 학생들이 다음에 알고 보니, 캠프를 친 곳은 구마모토성 역대 영주들이 대대로 살아온 저택의 마당이었고, 교양과 기품이 넘치던 기모노 차림의 부인은 호소카와 전 총리의 부인이었다고 한다. 누군가 지어낸 이야기는 아닌 것 같다.

내가 명문가의 후손입네, 민주화의 투사입네, 하는 것을 자랑으로 아는 사람됨을 지닌 전직 대통령을 우리가 과연 존경할 수가 있을까? 예술 창작에 몰두하고, 문화에 깊은 관심을 보이면서, 서민처럼 함께 평범한 여생을 보내는 그런 전직 대통령을 존경할 것이다. 우리 국민도 문제다.

대통령의 임기를 마치건, 도중에 하야하건 간에, 모두가 이럴 때마다 벌떼처럼 달려들면서 정치적인 의혹을 파헤치는 데만 혈안이 되어 있다. 의혹이 있으면, 밝혀야 하겠지만, 정치 보복의 인상을 주지 말아야 한다. 김건희는 입이 열 개라도 할 말이 없는 여인이다. 그런데도 한심한 달빛 타령만을 하고 있다. 1년 전인 작년 9월에 종묘에서 차담회를 가져 여론의 비난을 많이 받았다. 정권이 바뀐 지금에 와서 직권남용죄와 문화재보호법을 들먹이면서 죄를 물어야 한다고 난리를 치는 사람들이 적지 않다. 이 사례는 오히려 동정심을 유발시킬 수도 있다. 친구들을 불러서 사담을 나눈 것도 아닌데, 일부 사람들의 마음가짐이 참 모질다는 생각이 든다.

이순신과 공공의 사상

꼭 40년 전의 일이다. 교정의 양지바른 동산에서 후배들과 역사 인물에 관한 얘기를 나누고 있었다. 거북선을 두고 왜군들이 '메쿠라부네(盲船)'라고 했다더라. 눈먼 배, 눈멂의 배, 맹인의 배로 이해된다. 한 후배가 내게 물었다. 왜 그런 말을 썼을까요? 나도 몰라. 쟤네한테는 눈에 보이는 게 없었을 테지. 다들 웃었다. 지금도 왜 메쿠라 운운했는지 알 수 없다. 영화 「노량」에서도 '메쿠라부네'라는 용어가 등장한다. 영화 속의 북소리가 지닌 상징성은 나의 청감을 자극했다. 이것은 내게 각별한 울림으로 마음의 파문을 일으켰다. 이 북소리는 그때에 하늘과 사람을 이어주는 소리였다. 천인이 감응하는 소리였다. 또 과거와 현재를 이어주는 소리이기도 하다. 오늘날에 사는 우리를 일깨워주는 소리다. 영화는 IT 신기술을 적극적으로 사용했다. 컴퓨터그래픽에 의한 정교한 물 표현. 낮밤의 명암과 날씨의 청담(晴曇)에 대한 다채로운 조명 연출. 이런 점에서 좋은 영화는 기술의 아들인 동시에 예술의 딸이다.

하지만 역사 해석이 아쉬웠다. 노량해전에 거북선이 등장하지 않았다. 영화에서 왜군의 화포에 의해 거북선이 침몰했다. 시마즈 요시히로의 전공을 왜곡한 일본 군공기(軍功記)에 노량해전에서 거북선 두 척을 분멸

했다는 내용과 비슷하다. 영화는 역사를 이기려고 해선 안 된다. 영화는 아들의 죽음을 자주 강조했다. 노량해전과 시점도 맞지 않는 얘기다. 이순신은 엄정한 공공(公共)의 사상가다. 그에게 사사로운 복수의 감정이 있었을까? 또, 이순신 시대에 웬 판소리냐?

그런데 영화 속의 등선 육박전 장면은 잘했다고 본다. 한 이순신학 교수는 영화에서처럼 실제로 그런 일이 있었겠느냐고 의문을 제시한다. 어둠 속의 노량해전에서 적개심에 불탄 조선 병사들이 쇠갈퀴와 긴 낫을 찍거나 휘두르면서 선상에 올랐다. 일본 사료에서 이런 조선 병사들을 철포(조총)로 쏘아 죽였다고 했다. 전시에 시마즈 요시히로의 아들인 다다쓰네를 그림자처럼 따라다녔던 소년 수행원의 구술 자료에 의하면, 왜선이 파괴되지 않았는데도 선상의 장졸들이 대부분 죽었거나 부상을 당했다는 증언이 있다. 이것은 무엇을 의미하나? 노량해전은 대승 중의 대승이었다. 북서풍을 이용한 이순신의 화공 전략은 2백 척의 왜선을 분멸시켰다. 왜군의 병력은 거의 전멸 상태였다. 십중팔구의 전력을 상실한 채 도망갔다. 그동안 우리는 이순신의 전사를 삼가는 마음으로 인해 대승을 대승이라고 말하지 않았다. 이제는 대승이란 객관적인 역사 실체에 접근해야 한다.

이순신의 공공성은 그의 후손들에게 계승되었다. 5대손 이봉상은 이인좌의 난 때 충청 병사로 재직하고 있었는데 반란군의 초반 기세에 의해 체포되었다. 반란군이 그에게 투항을 권고했지만, 그는 이충무공의 후손을 더 이상 욕되게 하지 말고 죽여 달라고 했다. 그의 요구에 따라, 그는 죽었다. 한말과 일제강점기에 일본에 귀족 작위를 받은 이가 137명이었다. 전주이씨가 38명으로 압도적으로 많다. 이순신의 덕수이씨는 아무도 없다. 대한민국 정부가 공인한, 독립에 헌신한 건국유공자 중에서 이순신계의 인물은 무려 11명이 된다. 그의 후손 10명에 후손며느리 1명이 포함되어 있다. 지금은 사익에 흔들리는 공인, 말로만 국민을 바라본다는 정치 지도자, 정치에 물든 법조인 등이 이순신의 공공성을 깊이 성찰할 때다.

영화는 국가주의 도취감, 세칭 '국뽕'에서 벗어나려고 했다. 무병의 병사들은 가족을 떠올리며 처절하게 살려고 절규한다. 누구나 측은지심이 생긴다. 나지막한 애국심보다는 인간의 보편적 감성이 더 높은 가치라고 여겨진다.

유관순 열사의 가족

이 글을 쓰고 있는 지금은 2019년 3월 1일이다. 가만히 생각하니 떠오르는 게 하나 있다. 반세기 50년이 꿈결처럼 흘러갔다. 지금으로부터 정확히 50년 전의 일이다. 소년 시절의 나. 그날 저녁의 라디오에는 3·1 운동 50주년을 기념하는 특집 방송이 있었다. 출연자는 유관순 열사의 남동생이었다. 어린 소견에도, 각별한 분이 출연한다고 생각했다. 아마 그분은 지금의 내 나이인 60대 초반이었던 것 같다. 50년 전의 그 방송 내용은 정확하게 기억되지 않는다. 그동안 출연자가 살아온 어려운 인생살이 얘기였을 것이다. 다만, 지금도 또렷이 기억나는 게 있다면, 출연자의 상습적인 말투였다. 말할 때마다, 늘 그저…그저…그저…라고 하는 특이한 말버릇은 반세기가 지난 지금도 잊을 수가 없다. 지금 생각하니, 아마도 가족의 큰 불행, 가족사의 지울 수 없는 비극을 안고 '그저 그렇게' 하늘의 뜻에 따라 살아온 것을 말하고자 했으리라.

유 열사의 아버지 유중권은 일찍이 개명한 분으로서 육영에 뜻을 둔 지방의 지사였다. 3·1 운동 당시 역사의 현장이 천안의 아우내 장터다. 그녀의 부모도 여기에서 순국했다. 이 아우내는 두 냇물이 아울러 있다고 해서 만들어진 지명이다. 한자어로는 '아우를 병(併) 자'를 쓴 병천(併

川)이라고 한다. 병천 순대로 유명한 그 병천 말이다. 지금의 병천 순대
는 알아도 그때의 아우내 장터를 모른다면, 역사의 망각을 부끄러워해
야 할 일이다. 물론 유 열사의 항일은 부모의 순국에 격분한 측면도 없
지 않았다. 이 점은 인간이라면 누구나 그럴 수밖에 없는 상정(常情)이라
고 본다. 이 사사로운 감정 때문에 의기가 추호도 낮추어질 수는 없다.

유 열사의 오빠 역시 독립운동가 유우석이다. 그는 1919년 4월 1일에
일어난 고향인 천안에서 발생한 만세 운동에 참여하지 못했다. 같은 날
에 자신이 재학하던 공주의 영명학교가 중심이 된 공주 읍내 만세 운동
에 주도적으로 참여했다. 그는 만세 사건으로 징역 6월형의 선고를 받
고 옥고를 치렀다. 그 이후에도 4년간에 걸친 영어(囹圄)의 생활이 포함
된 지속적인 항일 독립운동을 전개함으로써 일제 강점의 난세에 가시밭
길을 걸었다. 그가 여동생의 유명세에 밀려 일반인들에게 무명의 운동
가로 역사의 그림자 속에 흐릿하게 남아 있는 게 안타깝다.

유 열사의 남동생은 두 명이었던 것으로 알려져 있다. 부모와 누나가
순국하고 운동가인 형이 내내 어려운 삶을 살았기에, 집안이 풍비박산
이 되었다. 두 동생은 여성 운동가인 형수에 의해 양육되었다고 한다.
50년 전에 라디오에 출연했던 유 열사의 남동생은 아명이 관복이었다.
1966년에 개봉한 색채 영화인 「유관순」에도 관복이 등장한다. 고난의 소
년상 이미지가 아련하다. 나는 그때 이 영화를 가족과 함께 보았었다.
유 열사 역에는 여배우 엄앵란이 출연했다. 아쉽게도, 이 영화는 한국영
상자료원에 필름조차 보관되어 있지 않다. 유 열사의 남동생인 관복은,
형이 지금의 서울대학교 법대인 경성법전을, 누나가 이화학당 고등부를
다녔던 것과는 달리 학교 교육을 제대로 받지 못했다. 강원도와 함경도
를 전전하면서 탄광 노동자로서 어렵고도 가난한 삶을 이어온 것으로 알
려져 있다.

유 열사의 가족이 동참한 아우내 장터의 만세 사건이 일어난 4월 1일

역시 거의 백 년이 되어간다. 올해만이라도 또 다른 3·1운동의 기념일로 기억되고 기려져야 한다. 이 날 만큼은 단 하루라도, 우리의 기억에서 사라진 유관순 가족을 기념했으면 한다.

물외한인의 조식

자신의 전문 지식은 말하지 않고 TV에 출연해 정치적인 발언을 하면서 화면에 얼굴을 새기는 교수들을 보면, 남명 조식이 생각난다. 내가 교수를 해 보아서 알지만 일부 교수들의 욕망은 한도 끝도 없다. 자신의 얼굴을 새기는 것은 허공에 자신의 이름을 새기는 것과 같다. 이럴 때 조선시대에 자발적으로 선택한 물외(物外)의 한인(閒人)이었던 남명 선생이 생각난다.

남명 조식은 당시의 행정 구역인 진주의 끝자락에 살았다. 지리산이 잘 보이는 곳이었다. 그가 실제로 지리산에 가 보니, 암벽에 이름들이 여기저기 새겨져 있었다. 자기 이름을 남기려는 헛된 욕망을 가리켜 '날아가 버린 새의 그림자만도 못한' 행위라고 꾸짖었다. 허공중에 헤어진 이름이여. 새기지 말아야 할 곳에 새긴 이름들이여.

조식은 젊었을 때 김대유의 청도 집을 방문해 열흘간 머문 일이 있었다. 그보다 무려 스물두 살 연장자인 김대유는 자신의 스승에 다를 바 없었다. 조식이 김대유의 청도 집에 머물 때 김대유를 위해 5언 14행의 형태가 특이한 찬양 시를 썼는데, 중요한 부분은 인귀서벌로(人歸西伐路),

강주남하백(江注南河伯) 두 행이다. 대체로 이렇게 번역된다. 사람은 서쪽으로 향한 길을 가고, 강은 물의 신이 있는 남으로 흐르네. 이는 명백한 오역이다.

정확한 뜻은 이렇다.

서쪽은 수도를 상징한다. 고중세의 중국 수도인 함양 · 낙양 · 장안이 중국에서도 서쪽에 위치하여 있었기 때문이다. 그래서 중국이나 우리나라에서 서행(西行)과 상경(上京)은 관습적으로 동의어로 쓰였다. 한양으로 향하는 길인 '서벌로'는 벼슬을 하고 싶은 욕망이다. 근데 하백(河伯)은 누구나 물의 신으로 안다. 한자 백은 대체로 세 가지로 독음된다. 백 · 패 · 맥이다. 즉, 맏 백, 우두머리 패, 논밭사잇길 맥이다. 여기에서는 두 번째인 '하패'에 해당한다. 하패는 물의 우두머리인 낙동강을 가리킨다. 울산에서 발원한 청도의 동창천은 남하해서 밀양강을 경유해 낙동강으로 흘러 들어간다. 이 낙동강이 물의 우두머리인 것이다. 선비라면 누구나 벼슬을 하고 싶은 욕망에 귀의하겠지만, 강물은 이에 개의치 아니하고 남쪽의 낙동강을 향해 흘러간다.

김대유 집안의 후손인, 창원 출신의 김종영은 우리나라 추상 조각의 선구자다. 그는 조각을 두고 '불각(不刻)의 미'라고 했다. 비유컨대 허공 중에 헤어진 이름이다. 새기지 아니한 새김의 아름다움이라. 눈부신 역설이다. 새겨야 할 때 새기고, 새기지 말아야 할 땐, 새기지 말아야 한다. 근래에 이슈가 된 기둥 말 광우병 · 세월호 · 이태원은 끊임없이 새겨야 하고, 되새겨야 할 반성적 기표다. 하지만 우리 사회에 이 기표를 은근히 속내에 감추면서 즐기는 어두운 세력도 있다. 정치인들도 이것을 이해득실에 따라 새김질, 되새김질을 하곤 한다. 일부 선비들이 지리산 암벽에 자신의 이름을 새기는 일이요, 정치인들이 '서벌로'의 욕망에 물불을 가리지 않는 일이다.

조선시대에 욕망의 경계선 바깥에서 살아간 선비들이 많았다. 선비들이 네 차례 정치적인 화를 입고 난 이후에 그런 풍조가 확산되었다. 서경덕, 김대유, 조식은 동시대에 살았던 물외한인이었다. 이들은 중앙 무대의 정치권력에 대해 시쳇말로 '일(一)도' 마음에 두지 않았다. 마음속에 욕망을 새기지 않았다.

수필가 피천득 선생의 말마따나, 위인은 시간을 창조하고, 범인(凡人)은 시간에 실려 가고, 한인은 시간과 마주 선다. 즉, 시간을 넘어설 수 있을 만큼 정신적으로 자유롭고 성숙하지 않으면, 결코 한인이라고 말할 수 없다. 조식 이전의 최치원이, 조식 이후의 정약용이 그랬다. '탈정치'의 경지를 향유하는 것이야말로 자유인의 맥이요, 전통이었다. 최치원에게 있어서의 '나라의 풍류', 조식의 재야(在野)와 유산(遊山), 정약용의 쉬지 않은 '분발 저술'이 이 경지에서 얻은 자유정신의 소산이 아닌가, 한다.